AMOS
YU
YANJIU FANGFA

第**2**版

AMOS 与研究方法

荣泰生 著

重庆大学出版社

AMOS 与研究方法(第 2 版)。原书由台湾五南图书出版股份有限公司出版。原书版权属台湾五南图书出版股份有限公司。

本书简体中文版专有出版权由台湾五南图书出版股份有限公司授予重庆大学出版社,未经出版者书面许可,不得以任何形式复制。

版贸渝核字(2010)第 064 号

图书在版编目(CIP)数据

AMOS 与研究方法/荣泰生著.—2 版.—重庆:

重庆大学出版社,2010.8(2023.11 重印)

(万卷方法.统计分析方法丛书)

ISBN 978-7-5624-5569-1

Ⅰ.①A…　Ⅱ.①荣…　Ⅲ.①统计分析—统计程序,

AMOS　Ⅳ.①C819

中国版本图书馆 CIP 数据核字(2010)第 141816 号

AMOS 与研究方法
(第 2 版)

荣泰生　著

责任编辑:林佳木　　版式设计:林佳木

责任校对:夏　宇　责任印制:张　策

*

重庆大学出版社出版发行

出版人:陈晓阳

社址:重庆市沙坪坝区大学城西路 21 号

邮编:401331

电话:(023)88617190　88617185(中小学)

传真:(023)88617186　88617166

网址:http://www.cqup.com.cn

邮箱:fxk@ cqup.com.cn(营销中心)

全国新华书店经销

重庆市正前方彩色印刷有限公司印刷

*

开本:787mm×1092mm　1/16　印张:12.75　字数:315 千

2009 年 3 月第 1 版　2010 年 8 月第 2 版　2023 年 11 月第 7 次印刷

ISBN 978-7-5624-5569-1　定价:36.00 元

作者序

  Amos 的全名是 Analysis of Moment Structures，由 James L. Arbuckle 所发展。Amos 自从 6.0 版以后已经成为 SPSS 的家族成员，现在已是 AMOS 17.0 版。在 5.0 版以前可以独立运作。Amos（阿摩司）这个名字取得真有创意，因为它本是公元前 8 世纪的希伯来先知的名字，也表示旧约圣经中的阿摩司书。

  Amos 适合进行协方差结构分析（Analysis of Covariance Structures），是一种处理结构方程模型（structural equation modeling，SEM）的软件。SEM 适用于处理复杂的多变量数据的探究与分析。Amos 可以同时分析许多变量，是一个功能强大的统计分析工具。Amos 以可视化、鼠标拖曳的方式来建立模型（路径图），表示变量之间的关系，从头到尾不必撰写程序指令，一气呵成，着实提高了数据分析的效率。同时，利用 Amos 所建立的SEM 会比标准的多变量统计分析还来得准确。此外，Amos 还可让我们检验数据是否符合所建立的模型，以及进行模型探索（逐步建立最适当的模型）。

  Amos 的应用范围很广，心理学研究、医学及保健研究、社会科学研究、教育研究、营销研究、组织行为研究等领域均有学者利用 Amos 进行分析。例如，在营销研究中，研究者可利用 Amos 建立 SEM，来解释顾客行为如何影响新产品销售。在解释不能直接测量的构念（construct）之间的因果关系方面，Amos 可以说是佼佼者。在社会科学研究、行为科学研究、专题研究（例如，影响在线购物顾客忠诚度因素之研究、网络商店形象与知觉风险对网络购买意愿之影响）等方面，Amos 均受到研究者的普遍喜好。

  但是工具再怎么好用，如果我们对于研究程序没有一个全盘观念，充其量只不过是一个熟练的"技工"而已，我们是无法升到"总工程师"这个层次的。要独立进行研究，我们必须对于研究的每一程序具有充分的了解，例如，如何界定研究问题，如何说明研究背景、动机与目的，如何进行文献探讨，如何建立观念架构及研究假设，如何做研究设计，如何进行数据分析（包括建立 SEM 模型），如何推导研究结论，以及如何根据研究结论提出具有创意的建议。

  本书的撰写充分考虑到如何进行研究以及如何有效利用 Amos 进行分析的重要性。作者在指导大三学生的专题论文、研究生的硕士论文时，对于同学们常遭遇到的问题，都能充分了解，对于如何迎刃而解，也在本书中有详细的说明。因此，本书是撰写专题论文不可或缺的工具书。为了增加学习效果，本书在附录 A 特别收录了一个实际的研究题目。读者可利用所附的数据文件，实际演练一番。本书的撰写，秉持了以下的原则。这些原则构成了本书的特色：

1. 生动通俗，清晰易懂。以平实的文字、丰富的例子来说明原本艰涩难懂的观念及功能，让读者很容易了解。本书并没有"曲高和寡"的公式推导，更没有艰涩难懂的逻辑关系，所提供的都是以 Amos 17.0 作为分析工具（17.0 以前的版本亦适用），撰写高质量论文所必须了解的相关知识与内容。

2. 目标导向，循序渐进。作者有多年指导研究生及大学生撰写论文及做专题研究的经验，充分了解读者所需要的是什么、所欠缺的是什么。同时，本书的呈现次序是由简而繁，也就是循序渐进说明要利用 Amos 软件完成一个高质量研究所应当了解的知识。

3. 百尺竿头，更进一步。本书的撰写参考了许多网站对于 Amos 的说明。如果仔细阅读本书所提供的内容，要撰写一篇高质量的专题论文，是绰绰有余的。如果读者有兴趣做进一步的了解，可利用本书所提供的各网站数据。

本书的完成，得益于台湾辅仁大学国贸系、管理学研究所良好的教学及研究环境。作者在波士顿大学及政治大学的师友，在观念的启发及知识的传授方面更是功不可没。父母的养育之恩及家人的支持更是应由衷感谢的。

最后（但不是最少），笔者要感谢五南图书出版公司。笔者也要感谢刘正夫教授（辅大统资所）、傅粹馨教授（高雄师范大学）、张伟豪先生、郑光闽先生（成大博士班）、夏咏清先生（中正会资所）、李军锋博士（重庆理工大学，本书内地简体版外审）等对本书提供的宝贵意见，使本书在再版时变得更为完整与正确。作者虽然是怀着戒慎恐惧的心态撰写的本书，并力求严谨，在理论观念的解说上，力求清晰及"口语化"，然而"吃烧饼哪有不掉芝麻粒的"，各位，欢迎捡芝麻！祝你撰写论文顺利。如果在撰写论文的过程中，或者阅读本书的过程中，有不了解的地方，欢迎写信来讨论。我的 e-mail：aponmanatee@gmail.com，或者请五南图书出版公司的张毓芬小姐转寄亦可。

荣泰生（Tyson Jung）

辅仁大学管理学院

2009 年 9 月

目　录

1 绪 论

1.1 认识 Amos

Amos 早先是属于 SmallWaters 公司的产品,但在 Amos 6.0 以后由 SPSS 独家经销,因此已俨然成为 SPSS 产品家族中重要的一员。因此如果你使用的是 SPSS17.0(中文版与英文版共用,只要在 SPSS 中,按[Edit]、[Options],在 Options 视窗中,选择[General],然后在 User Interface 的 Language 处,选择 Traditional Chin-ese,就会产生中文界面),你在安装 SPSS 17.0 与 Amos 17.0(以下称 Amos)之后,在 SPSS 的[Add-ons](增益集)工具列的 Applications 项下,直接点选 Amos,就可进入 Amos 操作环境(图 1.1)。

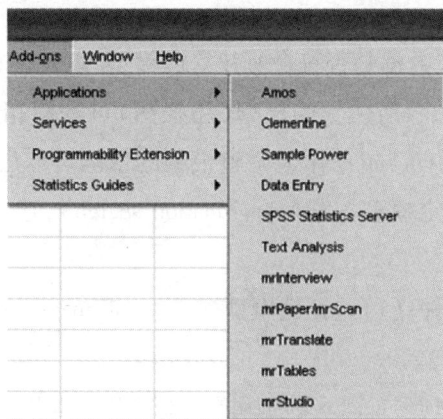

图 1.1 由 SPSS 的 Add-ons 进入 Amos

我们也可以独立使用 Amos，也就是说，直接启动 Amos，不必通过 SPSS 进入 Amos。我们可以用 SPSS 来建立数据文件，也可以用 Microsoft FoxPro、Microsoft Excel、Microsoft Access、Lotus，或文本文件(txt)来建立数据文件，再由 Amos 读入以便进行数据分析，所以说是非常方便的。

Amos（Analysis of Moment Structures）[1]由 James L. Arbuckle 所发展，适合进行协方差结构分析（Analysis of Covariance Structures），是一种处理结构方程模型（structural equation modeling，SEM）的软件。Amos 又称为协方差结构分析、潜在变量分析、验证性因子分析。

SEM 适用于处理复杂的多变量数据的探究与分析。Amos 可以同时分析许多变量，是一个功能强大的统计分析工具[2]。

1.1.1 Amos 特色

视觉化、绘图导向

Amos 以路径图的视觉化、拖动鼠标的方式来建立模型，并检视变量之间关系（关联性或者因果性）的系数与显著性。利用 Amos 所建立的 SEM 会比标准的多变量统计分析还来得准确。以绘图的方式来建立模型，不仅易于操作，而且也可望图生义。绘图导向是 Amos 的一大特色。

缺失值处理

Amos 是以贝氏估计（Bayesian estimation）产生更为精准的参数事后估计值与分布（图 1.2），同时可让我们了解有无缺失值。如果有，我们可用 Data Imputation 来处理（见第 6 章）。

提供模型检验方法

Amos 还可让我们检验数据是否符合所建立的模型，以及进行模型探索（逐步建立最适当的模型）。数据是否拟合所建立的模型（路径图）可利用相关的拟合度（或契合度）指标来判断，并以 modification index 作为调整模型的依据。然后对某些变量加以连结以改善模型。我们也可以设定模型探索（specification search），让 Amos 帮我们判断哪一个模型最为适合。

模型探索可以分为两种：(1)验证性模型探索（confirmatory specification search），只探

---

1 这个名字取得真好。Amos(阿摩司)是公元前 8 世纪的希伯来先知，也表示旧约圣经中的阿摩司书。

2 在针对多个自变量、多个依变量进行分析时，研究者常会用多个复回归分析来处理，但这种处理方式不仅麻烦，而且也无法一窥全貌，此时 Amos 就是最佳的分析工具。

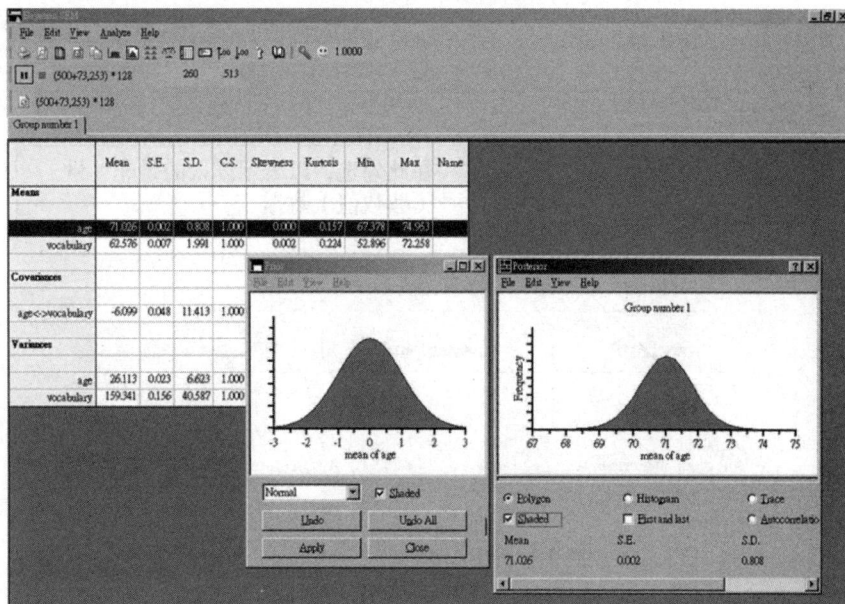

图 1.2　参数事后估计值与分布

索模型中若干个变量之间的关系,目的在于验证;(2)探索性模型探索(exploratory specification search),探索模型中许多变量之间的关系,目的在于探索。详见第 8 章。

多群组分析

　　利用 Amos,我们可针对两个以上的群组的各变量进行数据的比较与分析。多群组可能是经过集群分析之类产生的组别,也可能是变量(如性别)的两类(男女)。在 SPSS 中处理这类问题(群组之间在依变量上有无显著差异)是利用方差分析,但是自变量必须是类别尺度的数据[3];在 Amos 中,自变量不必是类别尺度。此外,对多群组中各变量之间关系的解释比方差分析更为详尽。详细说明,请见第 9 章。

次序／类别数据处理

　　Amos 可处理次序／类别数据,换句话说。模型中的变量可以是非数值数据或非计量数据(non-numeric data)。

　　在问卷中,以李克特量表法来衡量某一题项时,经常是以五点量表,例如极不同意、略不同意、无意见、略同意、极同意,然后分别给予 1、2、3、4、5 的评点。事实上,这些 1、2、3、4、5 并不是区间数据,而是次序数据(或类别数据)。因此,Amos 对此有比较严谨的处理方式。当然在 SPSS 中要将此变量的 Measure(测量)设为 Ordinal(次序尺度或等级尺度)。在读入数据文件时,要勾选[允许非数值数据](图 1.3)。

---

　　3 如欲了解如何利用 SPSS 进行方差分析,可阅读荣泰生著《SPSS 与研究方法》(台北:五南图书出版公司)。

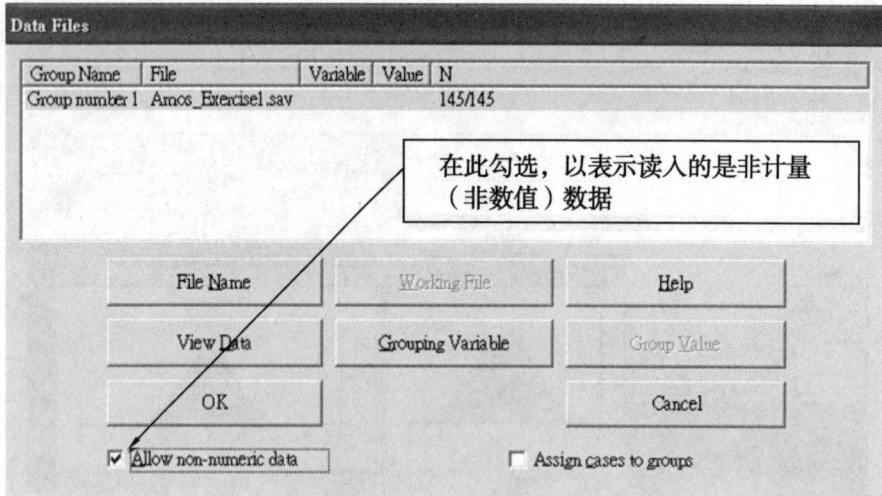

图 1.3　勾选［允许非数值数据］

Censored data 处理

在 Amos 的 Tools 工具列下的 Recode(图 1.4(a))对数据重新编码,以处理 censored data(设限数据)。Amos 在处理 censored data 时,除了假设其为正态分布之外,无须做其他任何假设。读者可能纳闷:在 SPSS 内不是已经有 Recode(重新编码)的功能,为什么要重复? 原因是,在 SPSS 进行 Recode,是将数据加以分群(或分成类别),例如 1、2、3 类(或者小、中、大三类)。而在 Amos 内,可将原始数据做这样的分类,例如 <2、2 << 10、>10。所谓 censored data 是指你知道某个衡量(数据)超过或低于某一门槛,但你不知道或者无须知道超过或少了多少。假设你要测量受测者在解决某一问题上所花的时间,但是你不愿意多花时间等待超过 10 分钟以上的人(如果某人花了 90 分钟解决此问题,你是不是要等很久?),因此如果某人超过了 10 分钟,你就会喊停,并在"解决问题时间"栏内,记录"超过 10 分钟",你对 7 个受测者的时间记录可能是:

受测者	解决问题时间
1	6
2	3
3	8
4	>10
5	2
6	9
7	>10

如果我们将受测者 4、7 的数值设为缺失值,或者专断地给予某一数值,例如 11、12,

这样处理并不适当。因为视为缺失值会扭曲样本,而专断地给予某一数值更明显地偏离了事实(除非你真的愿意花时间去测他实际上花了多少时间,而作为研究者的你,可能认为解决这个问题超过 10 分钟的人,都是一样"头脑不清、反应迟缓",所以无须记录真正所花的时间)。在 Amos 中,你可利用 Recode,将数据重新编码,将 10 分钟以上的数据转换成超过某一标准化数字的值(图 1.4(b))。在此例中,超过 10 分钟,已转换成 >0.56。

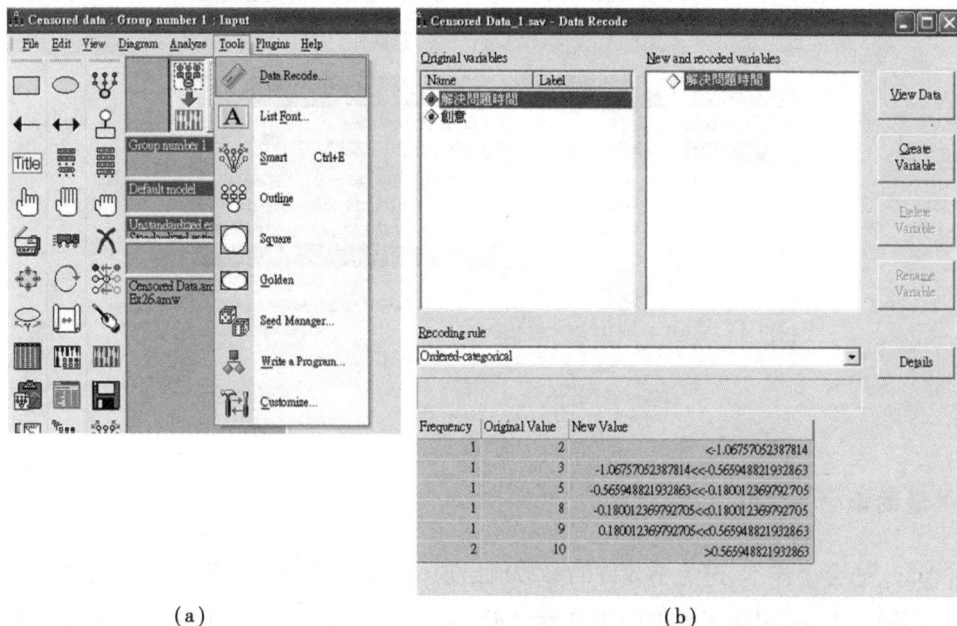

(a)

(b)

图 1.4　Censored data

值得注意的是,在 Amos 的[Data File]视窗中,要勾选[Allow non-numeric data](允许非数值数据)。在[Data Recode]视窗中,我们也可以按[View Data]来看原始数据。图 1.5 显示了原始数据值与转换后的新数据值。

读者可开启 Amos 文件(... \Chap01\Censored Data. AMW),数据文件为... \Chap01\Censored Data_1 SPSS 数据文件),来加以体会。或者利用 Amos 范例 26(... \Chap01\Ex26. AMW),数据文件为... \Chap01\Attg_old 文本文件来练习。

结合因子分析(验证性因子分析)与路径分析

以 SPSS 进行因子分析,是一种探索性的因子分析(exploratory factor analysis),换言之,我们是对一个变量探索其所具有的因子。而 Amos 的构成原理是属于验证性因子分析(confirmatory factor analysis),也就是先以因子(观察变量,或称预测变量)为建构基础,来验证是否能代表一个变量(潜在变量)。我们可以说 Amos 是结合因子分析(验证性因子分析)与路径分析的有力工具。详见 1.3 节。

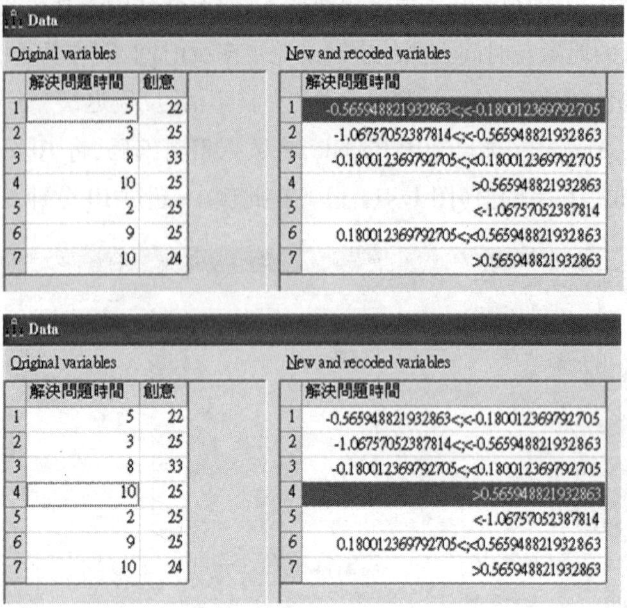

图 1.5　View Data

更严谨的数据分析

　　Amos 适合小样本、避免不允许的参数值出现(例如在协方差矩阵中对角线数值出现负的方差)。Amos 提供了数据的正态性检验、极端值的呈现,以便让研究者进行更为严谨的数据分析。详见第 6 章。

1.1.2　Amos 的应用

　　Amos 的应用范围很广,心理学研究、医学及保健研究、社会科学研究、教育研究、营销研究、组织行为研究等领域都有许多利用 Amos 进行分析的论文。例如,在营销研究上,研究者可利用 Amos 建立 SEM,来解释顾客行为如何影响新产品销售。在解释不能直接测量的构念(construct)之间的因果关系方面,Amos 可以说是佼佼者。在社会科学研究、行为科学研究、专题研究(例如,总体经济政策的形成、就业方面的歧视现象、消费者行为)等方面,Amos 均受到研究者的普遍青睐。

1.1.3　基本条件

　　使用 Amos 模式必须在因果关系上满足以下基本条件:(1)二变量之间必须要有足够的关联性;(2)假设的"因"必须要发生在"果"(也就是所观察到的效应)之前;(3)变量之间的关系必须要有理论根据。

1.2　结构方程模型（SEM）

虽然 Amos 是一个相当复杂的技术，但是它可以使研究者分析复杂的协方差结构。利用测量模型、结构模型，研究者可以发掘潜在的、互依的（interdependent）或相互影响（reciprocal）的因果变量。

值得注意的是，SEM 所处理的是整体模型的比较，因此所参考的指标主要考虑的不是单一的参数，而是整合性的系数，此时，个别指标是否具有特定的统计显著性就不是 SEM 分析的重点所在。SEM 适用于大样本的分析。由于 SEM 所处理的变量数目较多，变量之间的关系较为复杂，因此为了维持统计假设不致违反，必须使用较大的样本数，同时样本规模的大小，也牵动着 SEM 分析的稳定性与各种指标的适用性，因此，样本数的影响在 SEM 当中是一个重要议题。一般来说，当样本数低于 100 之时，几乎所有的 SEM 分析都是不稳定的[4]。

1.2.1　潜在变量与观察变量

要发挥 Amos 的强大功能，以便在建立模型时能够顺畅，我们必须先了解一些重要的基本观念。

在结构方程模型（structural equation modeling, SEM）中，可以设定三种类型的变量：潜在变量、观察变量、误差变量：

- 潜在变量（latent variable）就是一个构念（可参考第 4 章，图 4.1），它是无法测量的变量。在 Amos 中以椭圆形表示。
- 观察变量（observed variable）又称测量变量（measurement variable）、显性变量（manifest variables），是直接可以测量的变量，在 Amos 中以长方形表示。如果我们以 SPSS 来建立基本数据，则在 SPSS 中的变量均为观察变量。观察变量是问卷中的题项（问卷中具有效度的一个或多个题目）。观察变量又被称为观测变量，因为它代表着"可被观察并加以测量"的双重意义。
- 误差变量（unique variable）是不具实际测量的变量（这与潜在变量一样）。每个观察变量都会有误差变量。在 Amos 中，误差变量以圆形表示。如果要进一步分析，我们还可以了解每个误差的变异（error variance），也就是以观察变量来衡量潜在变量的误差值方差。

---

4 邱皓政，《结构方程模式》（台北：双叶书廊有限公司，2005），第一章。原文出自：R. B. Kline, *Principles and Practice of Structural Equation Modeling*（New York：Guilford Press, 1988），pp. 8-13. 但是自 Amos 7.0 以后已经克服了小样本的问题。

在 Amos 中,观察变量与误差变量合称为指标变量(indicator variable,或称指示变量)。在 Amos 中的变量也可分为外衍变量(亦称外生变量、外因变量)与内衍变量(亦称内生变量、内因变量)。外衍变量(exogenous variable)是指自变量,内衍变量(endogenous variable)是指因变量,因变量会有误差变量。以上的说明如图 1.6 所示。

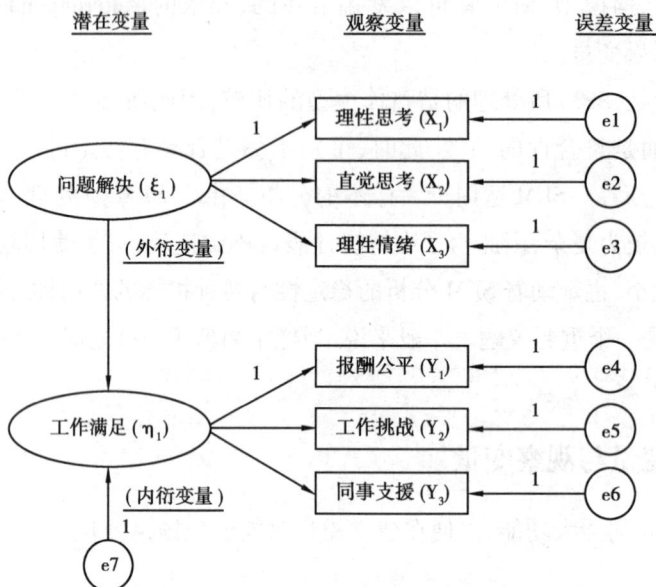

图 1.6 Amos 的变量类型

进一步说,所谓外衍变量是模型中不受任何其他变量影响但影响他人的变量,也就是路径图中会指向任何一个其他变量,但不被任何变量以单箭头指向的变量。内衍变量是指模型当中,会受到任何一个其他变量影响的变量,也就是路径图中会受到任何一个其他变量以单箭头指向的变量。

构念与观念

我们可将潜在变量视为构念;将观察变量视为观念。构念(construct)是心智影像(mental images),也就是浮在脑海中的影像或构想(ideas)。观念(concept)就是伴随着某特定的对象、事件、条件或情境的一系列意义(meaning)或特性(characteristics)。"观念"产生的过程和我们如何获得知觉(perceptions)是一样的。详细的说明见第 4 章。

1.2.2 测量模型与结构模型

在数据的计量领域中,结构方程模型(structural equation modeling,SEM)已经成为具有指标性的分析技术。在 SEM 分析的路径图(模型)中,包括了测量模型与结构模型两部分。测量模型是指潜在变量与观察变量之间的关系,结构模型是指潜在变量之间的关系,如图 1.7 的(a)、(b)中的虚线所示。

(a) 测量模型

潜在变量　　　　　　观察变量　　　　误差变量

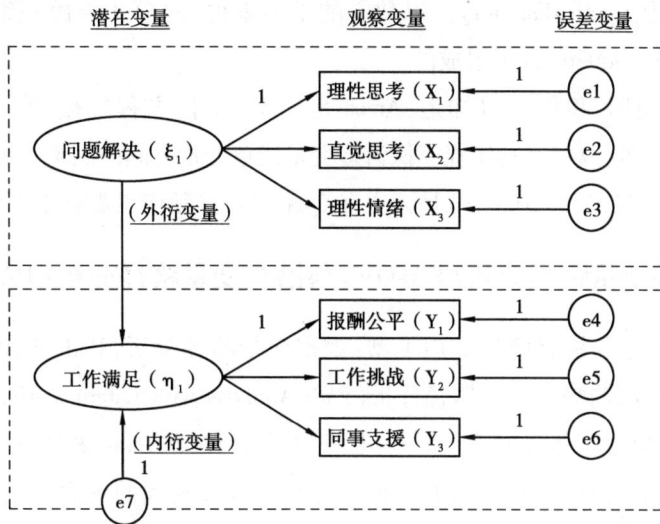

(b) 结构模型

潜在变量　　　　　　观察变量　　　　误差变量

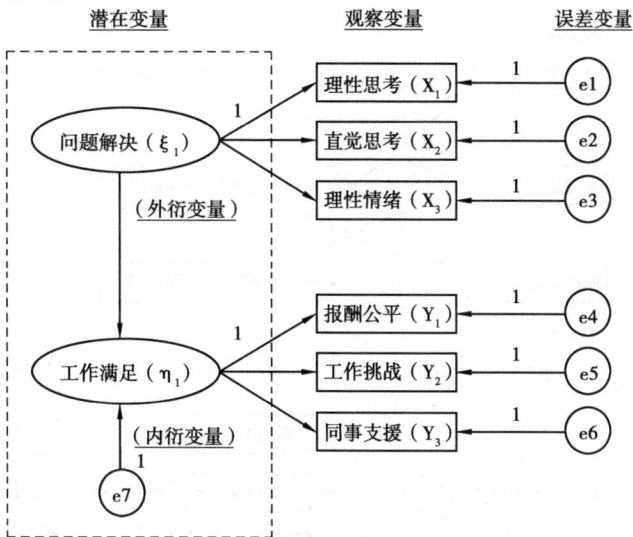

图 1.7　测量模型与结构模型

Amos 是测量协方差结构（covariance structure）的技术，它包含有两个部分：测量模型（measurement model）、结构模型（structure model）。在测量模型方面，由于所假设的构念不能够被直接的测量，所以就用测量模型将所观察的、所记录的，或所测量的建构成潜在变量（latent variable，也就是构念）。例如，在了解"问题解决"时，我们会用几个变量来了解，这些变量包括：理性思考、直觉思考、理性情绪。测量模型对于建立构念非常重要，因为这些构念（例如，问题解决、工作满足，甚至像是态度、感觉、激励等这样的构念）是不能（或很难）直接加以观察的。

Amos 的第二部分是结构方程式模型。这个模型显示了潜在变量的因果关系，除此以外，它还能解释因果效应（causal effect）以及未能解释的变异（unexplained variance）。

Amos 常用图形来表示,以便一目了然;它是路径分析(path analysis)的一种形式,所产生的结果是路径图(path diagram)。以数学的术语来说,此模式是由一组线性结构方程式(linear structural equation)所组成的。

从以上的说明,我们可以知道,Amos 是属于"结构方程式模型"(structural equation modeling,SEM)的一种,其功用在于探讨多变量或单变量之间的因果关系。Amos 的基本理论认为潜在变量(latent variables)是无法直接测量的,必须借由观察变量来间接推测得知。

1.2.3 观察变量路径分析(PA-OV)与潜在变量路径分析(PA-LV)

Amos 的路径分析有两种应用类型:观察变量路径分析(Path Analysis with Observed Variables,PA-OV)与潜在变量路径分析(Path Analysis with Latent Variables,PA-LV)。

PA-OV 可以说是传统的路径分析(图 1.8 上),仅以 Amos 来分析。PA-LV 则加入了 SEM 独有的观念与技术(图 1.8 下),也就是利用统合模式的观念与技术,以建立潜在变量的方式来探讨变量之间的关系,因此超越了 PA-OV 的功能。

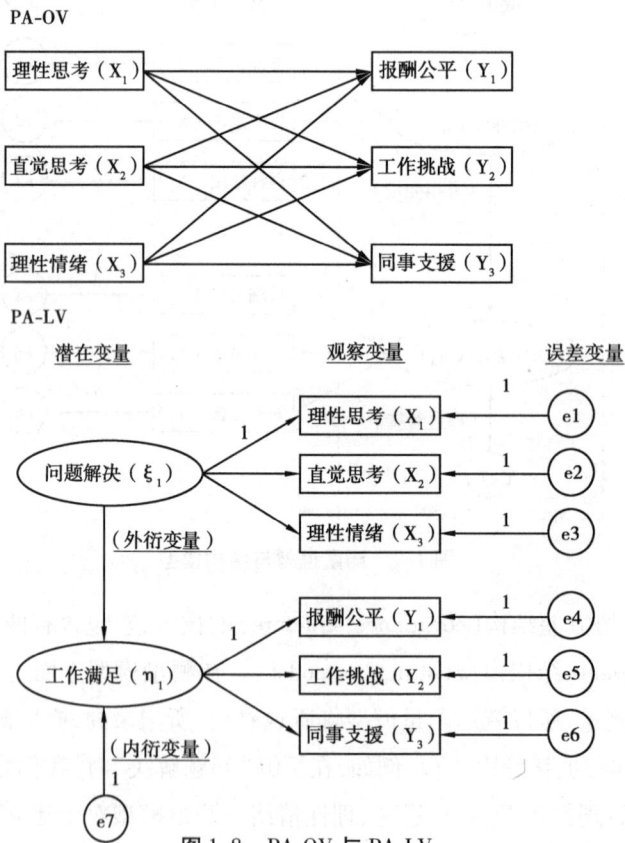

图 1.8 PA-OV 与 PA-LV

1.2.4 探索性与验证性因子分析

以 SPSS 进行因子分析,是一种探索性的因子分析(exploratory factor analysis),换句话说,我们是对一个变量探索其所具有的因子。而 Amos 的构成原理是属于验证性因子分析(confirmatory factor analysis),也就是先以因子(预测变量)为建构基础,来验证是否能代表一个变量(潜在变量)。我们可以说 Amos 是结合因子分析(验证性因子分析)与路径分析的有力工具。

传统上,研究者在进行因子分析之前,对于变量的因子结构(此变量是由哪些因子构成)并没有预设立场,而借由 SPSS 进行因子分析之后,以因子负荷量来萃取因子,并对因子加以命名。这种因子分析带有"探索"的意味,因此称为探索性因子分析(exploratory factor analysis,EFA)。

但是有时候研究者在研究开始时,对于某个变量已经了解其结构关系,或者对于其结构关系具有相当的理论及推论基础。例如,某个变数的测量是由若干个不同的子量表所组成,此时研究者所进行的因子分析,可以被用来验证或确认这些因子是否可代表此变量。这种因子分析带有"验证"的意味,因此称为验证性因子分析(confirmatory factor analysis,CFA)。Amos 所处理的是 CFA。EFA 与 CFA 的差别如图 1.9 所示。此图也显示研究者在进行 EFA 之后,再利用 CFA 来进行验证。

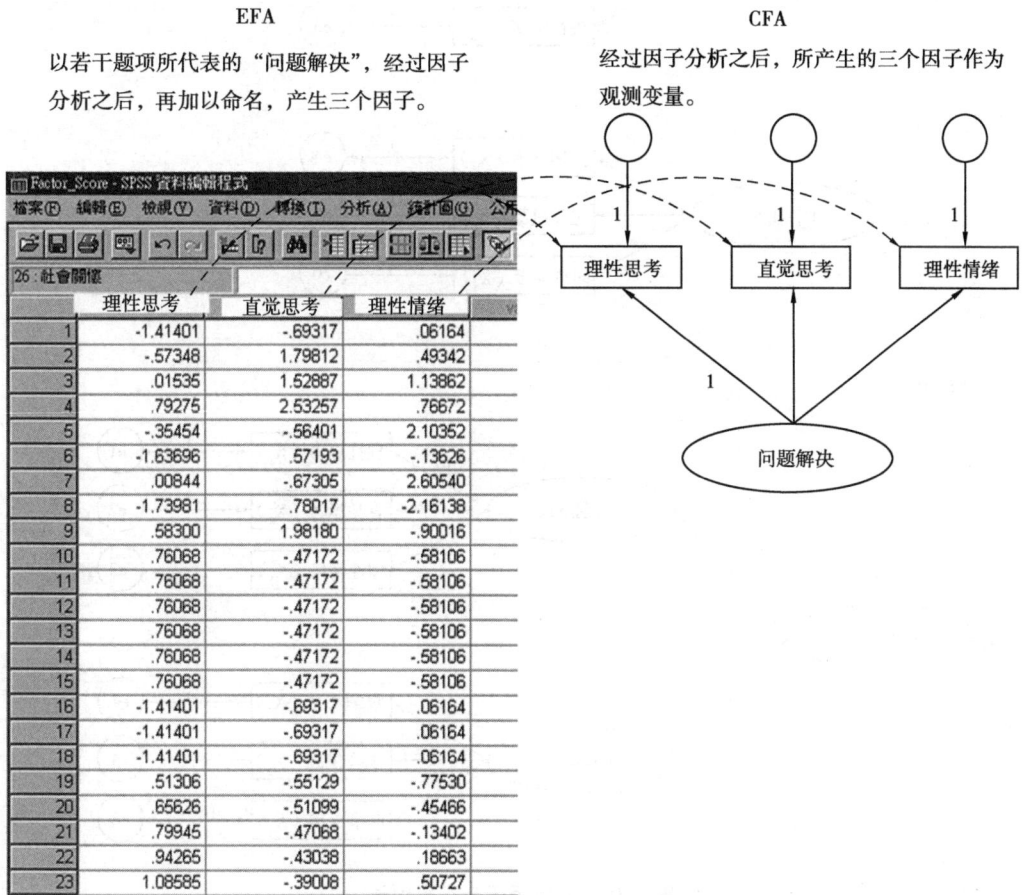

图 1.9　EFA 与 CFA 的差别

一阶因子与高阶因子

验证性因子分析除了可以用来检验一组类似的测量变量背后的潜在因子之外,以确认量表题目背后的概念结构,更可以用来检验理论模型的适切性。当 CFA 运用于检验理论模型时,基于理论模型复杂度的需求,潜在因子之间可能存在有更高阶的潜在结构,亦即,观察变量可能受到某一套潜在因子的影响,称为一阶因子(first-order factors),而这些潜在因子又受到某一个或某些共同因子的影响,此时,这些一阶因子的背后存在着更高层次的共同因素,称为高阶因子(higher-order factors),如图1.10所示。然而利用这些观察变量之间特殊的组成方式来进行理论模式的检验,称为因子效度(factorial validity)的检验,而这些涉及高阶因子的 CFA 分析,称为高阶验证性因子分析(higher-order confirmatory factor analysis;HCFA)[5]。

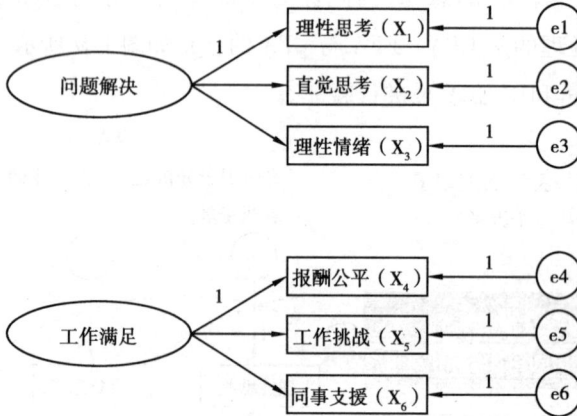

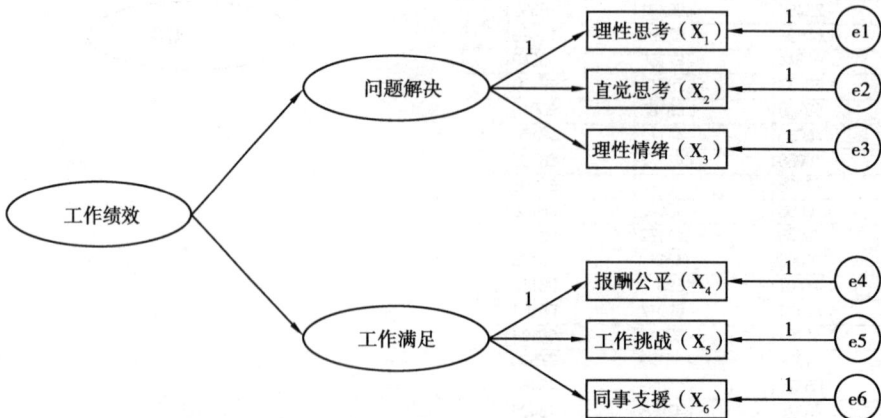

图 1.10　一阶因子与高阶因子

---

5 邱皓政(2003)。《结构方程模式——LISREL 的理论、技术与应用》。双叶书廊。

1.3 结构方程式公式与符号

如上所述,Amos 共有两套理论模型,其中第一套是结构模型(亦称结构方程模型,structural equation model)是用来界定潜在自变量与潜在依变量之间的线性关系,第二套模型是测量模型(measurement model),它界定了潜在变量与观察变量之间的线性关系。各模型方程式如下所示[6]:

结构方程式:$\eta = \gamma\xi + \beta\eta + \zeta$

内衍变量(依变量)的测量方程式:$Y = \lambda\eta + \varepsilon$

外衍变量(自变量)的测量方程式:$X = \lambda\xi + \delta$

在结构方程式中,η(Eta)是向量类型,γ(Gamma)是回归类型,ξ(Xi)是向量类型,β(Beta)是回归类型。

在内衍、外衍变量的测量方程式中,λ(Lamda)是回归类型,ε(Epsilon)及 δ(Delta)是方差/协方差类型。

在符号代表方面:

ξ:外衍变量

η:内衍变量

γ:外衍变量对内衍变量的作用

β:内衍变量对内衍变量的作用

1.3.1 完整的 SEM

我们可将上述加以整理,并说明完整的 SEM。一个完整的 SEM 如图 1.11 所示。

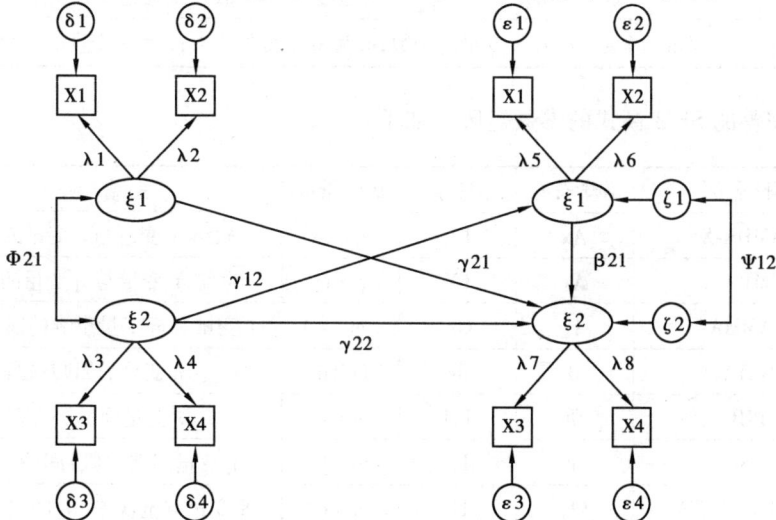

图 1.11 完整的 SEM

6 Jöreskog, K. G. & Sörbom, D. (1999). *LISREL* 8: *User's Reference Guide*. Lincolnwood, IL: Scientific Software International, Inc., p.67.

SEM 分析中常用的符号、读法、维度与说明如表 1.1 所示。

表 1.1　SEM 分析中常用的符号、读法、维度与说明

符号	读法	维度	说明
X		$q \times 1$	ξ 的观察变量或测量指标
Y		$P \times 1$	η 的观察变量或测量指标
ξ	xi	$n \times 1$	外衍潜在变量（自变量）
η	eta	$m \times 1$	内衍潜在变量（依变量）
δ	delta	$q \times 1$	X 变量的测量误差
ε	epsilon	$P \times 1$	Y 变量的测量误差
ζ	zeta	$m \times 1$	内衍潜在变量的误差
β	beta	$m \times m$	内衍潜在变量之间的相关系数矩阵
γ	gamma	$m \times n$	外衍潜在变量（ξ）与内衍潜在变量（η）之间的相关系数矩阵
ϕ	phi	$n \times n$	外衍潜在变量（ξ）的方差/协方差矩阵（variance/covariance matrix）
ψ	psi	$m \times m$	内衍潜在变量（η）残差项的方差/协方差矩阵
λx	lamda x	$q \times m$	X 与外衍潜在变量（ξ）之间的相关系数矩阵
λy	lamda y	$p \times m$	Y 与内衍潜在变量（η）之间的相关系数矩阵
θ_{δ}	theta-delta	$q \times q$	δ 变量间的方差/协方差矩阵
θ_{ε}	theta-epsilon	$p \times p$	ε 变量间的方差/协方差矩阵
S 矩阵			样本数据推演出的协方差矩阵
Σ 矩阵			基于样本的假设模式的协方差矩阵
p 为 Y 变量的个数；q 为 X 变量的个数；m 为 η 变量的个数；n 为 ξ 变量的个数			

一个完整的 SEM 模式的参数矩阵表如下：

矩阵名称	数学符号	缩写	矩阵维度	说明
LAMDA-X	Λx	LX	$q \times m$	联结 X 变量与 ξ 变量的系数
LAMDA-Y	Λy	LY	$p \times m$	联结 Y 变量与 η 变量的系数
GAMMA	Γ	GA	$m \times n$	ξ 变量对 η 变量影响的回归系数
BETA	B	BE	$m \times m$	η 变量的回归系数
PHI	Φ	PH	$n \times n$	ξ 变量间的协方差
PSI	Ψ	PS	$m \times m$	η 变量残差项（ζ）间的协方差
THETA-DELTA	Θ_{δ}	TD	$q \times q$	X 变量测量误差（δ）间的协方差
THETA-EPSILON	Θ_{ε}	TE	$P \times P$	Y 变量测量误差（ε）间的协方差
p 为 Y 变量的个数；q 为 X 变量的个数；m 为 η 变量的个数；n 为 ξ 变量的个数				

附录1.1　Amos 系统要求与相关网站

系统要求

如欲有效执行 Amos 17.0,电脑配置要满足以下的系统要求:

- 操作系统,Windows® XP 或 Windows Vista®。
- 硬件,内存至少 256 MB,磁碟空间 125 MB。
- 软件,Internet Explorer 6.0 以上。

以上的要求对于现在的一般电脑均不成问题。但是要注意,在安装 Amos 前,必须先要安装 Microsoft. NET Framework SP2.0 或以上版本。.NET 是微软公司所提出新一代的分散式软件应用架构。它的目的是针对应用程序开发与执行,建构一个使用网际网路开放标准的环境,使任何人使用任何装置,在任何地方与时间,都能存取网际网路上的资源与服务。目前愈来愈多的软件都已使用微软的. NET 程式语言架构来开发,而许多由. NET 所撰写而成的软件都必须先安装 Microsoft . NET Framework 才能够顺利执行。

学习辅助配件

我们对于 Amos 已经有了初步的了解。事实上,许多网站提供了许多有用的工具,以帮助初学者获得清楚的认识,进而轻松上手。这些网站的网址及功能如下表[7]:

Unit	网　　址	说　　明
01	www. spss. com/Amos	对 Amos 做精要说明,并提供最新消息。提供 Amos17.0 试用版(有效期 14 天。要先加入会员)。
02	www. Amosdevelopment. com	提供 Amos 7.0 学生版(可下载、安装)
03	http://amosdevelopment. com/down-load/index. htm	提供 Amos 16.0 Users' Guide (使用者手册)PDF 版本(详细地说明每一个范例)
04	http://ssc. utexas. edu/consulting/tutor-ials/stat/amos/	图解说明结构方程模型(SEM)与 Amos
05	http://www2. chass. ncsu. edu/garson/pa765/semAmos1. htm	对 Amos 输出报表的解读,有非常详细的说明
06	http://Amosdevelopment. com/down-load/Tutorial-AB. pdf	说明如何撰写及执行 Amos Basic 程式

---

[7] 读者在 Google 搜寻引擎的方格内,键入"Amos SEM""Amos Basic"就会呈现这些网址。

上表中的 Unit 是指在本书配额套数据中"学习辅助配件"文件夹下"有关网址"内所提供的各有关网址,以方便读者点选之后上相关网站浏览更详细的数据。

在安装 Amos 之后,在 C:\Program Files\SPSSinc\Amos 17.0\Examples 文件夹中(或你指定安装的文件夹中)会有 36 个范例可供研究。

附录 1.2　SPSS 与 Amos

一般的研究论文的数据分析部分少不了对样本的描述,对变量进行探索式因素分析(EFA),然后再利用多变量分析技术或 SEM 来进行数据分析,最后提出研究结论(验证假说),提出建议。基于这样的了解,我们来看看 SPSS 与 Amos 所发挥的功能:

	SPSS	Amos
样本描述	√(非常详尽)	√
因素分析	EFA	CFA
多变量分析	方差分析、判别分析、回归分析、多元尺度法等	建立 SEM,进行路径分析。多群组分析、Bootstrapping

SPSS 14.0 版以后已经将 Amos 整合到 SPSS 内,所以我们可以看到 SPSS 的分析工具非常完整。SPSS 与 Amos 的对应版本是这样的:

SPSS	Amos
14.0	6.0
15.0	7.0
16.0	16.0
17.0	17.0

值得一提的是,SPSS 原为 Statistical Packages for the Social Sciences(社会科学统计套装软体)的缩写,近年来或由于其功能加强,或由于产品的重新定位,全文已经改成 Statistical Products and Services Solution(统计产品及服务之解决方案),但缩写仍然维持是 SPSS。随着版本的增加,SPSS 的功能愈来愈强,较新的版本可以支持客户关系管理、数据挖掘、知识发掘等重要企业决策。

附录 1.3　Amos 与 LISREL

企管学院或商学院学生在撰写研究论文(硕士、博士论文,或专题研究)时,如果要建构 SEM,使用得比较普遍的是 Amos 或 LISREL 软件。

　　Amos 与 LISREL 各有特色。Amos 的最大特色是可视化,易学易懂,不必撰写程序(当然你也可以利用 Amos Basic 撰写程序)。LISREL 的特色是可进行多层次模型分析(multilevel modeling)。如果你的研究涉及:(1)多个时间点(例如第一周、第二周、第三周……)的观察,(2)不同的处理(例如不同的广告刺激),以衡量结果(如以"购买率"来衡量的广告效果),那么利用多层次模型来进行分析是很恰当的。因其各自的优点,Amos 与 LISREL 越来越受到学生与研究者的青睐。表 1.2 显示了 Amos 与 LISREL 的比较。

表 1.2　Amos **与** LISREL **的比较**

比较项目	Amos 17.0	LISREL 8.8
特色	可视化(利用绘图方式建立路径图)	程序导向,亦可用 Setup 的功能逐步交代观察变量与潜在变量,让 LISREL 建立路径图中的上述变量
操作方式	从工具箱中选择适当的图标(对象),然后在绘图区制作 SEM,交代数据文件的来源,点选指令,产生结果	撰写程序(按 New,选择 Syntax Only)。程序中要交代数据文件的来源、观察变量与潜在变量的关系、产生路径图等,以产生结果
可支持的数据文件类型	SPSS、Microsoft FoxPro、Microsoft Excel、Microsoft Access、Lotus,或文本文件(txt)	SPSS 或文本文件(txt)、SAS、STATA、Statistica、Microsoft Excel、Systat、BMDP 档案
大小	72 217 KB	33 457 KB
免费版本与限制	Amos 17.0 试用版(14 天) (Amos 6.0 以后已成为 SPSS 14.0 版里面的一个模块)	LISREL 8.8 学生版 最多能支持 15 个观察变量; 多层次模型分析最多能支持 15 个变量; (正式版 495 美元)
功能	模型修正与模型设定探索 Markov chain Monte Carlo(MCMC)估计 为小样本做适当调整 计算直接与间接效果	多层次模型分析 绘图(单变量、双变量、散布图) 同质性检验

2 如何进行研究

2.1 研究程序

专题研究(不论是大三或大四的专题、硕博士论文、学者的研究、企业营销部门所进行的项目研究)都具有清晰的步骤或过程。这个过程是环环相扣的。例如,研究动机强烈、目的清楚,有助于在进行文献探讨时对于主题的掌握;对于研究目的的清楚界定,必然有助于观念架构的建立;观念架构一经建立,研究假说的陈述必然相当清楚,事实上,研究假说是对于观念架构中各构念(变量)之间的关系、因果,或者在某种(某些)条件下,这些构念(变量)之间的关系、因果的陈述。观念架构中各变量的数据类型,决定了用什么统计分析方法最为适当。假说的验证成立与否就构成研究的结论,而研究建议也必须根据研究结果来提出。研究程序(research process)以及目前硕博士论文的章节安排多如表2.1所示[1]。

表 2.1 研究程序

步　骤	硕博士论文章节
(1)研究问题的界定	
(2)研究背景、动机与目的	1
(3)文献探讨	2
(4)观念架构及研究假说	3
(5)研究设计	
(6)资料分析	4
(7)研究结论与建议	5

---

1 这里说明的研究程序是针对"量化研究"的,对于"质性研究"略有不同。可参考:荣泰生《企业研究方法》3 版(台北:五南图书出版公司,2007),第12章。

专题研究是相当具有挑战性的,正因为如此,它会让动机强烈的研究者得到相当大的满足感。但不可否认的是,专题研究的道路上是"荆棘满布、困难重重"的。专题研究之所以困难,有几项原因:(1)研究者没有把握搜集到足够的样本数据,而这些样本要能够充分地代表总体;(2)研究者必须合理地辨识干扰变量并加以控制;(3)研究者必须具有相当的逻辑推理能力及统计分析能力,包括对统计软件包(如 SPSS Basic、SPSS Amos)输出结果的解释能力。

2.1.1　循环性(circularity)

我们可将研究程序视为一个循环(图2.1)。研究者是从第一步骤开始其研究,在进行到"研究结论与建议"阶段时,研究并未因此而停止。如果研究的结论不能完全回答研究的问题,研究者要再重新界定问题、发展假说,重新做研究设计。如此一来,整个研究就像一个循环接着一个循环。但在实际上,研究者受到其能力、经费及时间的限制,整个研究不可能因为求完美,而永无止境地循环下去。

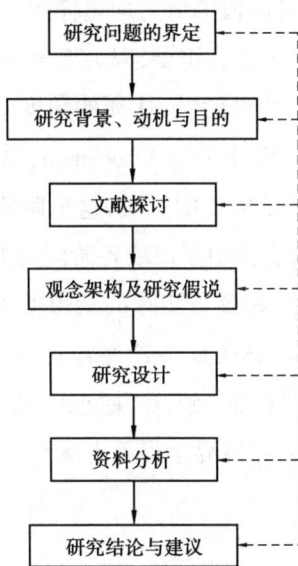

图2.1　研究程序的循环

2.1.2　环环相扣

如前所述,专题研究的每个步骤或过程都是环环相扣的。把握这个原则非常重要,否则论文变得结构松散。简单地说,环环相扣的意思是这样的:

　　1.有怎样的研究背景,就有怎样的动机;

　　2.有怎样的动机,就有怎样的目的;

　　3.有怎样的目的,就有怎样的文献探讨范围;

4. 有怎样的目的,也就会有怎样的观念架构;

5. 有怎样的观念架构,就会有怎样的假说;

6. 有怎样的观念架构,就会有怎样的操作性定义;

7. 有怎样的操作性定义,就会有怎样的问卷设计;

8. 有怎样的假说,就会有怎样的数据分析方法;

9. 有怎样的资料分析方法,就会有怎样的研究结论;

10. 有怎样的研究结论,就会有怎样的建议。

2.2 研究问题的界定

在管理学上,"问题"是实际现象与预期的现象之间有偏差的情形。形成一个明确的研究问题并不容易,但是非常重要。研究者虽然由于智力、时间、推理能力、信息的获得及解释等方面的限制,在定义研究问题、设定研究目标时,并不一定能做得尽善尽美[2],但是如不将问题界定清楚,则以后各阶段的努力均属枉然。

研究问题的形成比问题的解决更为重要,因为要解决问题只要靠数学及实验技术就可以了,但是要提出问题、提出新的可能性、从新的角度来看旧的问题,就需要创意及想象力[3]。美国营销协会(American Marketing Association, AMA, 1985)曾提到:"如果要在研究项目的各个阶段中挑选一个最重要的阶段,这个阶段就是问题的形成"。在研究程序中,问题的界定非常重要,因为它指引了以后各阶段的方向及研究范围。

当一些不寻常的事情发生时,或者当实际的结果偏离于预设的目标时,便可能产生"问题"(problem)。此时研究人员必须要与管理者共同合作,才能将问题界定清楚[4]。管理者必须说明,研究的结果如何帮助他(她)解决问题、做决策,也必须说明造成问题的各种事件。这样做的话,研究问题才可以界定得更为清楚。

2.2.1 症状与问题的确认

问题的确认涉及对现象的了解。有些企业问题的症状很容易确认,例如高的人员离职率,游客人数在迅速成长一段时间后有越来越少的情形,员工进行罢工,产品线的利润下降等。这些情形并不是一个问题,而是一种症状(symptom)。症状是显露于外的现象(explicit phenomena),也就是管理当局所关心的东西,而问题才是造成这些症状的真正原因。

---

2 这是 Herbert Simon(1947)所认为的"有限理性"的关系使然。如欲对有限理性及其相关的观念加以了解,可参考:Herbert Simon, *Administrative Behavior*(台北:巨浪书局,1957);或荣泰生《策略管理学》(台北:三民书局,2006年)。

3 Albert Einstein and L. Infeld, *The Evolution of Physics*(New York:Simon & Schuster, 1938), p.5.

4 P. W. Conner, "Research Request Step Can Enhance Use of Results," *Marketing News*, January 4, 1985, p.41.

2.2.2　研究问题的形成

在对企业问题加以确认之后,就要将这些问题转换成可以加以探索的研究问题(research questions)。但未必所有的企业问题都可以转换成研究问题,造成这个情形的可能原因有:(1)管理当局认为研究的成本会大于其价值;(2)进行研究来解决管理问题的需求并不迫切;(3)研究的主题是不能研究的(unresearchable,例如所拟定研发的抗癌药物施用于人体不仅违法,也不合乎道德标准);(4)研究经费短缺、没有合格的研究人员等。我们现在举例说明症状与问题的确认、研究问题的形成[5]:

症状的确认

大海公司的程序设计员的流动率越来越高;常听到他们对于薪资结构的不满。

问题的确认

(1)分析企业内部及外部数据(了解他们不满及离职率的情况,了解过去有无不满的情形,其他公司是否有类似的情形)。

(2)挑明此问题领域(各部门的薪资制度并不一致,离职面谈显示他们对于薪资结构的不满,工会组织最近警告本公司有关薪资歧视的问题)。

管理问题的陈述

目前的薪资结构公平吗?

研究问题的陈述

大海公司影响程序设计员薪资高低的主要因素为何?

定义问题的最后一个阶段,就是实际地选择要研究的问题。在企业中,管理者所认为的优先次序,以及他们的认知价值决定了要进行哪一个研究。有关问题的形成应考虑的事项有:

(1)对问题的陈述是否掌握了管理当局所关心的事情?

(2)是否正确地说明问题的所在?(这真正的是一个问题吗?)

(3)问题是否清晰界定?变量之间的关系是否清楚?

(4)问题的范围是否清晰界定?

(5)管理当局所关心的事情是否可借着研究问题的解决而得到答案?

(6)对问题的陈述是否有个人偏见?

---

5 Problem Definition, *Marketing Research Techniques*, Series No. 2(Chicago: American Marketing Association, 1958), p. 5.

在对企业研究问题的选择上[6],所应注意的事项如下:

(1)所选择的研究问题与管理当局所关心的事情是否有关联性?

(2)是否可搜集到资料以解决研究问题?

(3)其他的研究问题是否对于解决企业问题有更高的价值?

(4)研究者是否有能力来进行这个研究问题?

(5)是否能在预计的经费及时间之内完成所选择的研究问题?

(6)选择这个研究问题的真正原因是什么?

在学术研究上,研究者会确认哪些症状呢? 这和他们的观察的敏锐度、相关文献的涉猎有关。换句话说,研究者对于问题越是具有敏锐性,以及对于有关文献的探讨越深入,则对这个问题的确认会越清楚。

在对学术研究问题的选择上,所应注意的事项如下:

(1)所选择的研究问题是否具有深度及创意?

(2)是否可搜集到资料以解决研究问题? 例如,针对医院进行研究,是否有能力或 “关系”搜集到资料?

(3)研究者是否有能力来进行这个研究问题? (尤其是数据分析方面的能力)

(4)是否能在所要求的时间之内完成所选择的研究问题?

(5)选择这个研究问题的真正原因是什么?

2.3 研究背景、动机与目的

研究背景是扼要说明与本研究有关的一些课题,例如研究此题目的重要性(可分别说明为什么这些变量具有因果关系、为什么研究这些变量的因果关系是重要的),同时如果研究的标的物是某产业的某产品,研究者可解释为什么以此产业、产品(甚至使用此产品的某一特定受测对象)为实证研究对象是重要的。

“研究动机与目的”是研究程序中相当关键的阶段,因为动机及目的如果不明确或无意义,那么以后的各阶段必然杂乱无章。所以我们可以了解,研究动机及目的就像指南针一样,指引了以后各阶段的方向及研究范围。

研究动机是说明什么因素促使研究者进行这项研究,因此研究动机会与“好奇”或“怀疑”有关。不论是基于对某现象的好奇或者怀疑,研究者的心中,通常会这样想:什么因素和结果(例如员工士气不振、资金周转不灵、网络营销业绩下滑、降价策略未能奏效等)有关? 什么因素造成了这个结果?

在“什么因素和结果有关”这部分,研究者应如此思考:哪些因素与这个结果有关?

---

6 从事独立研究者,其研究问题的选择主要是受到典范(paradigm)及价值观的影响,有关这些可参考本书附录2-1。

为什么是这些因素？ 有没有其他因素？ 此外,研究者也应"怀疑":如果是这些因素与这个结果有关,那么各因素与结果相关的程度如何？ 为什么某个因素的相关性特别大？

在"什么因素造成了这个结果"这部分,研究者应如此思考:哪些因素会造成这个结果？ 为什么是这些因素？ 有没有其他因素？ 此外,研究者也应"怀疑":如果是这些因素造成了这个结果,那么各因素影响的程度如何？ 为什么某个因素影响特别大？

上述的"结果"大多数是负面的,当然正面的结果也值得探索,以发现与成功(正面结果)有关的因素以及原因。负面的结果就是"问题"所在。"问题"(problem)是实际现象与预期的现象之间有偏差的情形。

研究的目的有四种：

(1)对现象加以报导(reporting)；

(2)对现象加以描述(description)；

(3)对现象加以解释(explanation)；

(4)对现象加以预测(prediction)[7]。

因此研究者应说明其研究的目的是上述的哪一种。

研究目的就是研究者想要澄清的研究问题,在陈述研究问题的陈述上,通常是以变量表示,例如："本研究旨在探讨甲变量是否与乙变量具有正面关系"、"本研究旨在探讨甲变量是否是造成乙变量的主要原因"等。

2.4　文献探讨

文献探讨,又称为探索(exploration),就是对已出版的相关书籍、期刊中的相关文章,或前人做过的相关研究加以了解。除此之外,研究者还必须向专精于该研究主题的人士(尤其是持反面观点的人士)请教,才能扩展研究视野。

由于因特网科技的普及与发展,研究者在做文献探讨时,可以透过因特网(Internet)去检索有关的研究论文。

文献探讨的结果可以使得研究者修正他的研究问题,更确定变量之间的关系,以帮助他建立研究的观念架构。

在撰写专题学术论文方面,文献探讨分为几个层次：

(1)将与研究论文有关的文献加以分类罗列；

(2)将有关的论文加以整合并加以比较；

(3)将有关的论文加以整合并根据推理加以评论。

---

7 D. R. Cooper and Pamela Schindler, *Business Research Methods* (New York, NY: McGraw-Hill Companies, Inc., 2003), pp. 10-12.

显然,第二层次比第一层次所费的功夫更多,第三层次比前两个层次所费的思维更多。在台湾的硕士论文中,能做到第二层次的比较多;在国际学术论文中,如 MIS Quarterly、Journal of Marketing,所要求的是第三层次。

2.5 观念架构及研究假说

在对于有关的文献做一番探讨,或者做过简单的探索式研究(exploratory study)之后,研究者可以对原先的问题加以微调(fine-tuning)或略为修改。此时对于研究问题的界定应十分清楚。

2.5.1 观念架构

研究者必须建立观念架构。观念架构(conceptual framework)描述了研究变量之间的关系,是整个研究的建构基础(building blocks)。研究目的与观念架构是相互呼应的。观念架构的表示可用图形表示,如此便会一目了然,如图 2.2 所示。此图(a)部分是在研究论文中所呈现的观念架构。(b)部分是以 Amos 来绘制的观念架构图或路径图。图形中的单箭头表示"会影响",双箭头表示"有关系"。

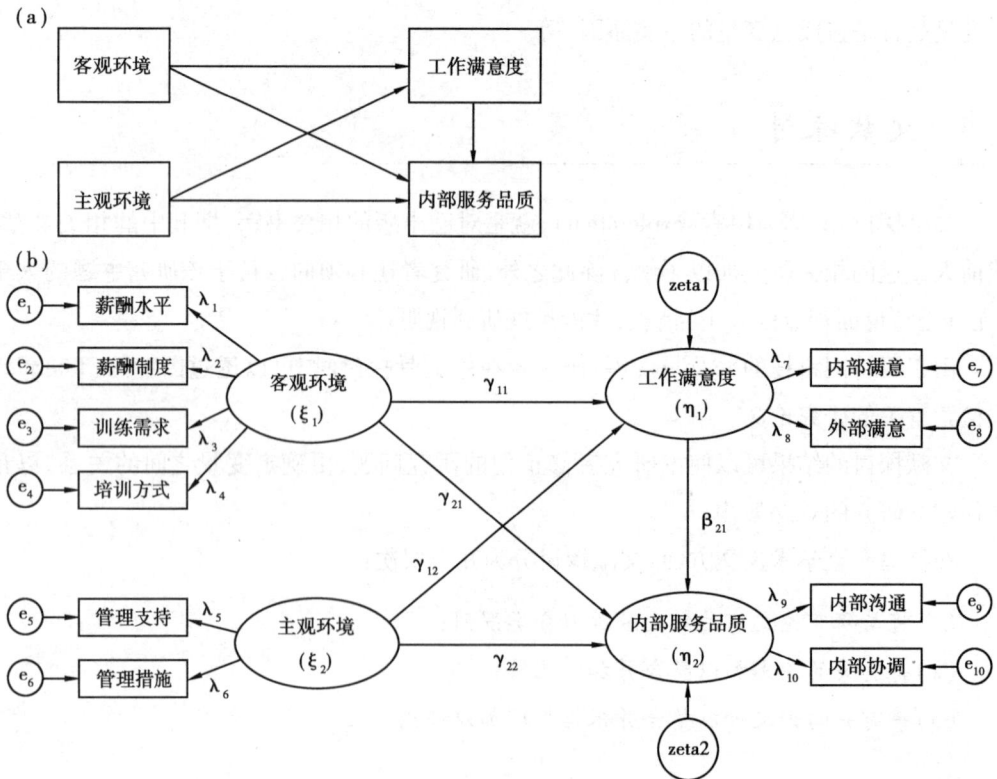

图 2.2 观念架构的表示法

　　如果你的研究中有中介变量,在 Amos 路径图的表示方式如图 2.2(b)所示。

　　"假说"(hypothesis)是对于研究变量所做的猜测或假定。假说是根据观念架构中各变量的关系加以发展而得。假说的拒绝或不拒绝便形成了研究结论。假说的陈述应以统计检验的虚无假说来描述。近年来,许多研究者倾向于"正面"叙述假说。

　　"假说"(hypothesis)是以可测试的形式来加以描述的,并可以预测二个(或以上)变量之间的关系。换句话说,如果我们认为变量之间有关联性存在,必须先将它们陈述成为"假说",然后再以实证的方式来测试这个假说[8]。

　　"假说"的定义为:暂时性的臆测(assumption),目的在于测试其逻辑性及实证性的结果。"假说"代表着目前可获得的证据的不足,因此它只能提出暂时性的解释。本书认为,"假说"是对现象的暂时性解释,而测试此假说的证据至少是潜在可获得的。一个陈述要如何,才可以称得上是一个"假说"呢?首先,它必须是对"一个可以实证研究的事实"的陈述,也就是说,我们可以通过调查(及其他的研究方法)来证明其为真或伪的陈述。"假说"应排除价值判断或规范性的(normative)陈述。例如,"每个人每周至少应上量贩店一次"这个陈述是规范性的,因为它说明了人应该怎样,而不是一件可以验证其为真或伪的事实陈述。"50%的台北市民每周至少上量贩店一次"是对一件事实的陈述,因此可以被测试。

　　"假说"显然不是期盼的事情或有关于价值的事(虽然研究者的价值观会影响他如何选择"假说")。"假说"是事实的一个暂时性的、未经证实的陈述而已。这个陈述如要得到证实,必须经过测试;要经过测试,此陈述要尽可能的精确。例如,我们认为智力和快乐可能有关,我们可以询问的最简单的问题是:"智力和快乐有关吗?"

　　如果我们假设在这二个变量之间的确存在着某种关系,我们就可以推测它们的关系。这个推理性的陈述(通常仅是预感或猜测)就是我们的"假说"。例如,我们听说有许多天才都是郁郁寡欢的,我们就可以推测"人越有智力越不快乐"。如果智力及快乐可以被适当的测量,则这是一个适当的"假说"。

　　"假说"是我们将变量指派到个案上的陈述。个案(case)是"假说"所讨论(提及)的实体,而变量则是隶属于个体的特性、特征或属性[9]。例如"荣经理(个案)具有高于一般水平的成就动机(变量)"。如果假说中个案的数目超过一个,此假说就称为通则,例如"大海公司的经理们(若干个个案)都具有高于一般水平的成就动机(变量)"。

　　在研究中,建立假说有三个优点:(1)它可以使研究者专注于所要探讨的变量的关系;(2)它可使研究者思考研究发现的涵义;(3)它可使研究者进行统计上的测试。

　　在研究上,"假说"具有若干个重要的功能。"假说"最重要的功能在于它们引导着

8 在以前统计学的书上都用"假设检验"这个术语。但是近年来,为了分辨假设(assumption)与假说(hypothesis)的不同,所以本书这里将"假设检验"称为"假说检验"。

9 W. N. Stephens, *Hypotheses and Evidence*(New York:Thomas Y. Crowell, 1968), p.5.

整个研究方向。在信息充斥的现代研究环境,研究者常常因涉及与研究主题无关的信息,而使得研究报告显得臃肿不堪,不仅如此,到后来也可能忽略了所要探讨的主题。如果整个研究能够钉住"假说",就会很容易的判断哪些信息应该或不应该包含在其研究的范围内。同时,"假说"也是研究结论的基础(研究结论就是要对"假说"的拒绝与否提出证据的说明)。

在引导研究的方向方面,"假说"所扮演的角色如何? 如果我们的"假说"是"在采购决策中,夫妻在角色扮演上的认知有所不同",这个"假说"说明了研究的对象(夫妻)、研究背景(research context)、采购决策及研究主题(他们对其角色的认知)。

根据上述"假说"的特性,最好的研究设计可能是以调查研究来搜集资料(用实验研究、观察研究均不甚恰当)。除此以外,我们有兴趣研究的是夫妻在采购决策中所扮演的角色,因此夫妻在其他场合或情境所扮演的角色就不在研究探讨之列。对上述的"假说"再做深入的探讨,可能还要考虑到夫妻之间的年龄差异、社会阶层、教育背景、个性差异这些有关的变量,所以在我们的文献探讨、研究报告中要涵盖、讨论这些变量。

建立假说的灵感有很多来源。通常研究者从日常生活中、研究过程中都会看到某些现象,而对于描述这些现象的变量关系,研究者就可以建立一个假说来验证。除此以外,过去的研究、既有的似是而非的信念,都可以帮助我们建立假说。例如,许多研究显示:在政治抱负上,大一学生比大四学生要保守。这些研究告诉我们,学年与政治信念有关。我们可以针对不同的样本重复测试这个假说,或将此假说加以延伸、调整之后再加以测试。

有许多既有的、似是而非的信念可以帮助我们建立假说。这些例子有:善有善报、天才与疯子仅一线之隔、男大当婚、女大当嫁等。虽然社会科学家常被讥讽为"炒冷饭专家",或尽是在不言而喻的常识上打转,但是如果我们对"每个人所认定的就是真的"这个假说做测试,会发现其实并不是真的,因为"众口铄金,一时披靡",以讹传讹的现象在我们的社会比比皆是。

2.5.2 如何建立可测试的假说

可测试及量化

"假说必须要能被测试"这句话需要澄清一下。我们以上述"天才都是郁郁寡欢的"这个陈述来说明。我们可以说这个陈述是命题(命题就是对变量之间的关系加以陈述的最原始形式)。除非我们可以对智力及快乐这二个观念加以测量,并给予操作性定义,否则不能称为可测试的假说。"可测试"是指可以用数据分析来拒绝(或不拒绝)此假说。命题由于陈述得相当笼统,其观念的定义又不清楚,所以很难说数据分析的结果是否足以拒绝或不拒绝该命题。从这里我们可以了解,将变量加以量化的重要性——量化可以剔除模糊性。例如,虽然智力与郁郁寡欢不容易被测试(因为争辩很多),但假如我们可以利用一个IQ量表来测量智力,以及另外一个适当的量表来测量快乐,那么我们就可以说:"IQ分数越高,在快乐测试的分数越低。"这就是可测试的假说。

在建立假说时,常容易犯的错误是"二合一"(double barreled),也就是将两个假说合而为一。如果拒绝其中一个假说,但是不拒绝另外一个假说的话,就容易发生混乱。

研究实例

现在我们从有关的研究中举三个有关于"假说"的例子。第一个例子似乎与我们的常识格格不入:过度学习会降低绩效[10]。这个假说是一个变量(过度学习)与另外一个变量(绩效降低)的关系。由于这二个变量的界定非常清楚,而且又可以测量,研究者就可进行此假说的测试。

第二个假说是以虚无形式(null form)来建立的:心智功能的练习对于该功能的未来学习毫无影响[11]。在这个假说中,变量之间的关系非常明确,其中一个变量(心智功能的练习,例如增加记忆力的练习)与另外一个变量的关系是"毫无影响"。但在这个假说中,我们会碰到如何测量"心智功能"及"未来学习"的问题。如果能解决测量的问题,这个假说就成立了。

第三个假说中的变量间的关系是间接的,它常是以"两组人员在某些特征上的不同"来建立的。例如,H_{1-1}:中等地位阶层家庭的儿童比下等地位阶层家庭的儿童更不喜欢手工绘图[12]。这个假说是"H_{1-2}:儿童对于手工绘图的喜好随着其家庭的社会阶层而异"的进一步延伸。如果我们测试的是H_{1-2},那么H_{1-1}可以说是H_{1-2}的次假说(subhypothesis)或是H_{1-2}的特定预测(specific prediction)。

我们再说明一个与第三个假说之例有"异曲同工"之妙的假说。这个假说是:具有同样或类似职业角色的人,会对与该职业有关的认知实体(cognitive objects)具有类似的态度[13]。在这个假说中变量之间的关系是职业角色与态度(例如教育家对于教育的态度)。为了要测试这个假说,我们至少要用到二组样本,每组样本代表着不同的职业角色,然后再比较这二组人士的态度。

发展假说的例子

我们根据图2.2的观念架构,可以发展以下的假说:

---

10 E. Langer and L. Imber, "When Practice Makes Imperfect: Debilitating Effects of Learning," *Journal of Personality and Social Psychology*(37), 1980, pp.2014-2-24.

11 以口语来说,就是"不论你多么努力地加强现在的记忆力,学习各种增加记忆的方法,对于以后学习某些东西的记忆力,不会有任何帮助。"详细的讨论可参考:A. Gates and G. Taylor, "An Experimental Study of the Nature of Improvement Resulting from Practice in a Mental Function," *Journal of Educational Psychology*(16), 1925, pp.583-592.

12 T. Alper, H. Blane and B. Adams, "Reactions of Middle and Lower Class Children to Finger Paints as a Function of Class Differences in Child-Training Practice," *Journal of Abnormal and Sociology*(51), 1955, pp.439-448.

13 由个人所认知的任何实质的、抽象的实体,例如人、群体、政府及教育等。

H_1:客观环境对工作满意度有正向显著影响

H_2:主观环境对内部服务质量有正向显著影响

H_3:工作满意度对强化客观环境对工作满意度的影响

H_4:工作满意度对强化主观环境对工作满意度的影响

如果你的研究中有干扰变量(如组别),可建立如下的假说:

在男性组与女性组,客观环境对工作满意度都有正向显著影响

或者,你可以用比较"统计学观念"的写法:

客观环境对工作满意度的正向显著影响,不因为性别的差别而异。

2.6 研究设计

研究设计(research design)可以被视为是研究者所设计的进程计划,在正式进行研究时,研究者只要"按图索骥"即可。研究设计是实现研究目的、回答研究问题的蓝本。由于在研究的方法、技术,及抽样计划上有许多种类可供选择,因此如何做好研究设计是一件极具挑战性的工作。

例如,我们可能是用调查、实验或观察来搜集初级资料。如果我们选择的是调查研究,是要用邮寄问卷、计算机访谈、电话访谈还是人员访谈? 我们要一次搜集所有的资料还是分不同的时间来搜集(用纵断面研究,还是横断面研究)? 问卷的种类如何(是否要用隐藏式的或直接的,还是用结构式的或非结构式的)? 问题的用字如何? 问题的次序如何? 问题是开放式的,还是封闭式的? 怎么测量问卷的信度及效度? 会造成反应误差吗? 如何避免? 要对资料搜集人员做怎样的训练? 要用抽样还是普查的方式? 要用怎样的抽样方式(概率或非概率抽样,如果采取其中一种方式,要用哪一种抽样方法)? 以上的各问题只不过是在考虑使用调查研究之后所要考虑的部分问题。

由于可以利用的研究工具有很多,所以研究者要从各种可能的角度来看研究设计的问题,例如他要想到是否可以用实验研究、观察研究来探讨同样的问题? 在实务上,由于研究时间的限制,一般的研究者不可能进行多重方法(multimethod)来进行多重研究(multistudy),但是研究者至少必须考虑到各种可能的方法,并从中选择一个最有效的方法。

2.6.1 研究设计的 6W

我们可以用 6W 来说明研究设计。这 6W 是 What、Who、How、When、How Many、Where。如表 2.2 所示。

表 2.2　研究设计的 6W

What	变量的操作性定义是什么？	操作性定义
	题项标记（在 SPSS 建文件时所用的标记）是什么？	问卷设计
	问卷题号与设计内容是什么？	
Who	研究的分析单位是谁？	分析单位
How	如何搜集初级资料？	资料搜集方法
	如何分析数据？	资料分析
	如何决定受访者？	抽样计划—抽样方法
How Many	要向多少受访者搜集资料？	抽样计划—样本大小决定
When	何时开始搜集资料？ 何时结束？	时间跨度
	搜集何时的资料？	
Where	在何处搜集资料？	地点

操作性定义

　　研究者也必须对研究变量的操作性定义加以说明。操作性定义（operational definition）顾名思义是对于变量的操作性加以说明，也就是此研究变量在此研究中是如何测量的。操作性定义当然必须根据文献探讨而来。而所要做"操作性定义"的变量就是观念性架构中所呈现的变量。换言之，研究者必须依据文献探讨中的发现，对观念性架构中的每个变量下定义。对变量"操作性定义"的说明可以比较"口语化"。而变量的操作性定义便是问卷设计的依据。从这里我们又看出"环环相扣"的道理。

　　操作性定义（operational definition）是具有明确的、特定的测试标准的陈述。这些陈述必须要有实证的参考物（empirical referents），也就是说要能够使我们透过感官来加以计数、测量。研究者不论是在定义实体的东西（例如个人计算机）或者是抽象的观念（例如个性、成就动机），都要说明它们是如何被观察的。要了解操作性定义，先要了解"观念"。有关"观念"的详细说明，可见第 4 章。

　　"定义"（definition）有许多类型，我们最熟悉的一种是字典定义（dictionary definition）。在字典里，"观念"是用它的同义字（synonym）来定义的。例如顾客的定义是"惠顾者"；惠顾者的定义是"顾客或客户"；客户的定义是"享受专业服务的顾客，或商店的惠顾者"。这种循环式的定义（circular definition）在日常生活中固然可以帮助沟通、增加了解，但是在研究上应绝对避免。在专题研究中，我们要对各"观念"做严谨的定义。

问卷设计

　　研究者必须说明问卷设计的方式。专题研究论文的整份问卷可放在附录中，但在研究设计中应整体性地、扼要地说明问卷的构成，如"问卷的第一部分是搜集有关受测者的财物激励诱因资料"等,同时也必须对衡量变量、题项标记(在 SPSS 建文件时所用的标记)、问卷题号与设计内容加以说明,例如:

衡量变量	题项标记 (SPSS)	问卷题号与 设计内容
(一) 3C 通路 品牌知名度	品牌知名度 1	1-1 您非常熟悉这家 3C 通路连锁店。
	品牌知名度 2	1-2 您听说过这家 3C 通路连锁店。
	品牌知名度 3	1-3 如您需要家电、信息与通信产品,会第一个想到这家 3C 通路连锁店。
(二) 3C 通路 知觉品质	知觉品质 1	2-1 您认为这家 3C 通路连锁店的可靠性是非常高的。
	知觉品质 2	2-2 您认为这家 3C 通路连锁店的质量具有一致性。
	知觉品质 3	2-3 您认为这家 3C 通路连锁店的质量会影响您的购买决策。
	知觉品质 4	2-4 您认为这家 3C 通路连锁店是高质量的。
	知觉品质 5	2-5 您认为这家 3C 通路连锁店的促销活动是物超所值的。
(三) 3C 通路 品牌联想	品牌联想 1	3-1 您非常认同这家 3C 通路连锁店的品牌形象。
	品牌联想 2	3-2 您可以很快地回想起这家 3C 通路连锁店的一些特性。
	品牌联想 3	3-3 您可以很容易地想起这家 3C 通路连锁店在您心目中的形象。
	品牌联想 4	3-4 您认为这家 3C 通路连锁店与其他品牌连锁店相较之下,是与众不同的。
(四) 购买意愿	购买意愿 1	4-1 您到这家 3C 通路连锁店购买产品的可能性。
	购买意愿 2	4-2 您到这家 3C 通路连锁店购买产品的意愿。
	购买意愿 3	4-3 您推荐他人到这家 3C 通路连锁店购买产品的可能性。

设计问卷是一种艺术,需要许多创意。幸运的是,在设计成功的问卷时,有许多原则可以运用。首先,问卷的内容必须与研究的观念性架构相互呼应。问卷中的问题必须尽量使填答者容易回答。譬如说,打"√"的题目会比开放式的问题容易回答。除非有必要,否则不要去问个人的隐私(例如所得收入、年龄等),如果有必要,也必须让填答者勾出代表某项范围的那一格,而不是直接填答实际的数据。用字必须言简意赅,对于易生混淆的文字也应界定清楚(例如何谓"好"的社会福利政策?)。值得一提的是,先前的问题不应影响对后续问题的回答(例如前五个问题都是在问对政党的意见,这样会影响"你最支持哪一个政党?"的答案)。

在正式地使用问卷之前应先经过预试(pretests)的过程,也就是让受试者向研究人员解释问卷中每一题的意义,以在早期就发现可能隐藏的问题。

在问卷设计时,研究者必须决定哪些题是开放性的问题(open-ended questions),哪些题是封闭性问题(close-ended questions)。

封闭性问题通常会限制填答者做某种特定的回答,例如以选择或勾选的方式来回答"你认为下列哪一项最能说明你参加反核运动的动机?"这个问题中的各个回答类别(response category)。开放性问题是由填答者自由地表达他(她)的想法或意见(例如,"一般而言,你对于核子试爆的意见如何?")。这类问题在分析、归类、比较、计算机处理上,会比较费时费力。

有关如何进行网络问卷设计,可参考荣泰生《企业研究方法》3 版,第 9 章"网络调查问卷设计"一节。

分析单位

每项研究的分析单位(unit of analysis)也不尽相同。分析单位可以是企业个体、非营利组织及个人等。

大规模的研究称为总体研究(macro research)。任何涉及广大地理区域,或对广大人口集合(如洲、国家、省、市、县)进行普查(census),都属于总体研究。分析单位是个人的研究称为个体研究(micro research)。但是以研究对象的人数来看,总体、个体研究的分界点在哪里?关于这一点,研究者之间并没有获得共识。也许明确说明分界点,并没有什么意义,重要的是在选择研究问题时,要清楚地界定分析单位,应用适当的分析单位。

资料搜集方法

研究者必须详细说明数据搜集的方式(如以网页问卷方式来搜集)。数据的搜集可以简单到定点的观察,也可以复杂到进行跨国性的庞大调查。我们所选择的研究方式极大地影响到我们搜集数据的方式。问卷、标准化测验、观察表、实验室记录表、刻度标尺等都是记录原始数据的工具。

研究者必须设计如何搜集资料。我们有必要了解三种搜集初级资料的方法:

调查研究。调查研究(survey research)是在搜集初级资料方面相当普遍的方法。调查研究所搜集得到的资料,经过分析之后,可以帮助我们了解人们的信念、感觉、态度、过去的行为、现在想要做的行为、知识、所有权、个人特性及其他的描述性因素(descriptive terms)。研究结果也可以提出关联性(association)的证据(例如人口的密度与犯罪率的关系),但是不能提出因果关系的证据(例如人口密度是造成犯罪的原因)。

调查研究是有系统地搜集受测者的资料,以了解及(或)预测有关群体的某些行为。这些信息是以某种形式的问卷来搜集的。

调查法依研究目的、性质、技术、所需经费的不同,又可细分为人员访谈(personal interview)、电话访谈(telephone interview)、问卷调查(mail)及计算机访谈(computer interview)。近年来由于科技的进步,在调查技术上也有相当突破性的发展。

在电话访谈方面,最进步的应属于"计算机辅助访谈"(computer-assisted telephone interviewing, CATI)方式,访谈者一面在电话中听被访者的答案,一面将此答案键入计算机(在计算机荧光幕上显示的是问卷的内容),如此可省下大量的数据整理、编码、建文件的时间。

近年来由于因特网的普及,利用网络作为搜集初级资料的工具已经蔚为风气。事实上,有许多网站提供免费的网络问卷设计,同时,我们也可利用功能强大的程序来设计网络问卷,有关这方面的讨论,可参考荣泰生《企业研究方法》3 版,第 8 章。

实验研究。实验研究(experiment research)的意义是:由实验者操弄一个(或以上)的变量,以便测量一个(或以上)的结果。被操弄的变量称为自变量(independent variable)或是预测变量(predictive variable)。可以反映出自变量的结果(效应)的称为依变量(dependent variable)或准则变量(criterion variable)。依变量的高低至少有一部分是受到自变量的高低、强弱所影响。

暴露于自变量操弄环境的实体称为实验组(treatment group),这个实体(受测对象)可以是人员或商店。在实验中,自变量一直维持不变的那些个体所组成的组称为控制组(control group)。

实验可分为实验室实验(laboratory experiment)、现场实验(field experiment,又称实地实验)二种。实验室实验是将受试者聚集在一个特定的地点,并施以实验处理(例如观赏广告影片)。实验室实验的优点在于可对自变量做较为严密的控制,但其缺点在于实验结果对真实世界的代表性可能不够理想。实验研究可用在现场实验或调查研究上。在某商店的一般采购情况下,测试消费者对于某新产品的反应。现场实验的优点,在于营销者可对营销决策进行较为直接的测试。而其缺点则是:易受意外事件(如天气、经济消息)的影响;会有递延效果(carryover effects),即受试者先前做过的实验(或先前类似的经验)会对这次实验造成影响;只能控制若干个变量;外在变量不易掌握。例如销售量的增加是由于价格下降所致,抑或由于受试者的友人的建议,抑或由于广告的效果,甚或由于企业本身的运气则不得而知。有关实验法的详细说明,可参考荣泰生《企业研究方法》3 版,第 10 章。

观察研究。观察研究(observation research)是了解非语言行为(nonverbal behavior)的基本技术。虽然观察研究涉及可视化数据的搜集(用看的),但是研究者也可以用其他的方法(用听的、用摸的、用嗅的)来搜集资料。使用观察研究,并不表示就不能用其他的研究方法(调查研究、观察研究)。观察研究常是调查研究的初步研究,而且也常与文献研究(document study)或实验一起进行。

观察研究有二种主要的类型:参与式(participant)与非参与式(nonparticipant)。在参与式的观察中,研究者是待观察的某一活动的参与者,他会隐瞒他的双重角色,不让其他的参与者知道。例如,要观察某一政党的活动的参与者,会实际加入这个政党,参加开会、游行及其他活动。在非参与式的观察中,研究者并不参与活动,也不会假装是该组织的一员。有关如何以观察研究搜集初级资料的讨论,可参考荣泰生《企业研究方法》3 版,第 11 章。

资料分析。研究者必须说明利用什么统计技术来分析观念架构中的各变量,并且要说明利用什么版本的软件中的什么技术处理什么变量。

抽样计划

研究人员必须决定及说明要用什么抽样方法、样本要有什么特性(即抽样对象)以及要对多少人(即样本大小)进行研究。有关抽样方法、样本大小决定的说明,可参考荣泰生《企业研究方法》3 版,第 6 章。

抽样方法

几乎所有的调查均需依赖抽样。现代的抽样技术是基于现代统计学技术及概率理论发展出来的,因此抽样的正确度相当高,再说即使有误差存在,误差的范围也很容易测知。

抽样的逻辑是相对单纯的。我们首先决定研究的总体(population),例如全国登记的选民,然后再从这个总体中抽取样本。样本要能正确地代表总体,使得我们从样本中所获得的数据能与从总体中所获得的数据是一样的。值得注意的是,样本要具有总体的代表性是相当重要的,换句话说,样本应是总体的缩影,但是这并不是说,总体必须是均质性(homogeneity)的。概率理论的发展可使我们确信相对小的样本亦能具有相当的代表性,也能使我们估计抽样误差,减少其他的错误(例如编码错误等)。

抽样的结果是否正确与样本大小(sample size)息息相关。由于统计抽样理论的进步,即使全国性的调查,数千人所组成的样本亦颇具代表性。根据 Sudman(1976)的研究报告,全美国的财务、医疗、态度调查的样本数也不过是维持在千人左右。有 25% 的全国性态度调查其样本数仅有 500 人[14]。

在理想上,我们希望能针对总体做调查。如果我们针对全台湾人民做调查,发现教育程度与族群意识成负相关,我们对这个结论的相信程度自然远高于对 1 000 人所做的研究。但是全国性的调查不仅旷日废时,而且所需的经费又相当庞大,我们只有退而求其次——进行抽样调查。我们可以从总体定义"样本"这个子集合。抽样率100%表示抽选了整个总体;抽样率1%表示样本数占母体的百分之一。

我们从样本中计算某属性的值(又称统计量,例如样本的所得平均),再据以推算总体的参数值(parameters,例如总体的所得平均)的范围。

我们应从上(总体)到下(样本或部分总体)来进行,例如从二百万个潜在的受访者中,抽出 4 000 个随机样本。我们不应该由下而上进行,也就是不应该先决定最低的样本数,因为这样的话,除非我们能事先确认总体,否则无法(或很难)估计样本的适当性。不错,研究者有一个样本,但是是什么东西的样本呢?

例如,我们的研究主题是"台北市民对于交通的意见",并在 Sogo 百货公司门口向路

---

14 Seymour Sudman, *Applied Sampling*(New York:Academic Press, 1976).

过的人做调查,这样的话,我们就可以获得适当的随机样本了吗? 如果调查的时间是上班时间,那么随机调查的对象比较不可能有待在家的人(失业的人、退休的人)。因此在上班时间进行调查的随机样本虽然是总体的一部分,但是不具有代表性,因此不能称为是适当的随机样本。但是如果我们研究的主题是"上班时间路过今日百货公司者对于交通的意见",那么上述的抽样法就算适当。从这里我们可以了解:如果我们事前有台北市民的清单,并从中抽取样本,那么样本不仅具有代表性,而且其适当性也容易判断。

样本大小的决定

研究者必须说明样本大小是如何决定的。样本大小决定的方式有很多,我们将在第7 章详细说明。

时间跨度

时间跨度是指研究是涉及某一时间的横断面研究(cross-sectional study),还是涉及长时间(不同时点)的纵断面研究(longitudinal study)。

研究可以"对时间的处理"的不同,而分为横断面研究与纵断面研究。横断面研究是在某一时点,针对不同年龄、教育程度、所得水平、种族、宗教等,进行大样本的研究。相形之下,纵断面研究是在一段时间(通常是几个星期、月,甚至是几年)来搜集资料。显然纵断面研究的困难度更高,费用更大,也许就因为这样,研究者通常会用小样本。如果在不同的时点,所采用的样本都是一样的,这种研究就是趋势研究(trend analysis)。纵断面研究的资料亦可能由不同的研究者在不同的时点来提供。

调查研究是询问受测者一些问题的方法。这些问题通常是他们的意见或是一些事实数据。在理论上,调查研究是属于横断面研究,虽然在实际上问卷回收的时间可能要费上数月之久。横断面研究的典型类型是普查。普查是在同一天对全国的民众进行访谈。

地点

研究者必须说明在何处搜集资料。如以网络问卷进行调查,则无地点的问题。如以一般问卷调查、人员访谈的方式搜集资料,则应说明地点,如荣老师教室、××百货公司门口等。

2.6.2　预试

在正式的、大规模的搜集资料之前,我们进行预试(pilot testing)。预试的目的在于早期发现研究设计及测量工具的缺点并做修正,以免在大规模的、正式的调查进行之后,枉费许多时间与费用。研究者必须说明预试的期间与进行方式。

我们可以对总体进行抽样,并对这些样本进行仿真,以了解消费者的反应。并可以改正问卷的缺点(哪些问题很难回答、哪些问题太过敏感等)。通常预试对象的人数从25到100人不等,视所选择的研究方法而定。在预试中受测的样本不必经过正式的统计抽样来决定,有时只要方便即可。值得注意的是:受测者在接受预试之后,对于所测试的主题会有比较深入的了解,在正式测试时会造成一些偏差现象,这种偏差称为"事前测量误差"。

2.7 资料分析

统计分析依分析的复杂度以及解决问题的层次,可分为单变量分析(univariate analysis)、双变量分析(bivariate analysis)与多变量分析(multivariate analysis)。一般而言,单变量分析包括:出现的频率(frequencies)、平均数、方差、偏度、峰度等。双变量分析包括:相关系数分析、交叉分析等。多变量分析包括:因子分析、回归分析、判别分析、方差分析等。如果要了解如何操作,可参考:荣泰生《SPSS 与研究方法》(台北:五南图书出版公司,2006)。本书将说明如何建立 SEM,并进行数据分析。

在数据分析这个阶段,研究者应呈现数据分析的结果,呈的方式可用 Amos 的输出或自制表格,当然以 Amos 的输出来呈现较具有说服力,但有时输出报表过多(尤其是针对不同变量用同一方法时),研究者可以自行编制汇总表。

在检验研究假说时,我们要采取这样的决策法则:如果分析的结果显示我们不能拒绝虚无假说,就不要采取任何矫正行动。值得注意的是:我们要说"不拒绝"(not to reject),不要说"接受"(accept),因为虚无假说永远不能被证实,所以不能"被接受"[15]。

利用 Amos,所得到的值是显著性(p 值),我们要用显著性和我们所设的显著水平 α 值做比较,如果显著性大于 α 值,未达显著水平,则不拒绝虚无假说;如果显著性小于 α 值,达到显著水平,则拒绝虚无假说。在统计检验时,本书所设定的显著水平皆是 0.05($\alpha = 0.05$)。

统计检验的结果只能让我们拒绝或不拒绝假说。虽然如此,但是我们在许多研究中还是常常看到"接受虚无假说"这样的字眼,原因可能是觉得"不拒绝虚无假说"这个用字太过别扭吧!本书也"从善如流",当用到"不拒绝"时,后面会以"接受"加注。

如果我们拒绝虚无假说(发现有统计上的显著性),那么我们就应该接受对立假说。在我们接受或拒绝一个虚无假说时,很可能做了错误的决定。例如当我们应该拒绝虚无假说时,我们却接受了;或者当我们应该接受虚无假说时,却拒绝了。

---

15 从这里我们可以看出归纳性推理(inductive reasoning)的特性。在演绎性推理(deductive reasoning)中,前提与结论之间可正当地建立"结论性的证实"(conclusive proof),但在归纳性推理中则没有这种特点。

"拒绝、不拒绝"与"成立、不成立"。在统计学中,虚无假说是以"负面"的方式来表示,例如,如果所要探讨的题目是男与女在态度上的平均数有无显著性差异,则所建立的虚无假说是:男与女在态度上的平均数"无"显著性差异。如果显著性小于显著水平(我们所设定的显著水平,$\alpha = 0.05$),则拒绝虚无假说;如果显著性大于显著水平(我们所设定的显著水平,$\alpha = 0.05$),则不拒绝(接受)虚无假说。但是近年来的学术研究论文,倾向以"正面"的方式来表示虚无假说,例如,以上述的例子而言,所建立的假说是:男与女在态度上的平均数"有"显著性差异。如果显著性大于显著水平(我们所设定的显著水平,$\alpha = 0.05$),则假说不成立;如果显著性小于显著水平(我们所设定的显著水平,$\alpha = 0.05$),则假说成立。综合以上的叙述,拒绝"无",不就是接受"有"吗?而在"有"的情况下,假说是"成立"的。所以不论用正面、负面的方式来叙述假说,结论都是一样的。换言之,负面、正面叙述是一体两面。最重要的分析点,就是显著性。

我们可将以上的说明,整理如下:

研究问题	虚无假说	假说描述	验证结果	研究结论
甲和乙不同吗?	H_0　甲 = 乙	甲和乙没有显著性差异	具有显著性差异 没有显著性差异	不成立 成立
甲和乙相同吗?	H_0　甲 ≠ 乙	甲和乙具有显著性差异	具有显著性差异 没有显著性差异	成立 不成立

2.8　研究结论与建议

2.8.1　研究结论

经过分析的资料将可使研究者判断对于研究假说是否应拒绝。假说的拒绝或不拒绝,或者假说的成立与否,在研究上都有价值。

2.8.2　研究建议

研究者应解释研究在企业问题上的涵义。研究建议应具体,使企业有明确的方向可循、有明确的行动方案可用,切忌曲高和寡、流于空洞、华而不实。例如,"企业唯有群策群力、精益求精、设计有效的组织结构、落实企业策略"这种说法就流于空洞,因为缺少了"如何"的描述。

附录 2.1 研究中常见的问题

过去近 20 年来,笔者指导或参与口试的论文不下百篇,发现有许多共同的"大"问题,整理如下,以供读者参考:

1. 变量名称不一致

研究变量的名称不一致,例如有时说"忠诚",有时说"忠诚度",会让人觉得这些是不同的变量(虽然研究者认为是一样的)。

2. 不能环环相扣

2.1 节说明过环环相扣的意思。例如,针对乐活族的研究中,在文献探讨中大量地探讨乐活族的分类,但是研究者的研究中并未对乐活族加以分类,或者分类根本不是他的研究重心。试问:探讨乐活族的分类目的何在?

3. 撰写论文好像是在写教科书

例如,针对消费者行为的研究,常以"×××认为消费者行为是指……"加以描述,试问:研究者是要对此定义提出质疑吗?

4. 文献探讨见树不见林

大多数的研究其文献探讨只是对变量做定义,并列举一些学者对某变量的定义。但真正的文献探讨是探讨研究架构中变量之间关系的正反看法。

5. 变量之间关系混淆,关联性与因果性不分

因果式研究是找出影响依变量的各种原因(自变量)或者各自变量对依变量的影响程度。关联性研究则是在变量之间无因果关系,而这些变量是"互依的"。

6. 研究动机与研究背景混淆

研究动机是要说明何以要研究此论文,也就是在学术上,要补哪些研究不足之处,或企图澄清学术上哪些争辩的问题;在实务上,要发掘什么、澄清什么现象。研究背景是与研究动机有关的环境因素。

7. 问卷中的问题涉及两个变量

例如,研究中有两个变量:工作绩效与工作满足,而研究者想要发现这两个变量之间的关系。如果问卷中有一题是这样问:"我的工作成果不错,所以我感到满足",这样的问法非常不适当。应该以工作绩效的操作性定义来设计问卷各题项;以工作满足的操作性定义来设计问卷各题项,然后再以统计分析来看出这两个变量的关系。

8. "分析技术"的陈述

在研究设计(通常在论文的第三章)中对研究分析技术的说明,通常以统计技术来分类说明,这是不适当的。应该是以研究中各假说的验证会用到什么统计技术来说明。同时,有些研究者会"大肆"说明这些统计技术,事实上这是不必要的,只要扼要说明即可。

9. 引用失当

原作者写 ibid(同上)或 et. al. (等人),结果我们却全盘把它抄进来。但是原作者的"同上"和我们的"同上"不同;而原作者的"等人"是因为他在其文章中第一次引用时已将有关的作者名字写出来。

10. 研究限制

论文中的研究限制是指知识上的不足,并不是研究方法上的缺陷或搜集数据的技术不良。同样的,"对后续研究的建议"是指在知识上的延伸,而不是方法上的延伸。例如,在研究限制上,如果表明数据搜集方法的不当、样本代表性的不足,或者统计分析的不周全,那么为什么不在这次研究时就克服这些问题?

3 搜集初级资料

搜集初级数据涉及工具(量表、问卷设计)与方式(例如调查法)的问题。

3.1 量 表

专题研究中所涉及的观念(或构念)通常是非常复杂、抽象的,如果再加上粗糙、不精确的测量工具的话,无异雪上加霜,使研究结果的正确性大打折扣。我们希望测量工具是有效的,也就是说,在以一个测量工具来测量某一观念时,其真实分数(true score)与测试分数(test score)的差距要越小越好(最好没有差距)。但是这个差距的大小会随着我们所要测量的观念而定。如果观念非常具体,而测量工具又是标准化的工具,则此差距会非常小(甚至没有)。这个例子好像我们用尺来量计算机桌的长度与宽度。如果所测量的观念是比较抽象的(例如,辅大学生对于手机的态度),而且测量的工具又不具有标准化(例如,以问问题的方式来测量态度),我们就没有十足把握所测得的分数会代表着真正的分数。这好像我们用手臂来测量计算机桌的长度与宽度。

量表法或称尺度法(scaling)是将某数字(或符号)指派到物体的某个属性上,以将此数字的某些特性分享给该属性[1]。例如我们将数字量表指派到各种不同的冷热程度。以这个量表所做成的测量工具就是温度计。

严格地说,我们是将数字指派给某个个体的属性的指示物(indicant)。例如我们要测量一个人(个体)的家庭生命周期(属性),我们就会设计问题(指示物)来加以测量。

量表,尤其是态度量表,用在专题研究中具有三个主要的目的:(1)测量;(2)借着澄清操作性定义来帮助观念(变量)的界定;(3)在测量敏感性问题时,不使受测者知道研究的目的,以免产生偏差。

---

[1] A. Allen, *Techniques of Attitude Scale Construction* (New York: Appleton-Century-Crofts, 1957).

3.1.1 常用的量表

在专题研究中有许多量表技术(scaling techniques),由于篇幅的关系,本书不可能将适用在特殊情况的各种量表一一加以介绍[2];我们将介绍在专题研究中常用的量表。专题研究常用的量表分为二类:评定量表(rating scales)及态度量表(attitude scales)。评定量表是受测者针对一个人、对象或其他现象,在一个连续带上的某一点(或类别中的某一类)对单一维度(single dimension)加以评估,然后再对其所评估的那一点(或那一类)指派一个数值。

态度量表是测量受测者对于某对象或现象的倾向的一系列测量工具[3]。态度量表与评定量表的不同点在于前者是比较复杂的、多重项目的量表[4]。事实上,态度量表只不过是评定量表的组合而已,其目的在于测量受测者对于某个行为或对象的感觉。

我们了解,在专题研究中,以问问题的方式来测量某个观念是相当普遍的事。例如,我们可问某经理他对某部属的意见,他可能回答的方式及答案有:"很不错的机械工"、"小过不断、大过不犯"、"工会的激进分子"、"值得信赖"或者"工作起来很有干劲,但常常迟到"。这些回答表示了他在评估他的员工时的不同参考架构(frames of reference)。但是这些回答着重于各个不同的方面,我们怎么去分析呢?

我们可以用两种方法来增加这些答案的可分析性、有用性。第一,将每个属性分开来,要求受测者就每一属性分别加以评估;第二,我们建立一个结构化的工具来代替自由回答的方式。我们在将定性的维度加以量化时,可用评定量表法(rating scale)。

3.2 评定量表

评定量表分为:非比较式评定量表(noncomparative rating scale)、比较式评定量表(comparative rating scale)、等级排序式评定量表(rank order rating scale)及固定总和评定量表(constant-sum rating scale)。以 Amos 来分析数据时,以非比较式评定量表用得最多,所以我们只介绍这个。

---

2 如有兴趣进一步研究其他量表,可参考:Warren S. Torgerson, *Theory and Methods of Scaling* (New York: John Wiley & Sons, 1957); Charles Osgood, George Suci, and Percy Tannenbaun, *The Measurement of Meaning* (Champaign, IL.: University of Illinois Press, 1957). 有关量表的高级应用(例如利用多元尺度法、联合分析等)我们将在"数据分析"一章中加以说明

3 D. Davis and R. M. Cosenza, *Business Research for Decision Making*, 3rd ed. (Belmont, CA.: Wadsworth Publishing Company, 1993), pp. 199-202.

4 C. Selltiz, L. S. Wrightsman, and S. W. Cook, *Research Methods in Social Relations* (New York: Holt, Rinehart and Winston, 1976), Chapter 12.

3.2.1 非比较式评定量表

当我们以评定量表来评断某个物体的属性时,我们并不参考其他类似的个体。专题研究中常用的评定量表有:图形式评定量表(graphic rating scales)、逐项列举式评定量表或简称逐项式量表(itemized rating scales)。现在将这两种量表说明如下:

图形式评定量表

图形式(graphic)、非比较式的评定量表有时被称为是连续式评定量表(continuous rating scale),这类量表要求在一个涵盖着整个评点范围的连续带上做标记,以表示他(她)的评估情形。由于是在一个连续带上做标记,所以在理论上有无限多的可能评点。

这类量表又称温度计表(thermometer chart)。受测者在图形量表上写出代表某一对象的程度(图3.1)。例如:

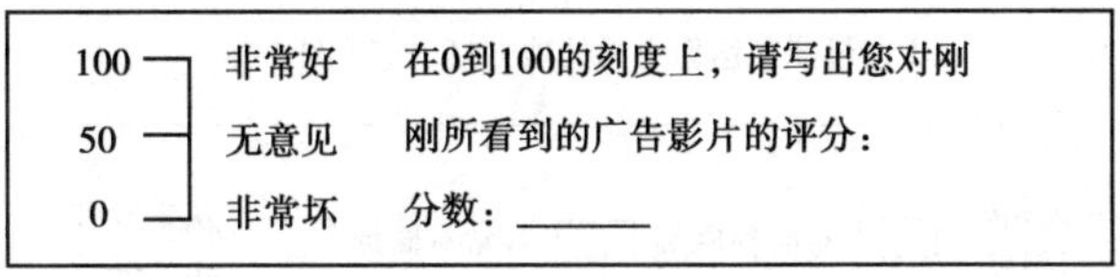

```
100 ─┐  非常好    在0到100的刻度上，请写出您对刚
 50 ─┤  无意见    刚所看到的广告影片的评分：
  0 ─┘  非常坏    分数：_____
```

图3.1 温度计表

图形式评定量表(图3.2)另外的变化是以量表的两端表示态度的两个极端,受测者只要在这个量表上的适当位置打"√"号即可,例如:

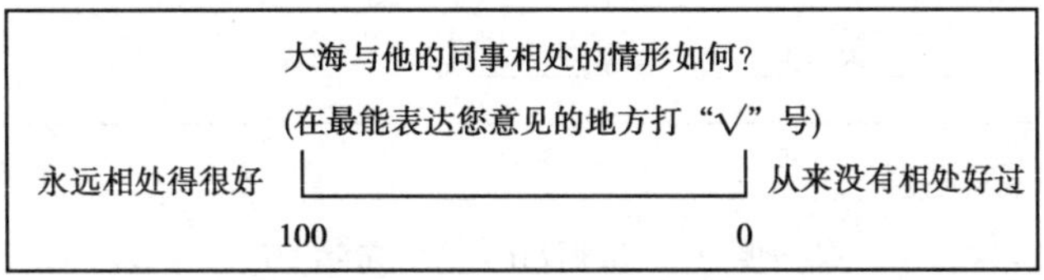

```
              大海与他的同事相处的情形如何?
           (在最能表达您意见的地方打"√"号)
永远相处得很好 |_____| 从来没有相处好过
           100                    0
```

图3.2 图形式评定量表

用图形式评定量表来测量时,对于标记的定义常常是不清楚的,例如什么叫做"永远"、"从来"、"相处"、"很好"等,受测者在回答这些问题时,都会使用自己的参考架构。事实上,许多其他的量表均有同样的缺点。图形式评定量表还有以下的变化(图3.3)[5]:

从上述的例子中我们可以了解:研究者可以或不必提供量表评点(scale point)。量表评点也就是数字,以及(或者)简短的说明。受测者在其上做标记之后,研究者会适当地将直线加以分类,并给予评点(分数)。这些分数是区间数据(interval data)。

虽然图形式评定量表在建立上非常简单,但是它不如逐项式量表那么具有信度,而

---

5 M. Parten, *Surveys, Polls, and Samples*:*Practical Procedures*(New York:Harper & Row, 1950), pp. 190-192.

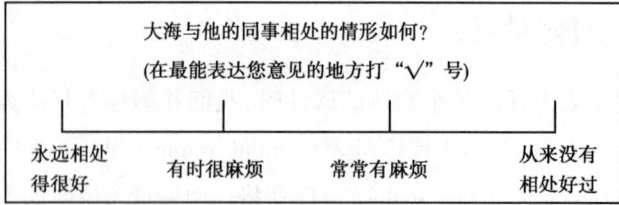

图 3.3　图形式评定量表的变化

且所提供的额外信息也相当有限,所以在专题研究上的运用并不普遍[6]。

逐项式评定量表

逐项式评定量表需要受测者在有限的类别中挑选一个类别(这些类别是以其量表位置加以排列)。逐项式评定量表的例子如下(图 3.4、图 3.5):

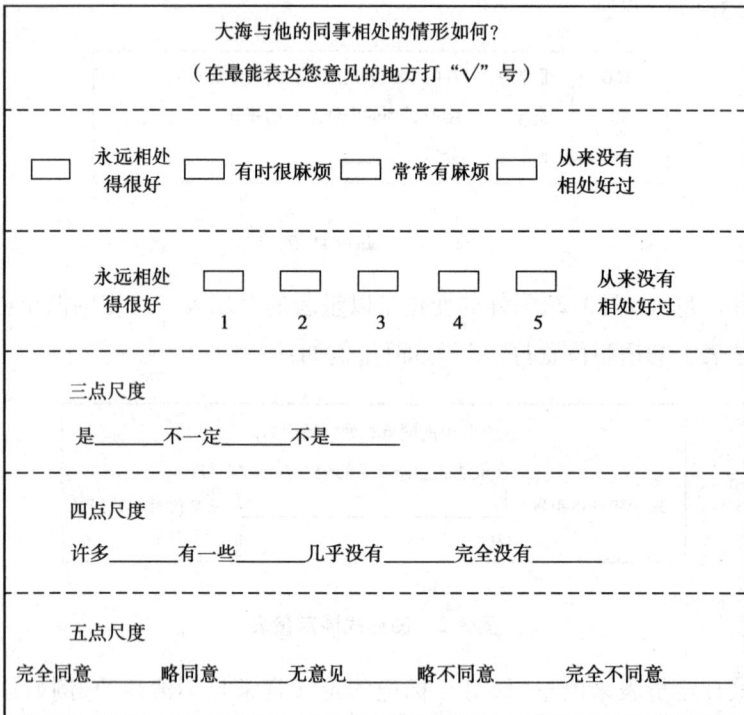

图 3.4　逐项式评定量表例一

另外一种的逐项式评定量表中有若干个陈述,受测者从其中勾选最能表达其意见的那个陈述。这些陈述是以某种属性的渐进程度来呈现的,通常有五到七个陈述(图 3.6)。

这种量表的设计比较不容易,而且陈述的说明也不那么精确,但不可否认,逐项列举

6 L. W. Friedman and H. H. Friedman, "Comparison of Itemized vs. Graphic Rating Scales," *Journal of Market Research Society*, July 1986, pp. 285- 290.

```
长量表

 好      ____:____:____:____:____:____:    坏

 现代化   ____:____:____:____:____:____:    落后
- - - - - - - - - - - - - - - - - - - - - - - - - - - -
Stapel尺度

      □      □      □      □      □      □

      -                    口味                    +
```

图3.5　逐项式评定量表例二

```
大海与同事相处的情形如何?

□ 几乎总是与同事有摩擦或冲突

□ 常常与同事有争执,次数比其他同事多

□ 有时候和同事有摩擦,次数与其他同事差不多

□ 不常和同事摩擦,次数比其他同事少

□ 几乎从来没有与同事有摩擦或冲突
```

图3.6　逐项式评定量表例三(有若干个陈述)

式更能够向受测者提供较为丰富的信息及字句的意义,更能够使得受测者有相同的参考架构。图3.7是测量产品或服务满意度的三种评定量表[7]。

```
D-T尺度(Delighted Terrible)
   7      6      5      4      3      2      1
   □      □      □      □      □      □      □
非常满意  很满意  略满意  无意见  略不满意 很不满意 非常不满意
- - - - - - - - - - - - - - - - - - - - - - - - - - - -
百分比尺度

100%  90%  80%  70%  60%  50%  40%  30%  20%  10%  0

非常满意                                    非常不满意
- - - - - - - - - - - - - - - - - - - - - - - - - - - -
需求S-D尺度(Semantic Differential)

非常好____:____:____:____:____:____ 非常差
      (7)                    (1)
```

图3.7　测量产品或服务满意度的三种评定量表

如对逐项式评定量表进一步的研究,我们可从文字叙述、类别的数目、平衡式与非平衡式类别、奇数或偶数类别、强迫式或非强迫式这些层面来分析。

---

7 R. A. Westbrook, "A Measuring Scale for Measuring Product/Service Satisfaction," *Journal of Marketing*, Fall 1980, p.69.

文字叙述

有些量表类别会伴随着文字叙述（verbal description），例如图 3.7 中的 D-T 量表；有些量表类别是以数字表示，例如表中的百分比量表；有些量表则是除了两端之外没有标记（文字叙述），例如图 3.7 中的 S-D 量表。

文字叙述的类别是否会对回答的正确性有所影响？学者发现：对每个类别做文字叙述并不会增加最终数据的正确性及可信度[8]。

有许多量表的类别是以图画来代替文字，例如图 3.8 中的"微笑量表"（smile face scale）最适合用在针对五岁小孩的调查研究上[9]。

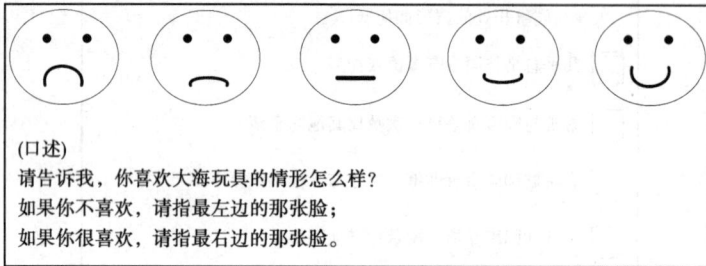

（口述）
请告诉我，你喜欢大海玩具的情形怎么样？
如果你不喜欢，请指最左边的那张脸；
如果你很喜欢，请指最右边的那张脸。

图 3.8　微笑量表

类别的数目

评定的方式可能是"喜欢—不喜欢"这二个类别的（或称二点）量表，或者"同意—无意见—不同意"三点量表，以及其他具有更多类别的量表。到底要用三点量表好呢？还是五点、七点量表？学者之间并没有共识。在专题研究中，所用的量表从三点到七点不等，而且用几点量表似乎没有什么差别。学者曾将 1940 年代的论文加以整理，发现有 3/4 以上的论文皆用五点量表来测量态度；将最近的论文加以整理发现用五点量表还是相当普遍，但是使用较长量表（如七点量表）有愈来愈多的趋势[10]。

平衡式与非平衡式类别

研究者也必须决定是否用平衡式（balanced）或非平衡式（unbalanced）的类别。平衡式量表的意思是指"满意"与"不满意"的类别数目是相同的。研究者在决定是否用平衡式量表时，应考虑所希望获得的信息类型以及他所假设的态度分数在总体中分布的情

---

8 H. H. Friedman and H. H. Leefer, "Level Versus Position in Rating Scales," *Journal of the Academy of Marketing Science*, *Spring* 1981, pp. 88-92.

9 J. P. Neelankavil, V. Obrien, and R. Tashjian, "Techniques to Obtain Market-related Information from Very Young Children," *Journal of Advertising Research*, June/July 1985, p. 45.

10 D. D. Day, "Methods in Attitude Research," American Sociological Review 5, 1940, pp. 395-410.

形。在一项针对某一品牌的消费者所做的研究中,研究者如果能够很合理地假设:大多数的消费者对于此品牌有好的整体态度(如果研究者所要测量的是此品牌的某一属性,那么这个假设就显得脆弱了)。在此情况下,具有"有利"的类别比"不利"的类别还多的非平衡式量表可能比较能反映出真实的情形。

奇数或偶数的类别

偶数类别和平衡式类别("有利"和"不利"的类别数目相同)可以说是一体的两面。如果我们用的是奇数类别,则中间那个项目通常被视为是中性的(neutral point)。

表3.1 显示了一项针对3 000 位女性家长所做的"购买意图"的研究结果。在研究中如果包含了中性选项(也就是奇数类别)会特别影响到相邻的选项(类别)。再仔细研究一下,发现这个影响是非对称性的,也就是说,中性选项的出现影响"可能不会买"这个类别的程度比较大。我们也可以发现:中性选项的出现,使高档类别(top box,也就是"绝对会购买"这类)也受到不同程度的影响。

表3.1　针对3 000 位女性家长所做的"购买意图"的研究结果

反　　应	类别的数目	时间跨度/产品					
		30 天后			7 天后		
		牙刷	电池	灯泡	馅饼材料	电影	pizza
绝对会购买	4	16%	21%	26%	16%	13%	15%
	5	19%	23%	28%	16%	14%	15%
可能会购买	4	23%	28%	30%	22%	15%	17%
	5	27%	35%	35%	30%	20%	23%
无意见	5	22%	25%	22%	26%	25%	21%
可能不会购买	4	19%	15%	11%	19%	21%	18%
	5	33%	28%	24%	33%	39%	31%
绝对不会购买	4	20%	11%	11%	17%	26%	29%
	5	21%	14%	13%	21%	27%	31%

来源:"Measuring Purchase Intent," *Research on Research* 2(Chicago:Market Facts Inc.),p.1

由于这类的反应类别在专题研究中常用到,尤其是在产品观念测试方面,所以我们在比较不同类别的研究报告结果时,要特别注意,才不会造成在解释上高估或低估的现象。

到底有没有所谓的"中性态度"?学者之间的看法有相当大的出入。反对者认为态度要么就有利,要么就不利,不可能有中性的。这只是代表一种看法,但不可否认,这些人就会用偶数类别的量表。

强迫式或非强迫式

另外一个在评定量表的设计上相当重要的考虑因素就是用强迫式（forced）还是用非强迫式量表（unforced scale）。顾名思义，强迫式量表是要受测者一定要在量表的类别上表态。如果受测者对这个主题真的"无意见"（如"不喜欢也不讨厌"），或者是不知道这个主题，他就会勾选"无意见"，这样的话，我们就没有"强迫"他表达实情。所以我们要加上"不知道"这个类别。

小结

我们现在对于逐项式评定量表的重要考虑因素加以汇总说明，并提出一般性的建议，如表 3.2 所示。

表 3.2　评定量表的重要考虑因素及一般性的建议

课　题	一般性的建议
1. 文字说明	至少要对某些类别做清楚的文字说明
2. 类别的数目	如果要将分数加总，用五种类别即可；如果要比较个体的属性，至多可用到九种类别
3. 平衡式或非平衡式	除非明确的知道受测者的态度是非平衡式的（如所有的人都做"有利"的评估），否则用平衡式的
4. 奇数或偶数类别	如果受测者能感觉到"中性"态度，用奇数类别，否则用偶数类别
5. 强迫或非强迫式	除非所有的受测者对于要测试的主题有所了解，否则用非强迫式

来源：Donald, S. Tull and Del I. Hawkins, *Marketing Research: Measurement and Methods*, 6th ed. (New York: Macmillan Publishing Company, 1993), p. 380.

我们将非比较式中逐项式评定量表的各种变化整理如表 3.3 所示。当我们以评定量表来评断某个物体的属性时，我们并不参考其他类似的个体，但是受测者在评估某个体或对象时，还是会有某些标准，只是这些标准不是外显的（explicit）而已。在比较式评定量表（comparative rating scale）中，受测者被要求要与某些标准做比较，例如在工作评估表中会以某个标准的工作为基础，要受测者做比较。

表 3.3　逐项式评定量表的各种变化

1. 平衡式、强迫选择、奇数类别的量表（测量对某一特定属性的态度）
你喜欢大海饮料的口味吗？

非常喜欢	喜欢	无意见	不喜欢	非常不喜欢
☐	☐	☐	☐	☐

2. 非平衡式、强迫选择、奇数类别的量表（测量整体性的态度）				
你对于此广告的反应如何？				
非常热烈	热烈	略热烈	无意见	非常不热烈
☐	☐	☐	☐	☐

3. 平衡式、强迫选择、偶数类别的量表（测量整体性的态度）					
整体而言，你觉得超白牙膏如何？					
非常好	很好	有些好	有些坏	很坏	非常坏
☐	☐	☐	☐	☐	☐

4. 非平衡式、非强迫选择、偶数类别的量表（测量整体性的态度）							
你觉得大海软件公司的销售人员如何？							
非常友善	友善	略友善	无意见	略不友善	不友善	非常不友善	不知道
☐	☐	☐	☐	☐	☐	☐	☐

3.3　态度量表

专题研究中常用的态度量表有李克特量表法（Likert scale）、语意差别法（semantic differential）及 Stapel 尺度法。

3.3.1　李克特量表法

李克特量表法是由 Rensis Likert（1970）所发展的，因而得名。评估者以同意或不同意对某些态度、对象、个人或事件加以评点[11]。通常李克特量表法是五点或七点。研究者将各叙述（各题）的分数加总以获得态度总分。

表 3.4 是李克特量表法之例。大海超市可用这些量表来测量顾客的态度。值得注意的是：①反应类别只有文字标记，没有数字标记。研究者在汇总了受测者的资料（所做的标记）之后，可依"非常同意"到"非常不同意"分别给予 1 到 5 的评点（分数），或者是另外一组的数字（例如，2、−1、0、+1、+2）；②在表 3.4 中，第一、三、四题是对商店做有利的态度陈述，而第二、五、六题是对商店做不利的态度陈述。一个好的李克特量表在有利、不利的陈述数目方面要保持相等。这样的话，才不会产生误差。

正反叙述的分数指派

研究者在汇总每一题的分数时，各题的分数高低应永远保持一致的态度方向。换句

---

11 R. Likert, "A Technique for the Measurement of Attitudes," in *Attitude Measurement*, ed. Gene F. Summers (Chicago: Rand McNally, 1970), pp. 149-158.

话说,在有利的叙述中(如第一、三、四题)的"非常同意"与在不利的叙述中(如第二、五、六题)的"非常不同意"要指派相同的评点(即给予相同的分数)。

表 3.4　测量顾客态度的李克特量表法

在下列的各叙述中,请在最能表示你关于大海超市态度的五种类别中打"√"。如果你"非常同意"该叙述,请在右边的"非常同意"处打"√"。					
	非常不同意	不同意	无意见	同意	非常同意
1. 结账柜台人员是友善的	☐	☐	☐	☐	☐
2. 结账速度很慢	☐	☐	☐	☐	☐
3. 价格合理	☐	☐	☐	☐	☐
4. 产品项目齐全	☐	☐	☐	☐	☐
5. 营业时间不方便	☐	☐	☐	☐	☐
6. 行进路线不清楚	☐	☐	☐	☐	☐

对各叙述应注意的事项

李克特量表法的有用性决定于对各陈述的精心设计。要注意:①这些叙述必须要有足够的充分性、差异性,才可望捕捉到"态度"的有关层面;②所有的陈述必须要清晰易懂,切忌模棱两可;③每个陈述都必须要有敏感性,以区别具有不同态度的受测者。例如,如果有一题是"大海超市是全国最大的超市",不论受测者对此超市持有利或不利的态度,都会"非常同意"这个叙述,因此我们便无法分辨出这些人的真正态度。像这样的题目应从问卷中加以剔除。

好的李克特量表的做成

如何做成一个好的李克特量表? 首先,我们要建立一个与测量某一个态度有关的大量叙述,然后再剔除掉那些模糊的、不具区别力的叙述[12]。这些详细的步骤超出了本书的范围,但我们可以扼要地说明如下:

假设大海超市想要发展 20 个项目(叙述)的量表,来测量人们对于不同超市的态度。第一步就是发展大量的叙述,或者说建立一个项目库(pools of items),例如 100 个叙述。在建立这些项目库时,并没有通行的规则可资依循,但是要涵盖能够影响态度的各层面(因素)。管理者的判断或者探索式研究(例如,访谈超市的职员等)都会对建立项目库有所帮助。

第二步,将具有最初 100 题的问卷(每个叙述都可让受测者在"非常同意"到"非常不

---

12 G. A. Churchill, "A Paradigm for Developing Better Measures of Marketing Constructs," *Journal of Marketing Research* 16, February 1979, pp.64-73.

同意"这五类做标记)交由具有代表性的样本(顾客)来填答。将问卷搜集之后,将每个类别分别给予 1 到 5 的分数,高的分数代表有利的态度(要注意每个叙述的态度方向)。由于总共有 100 题,所以某一个顾客的分数会从 100 到 500 分之间(假设他每一题都有勾选)。这个分数代表着此顾客的态度总分(虽然这是相当"粗糙的"态度总分)。

为了说明的方便,假设甲乙二人在第 15、38 题的分数是这样的:

受测者(顾客)	第 15 题的分数	第 38 题的分数	总分
甲	3	4	428
乙	3	1	256

以态度总分来看,甲的总分高于乙(甲比较具有有利的态度),我们再看第 15、38 题的分数,发现第 15 题的区别能力比第 38 题差。如果我们用这个观念延伸到所有的叙述及所有的受测者,会发现该项目与总分相关程度高的话[13],该项目就很可能会被选上(成为最后量表的项目)。我们可以"项目—总分相关程度"的大小,挑选相关程度最高的 20 个项目(题目)。

最后,我们可将这些比较具有效度、信度及敏感性的 20 题包含在正式的问卷中,向顾客做实际的测试。我们可以获得顾客对于不同超市(如小山超市、大海超市)的态度分数,以进行比较分析。态度总分高的表示具有比较有利的态度,但是要注意:态度总分之间没有倍数的关系,例如大海超市的平均态度分数是 80 分,小山超市的平均态度分数是 40 分,我们不能说前者的态度是后者的二倍。

李克特量表法的问题

研究者对于观察变量数据的搜集,大多数采用李克特五点量表法。利用李克特五点量表法从"极同意"(给予 5 点"评点")到"极不同意"(给予 1 点"评点")。这些评点严格地说是次序尺度,而不是区间尺度。如果将次序尺度视为区间尺度(连续量尺)处理,可能会造成过度的偏度与峰度,而此现象会严重影响 χ^2 与参数的 Z 检验(有关测量尺度的问题,见第 4 章,4.3 节)。

在 Amos 中,使用变量的测量量尺最好是连续量尺,如果要用李克特量表法,最好使用 6 或 7 点量尺,以减少数据过度偏态的现象。学者提出,当变量的量尺超过 7 点以上时,即可视为连续量尺[14]。

3.3.2　语意差别法

语意差别法(semantic differential)或称语意差别量表(semantic differential scale),其

---

13 这就是"项目—总分相关"(item-total correlation)。

14 K. A. Bollen, *Structural Equations with Latent Variables*(New York:John Wiley & Sons).

目的在于探求字句及观念的认知意义[15]。专题研究学者曾将原版的语意差别量表加以修改运用在消费者态度的测量上[16]。语意差别法也具有几个要评估者加以勾选的项目,如表3.5所示。

表 3.5　语意差别量表的项目

以下是对大海超市的态度调查。请在适当的格子上打勾(√)。

1. 友善的结账柜台职员　___:___:___:___:___:___:___　不友善的结账柜台职员

2. 缓慢的结账速度　___:___:___:___:___:___:___　很快的结账速度

3. 低价　___:___:___:___:___:___:___　高价

4. 产品种类齐全　___:___:___:___:___:___:___　产品种类不齐全

5. 不方便的营业时间　___:___:___:___:___:___:___　方便的营业时间

6. 行进路线不清楚　___:___:___:___:___:___:___　行进路线清楚

表3.5的语意差别量表项目突显了三个主要的基本特色:

(1)它利用一组由两个对立的形容词(而不是完整的句子)构成的双极量表来评估任何观念(如公司、产品、品牌等)。受测者的标记代表其感觉的方向及强度。

(2)每一对的两极化形容词均由七类量表分开,在其中没有任何数字或文字说明。

(3)在有些量表上,有利的描述呈现在右边;在有些量表上,有利的描述呈现在左边。这个道理和李克特量表法中混杂着有利、不利的叙述是一样的。

态度的总分是由每项的总分加总而得。七类量表可分别给予1到7的分数,但对不利的项目,分数给予的方式要相反。对于态度总分的解释和李克特量表法是一样的。

3.4　问卷发展

当细心地建立观念与观念之间的关系(观念性架构)、抽样计划,并决定了样本的大小之后,接着就要设计调查工具或者搜集资料工具,如问卷或访谈计划。问卷通常是以邮寄或访谈的方式,向受访者或填答者询问一些题目[17]。

研究者在发展问卷时,所要考虑的因素包括:问题内容、选项设计、问题用字、问题次序以及问卷的实体风貌。兹将上述因素逐项讨论如下:

---

15 此方法是由 Osgood, Suci and Tannenbaun 所发展的。如欲进一步了解,可参考:C. E. Osgood, G. J. Suci, and P. H. Tannenbaun, *The Measurement of Meaning* (Urbana, Ill.: University of Illinois Press, 1957)。

16 W. A. Mindak, "Fitting the Semantic Differential to the Marketing Problem," *Journal of Marketing* 25, April 1961, pp.29-33.

17 在中文里,问题和题目是不分的。在英文中,题目(questions)和问题(problem)各有不同的意思。尤其在管理学中,问题代表"所期望的标准与实际发生的现象之间的差距"

3.4.1　问题内容

在决定某些问题是否应包含在调查工具(问卷)内时,应考虑到以下的因素:

这个问题有必要吗?

设计问卷的关键因素就是攸关性(relevance)。也就是说,问卷的内容必须与研究目的相互呼应。每一个问题项目必须要能够提供某些与研究架构中的研究变量、研究主题有关的信息。

这个问题是否具有敏感性、威胁性?

研究者在问敏感性的问题(例如,性)、避讳的问题(例如,自杀、同性恋等)时,所得到的不是拒答,就是规范性的答案(normative answers)。规范性的答案就是合乎社会规范(social norms)的答案。换句话说,人们在回答这些问题时,所想的是"社会怎么看这个问题",而不是"自己认为是怎样"。不可否认的,这类的问题会造成"社会期待的偏差"(social-desirability bias)。

常模就是告诉人们该做什么(如穿越马路要停看听、要尊师重道等)、不该做什么(如勿杀人、勿行邪淫、勿贪他人妻等)的陈述。一般人如果没有遵守社会常模就会受到负面的制裁,其严重性从被闲言闲语到坐监服刑不等。因此受测者在必须表露是否做了不该做的事(如手淫、同性恋、红杏出墙、背后说人坏话等),或者没有做该做的事(如上教堂、尽社会责任、尽孝道)时,都会承受到很大的心理压力,而倾向于回答社会上所认可(所期望)的答案。

这个问题是否具有引导性?

引导性的问题(leading questions)会引导受测者倾向于回答某一个答案,因而造成了"人工化"的偏差现象。问卷设计者应该以比较中性的态度来问问题,例如以问"你吸烟吗?"代替"你不吸烟,不是吗?"。

造成所问的问题产生偏差的另外一个原因是"引用权威"。例如,"国内大多数的医生认为吸烟有害健康,您同意吗?"。Selltiz(1959)的研究发现,先提到罗斯福总统的名字,再问"您赞成今年的感恩节提前一周过吗?",会使"同意"的百分比增加5%。

3.4.2　选项设计

避免非互斥的问题

非互斥的问题(non-mutually exclusive questions)会使填答者不知要填哪一格。例如,在下面的例子中,认为是 $20 000 的人要如何填?

> 你认为系统分析师的薪水要多少才合理?
>
> ☐ $20 000 以下
>
> ☐ $20 000 ~ $24 999
>
> ☐ $25 000 ~ $29 999
>
> ☐ $30 000 以上

避免未尽举(non-exhaustive)的问题

选项设计得不够完整使得填答者无法填答适合他(她)的答案。例如下题中,信天主教的人要如何回答?

> 请问您的宗教信仰是:
>
> ☐ 佛教
>
> ☐ 基督教
>
> ☐ 道教

3.4.3 问题用字

问题的用字应该:①清晰易懂、避免模糊;②避免使用行话;③避免二合一(double barreled questions or two questions in one)的问题;④注意填答者的参考架构(frames of reference)。

清晰易懂、避免模糊

没有一个研究者会刻意设计模糊的问题(ambiguous questions),但是模糊的问题在问卷中还是不免会出现。例如"社会偏离"(social alienation)到底指的是什么意思?填答者在看到这样的问题时,真有不知所措之感。他们可能跳过这个问题,或者干脆拒答整个问卷。

几乎所有的形容词都有某种程度的模糊性(ambiguity)。例如,什么叫做支持性、满意的、高的?填答者在回答这样的问题时,可以说是自由心证。研究者应该尽量将形容词加以明确化或量化。例如以"最近三个月来,你望过几次弥撒?"来代替"你支持天主教的活动吗?"。

避免使用行话

有些字句只有受过专业训练的人,才会懂它的意思。例如计算机术语中的"非交错式屏幕"、"32 位计算机"等。俚语或行话只有隶属于某一群体的人才会懂,而且不同群体的人对于同样的一个俚语有着不同的解释。字句的意义可能会随着年龄、地理区域、次文化的不同而异。在设计问题时,研究者应尽量避免使用行话。

避免二合一的问题

二合一的问题是指一个题目中有二个子题目的情形,例如"你是否支持校长民选及学生自治?"。这样的问题只有都支持校长民选及学生自治者、都不支持校长民选及学生自治者才会有明确的答案(或者说回答这个问题)。支持校长民选但不支持学生自治者,或者不支持校长民选但支持学生自治者,均不知道要如何作答。

题目中有"及"这个字眼的要特别注意,看看是不是问了两个问题,但研究者想要问的只是其中的一个问题。"或"这个字眼比较不会造成回答时的困扰,因为"或"是"二择一"的意思。例如"你到天主堂望弥撒或参加佛教的膜拜吗?"。回答"是"的人表示参加了其中一种。就一般而言,参加两种宗教活动的人毕竟占极少数。如果我们所要研究的是"对宗教活动的热忱",即使回答"是"(虽然占极少数),也不会影响我们研究的正确性。

注意填答者的参考架构

研究者与填答者的参考架构不同会引起"一个问题,各自表述"的情况。例如问道。"你最近情况如何?"研究者的参考架构是"身体状况",而填答者所想的是"财务状况"。这种"牛头不对马嘴"的情况是因未说明参考架构而起。

3.4.4 问题次序

在问题次序的设计上,要能获得有效的信息,又要能使得填答者清晰易懂,必须遵循以下的原则:

(1)在问任何问题之前,要简短说明谁做研究、目的是什么、填答问卷所花的时间大概多少、要求填答者如何合作。如果研究的主题过于敏感,要保证填答者的隐私权受到保护以及数据仅供研究之用。

(2)先问简单、有趣的问题。如果一开始就问枯燥的、复杂的问题,会使得填答者失去了填答的兴趣。因此先要以简单的、有趣的问题作为引导,然后再由简而深,循序渐进。

(3)将同一主题的题目放在一起,才不会让填答者有过于凌乱之感。

(4)就某一主题而言,先问一般性的问题,再问特定性的问题,这样才不会造成"前面问题的答案影响到最后面问题的作答"。例如,如果我问"你最不喜欢你的车子的哪个地方?"这个特定的问题会影响"一般而言,你对你的车子的满意程度如何?"这个一般性的问题。

(5)敏感性的问题、识别性的问题要放在问卷的尾端。如果一开始就问敏感性的问题,必然会引起填答者的疑虑(是否和纳税有关)、反感(侵犯隐私权)。识别性的问题所提供的是识别信息(classificatory information),也就是有关填答者的个人信息(例如,年龄、所得、性别、职业、家庭人数等)。

（6）为了避免分心以及重复的说明，应把同样格式的问题放在一起。但如果同样格式的若干个问题太过于复杂，可以用简单的问题加以分开（虽然这些简单问题的格式会不一样）。

（7）最后要感谢填答者的合作。

3.4.5　问卷的实体风貌

在邮寄问卷中，问卷的风貌尤其重要，因为问卷一寄出去之后，便"放牛吃草"了，不像人员访谈，访谈员可以察言观色、见风转舵。问卷如果页数太多，对于填答者是一种压力，结果可能落到"丢到废品回收筒"的下场。所以如果可能，要缩短问卷的页数、缩短问卷的行距。

问卷的布置要使得填答者易于回答。我们可以用流程图来表示答题的次序，或者以文字说明"如果答'是'，请跳到第 X 题"。纸张的质量要注重，以造成好感。

3.5　量表的来源

如前所述，问卷中的各题目要能提供信息以解决研究问题。但是研究者在设计、修正问题时，不仅要花上很多的时间和努力，而且是否能掌握问题的效度也是值得怀疑的。幸运的是，对于某些研究问题而言，我们有许多现成的量表可以运用。

来源之一就是相关的文献。许多相关的研究论文后面均附有衡量其研究变量的量表。例如如果我们要衡量组织气氛，可以参考：

James F. Cox, William N. Ledberter, and Charles A. Synder, "Assessing the Organizational Climate for OA," *Information & Management* 8, 1985, pp. 155-170。

如果我们要衡量角色冲突（role conflict）与角色模糊（role ambiguity），可以参考：

K. Joshi, "Role Conflict and Role Ambiguity in Information System Design," *OMEGA International Journal of Management Science*, 17, no. 4, 1989, pp. 363-380。

值得注意的是，我们在使用这些量表时要加以预试（pretesting）。毕竟中美文化不同，对于变量的定义也可能不同。再说，在语言、修辞及成语的使用上也会有所差异。

来源之二就是向编汇量表的机构（学校、研究单位、书局、公司）购买。例如我们可以向 Institute for Social Research（Ann Arbor, Michigan）洽购"职业态度与职业特性量表"（Measures of Occupational Attitudes and Occupational Characteristics），其作者为 John P. Robinson[18]。

---

18 John P. Robinson, "Toward a More Appropriate Use of Guttman Scaling," *Public Opinion Quarterly* Vol. 37 (Summer 1973), pp. 260-267. 有关量表的来源、名称及作者，可参考：D. R. Cooper and Pamela Schindler, *Business Research Methods* (New York, NY: McGraw-Hill Companies, Inc., 2003), p. 381.

3.6 预 试

在正式地使用问卷之前应先经过预试(pretesting)的过程,也就是让受试者向研究人员解释问卷中每一题的意义,以在早期发现可能隐藏的问题。

预试可以查出衡量工具的缺点。预试的对象包括同事、真正的受测对象,目的在于希望他们提出衡量工具的意见,以作为改进的参考,以及了解他们对于填答的兴趣。许多研究者都曾历经二次以上的预试。

预试的项目范围包括了问卷发展中各个主要的考虑因素。研究者要检验问题的内容是否恰当? 问题的类型是否恰当? 有无造成位置偏差的现象? 问题的用字是否清晰易懂? 问题的次序是否合乎逻辑? 问题的尺度是否恰当?

3.7 网络调查问卷

3.7.1 利用辅助问卷设计的软件

近年来由于个人计算机硬件、软件的突飞猛进,不仅计算机访谈成为可能,问卷的设计也可以借助于计算机。以下是二个有助于问卷发展的软件[19]。

Sawtooth 软件公司所发展的软件可使我们设计输入屏幕、变换颜色、改变字型、排列问题的次序、设计跳题、随机排列问题(以免造成位置偏差)等。Sawtooth C12 型的两种版本可分别提供 100、250 个题目设计。

Marketing Metrics 公司所推出的 Interviewdisk 是将问卷利用电子邮递系统,寄给受测者填答。这个软件能够处理图形、多选项式问题、二分法问题、语意差别法问题、成对比较问题以及跳题等。利用这个方式的前提是填答者必须有个人计算机、电子邮递系统,但因具有时间节省、数据正确性等的好处,笔者认为值得广为延用。

3.7.2 利用免费制作问卷服务

由于在线研究已经逐渐蔚为风气,所以有许多网络营销公司会提供许多方便的服务,例如为你免费制作问卷,如 My3q 网站(www. my3q)、优仕网(www. youthwant. com. tw)等。因此你可以委托他们帮助设计网络调查问卷、搜集数据。你可以在 Google 中键入"免费网络问卷",来浏览提供免费服务的网站。当然,读者在享受这些免费服务时应先了解清楚权利与义务。

---

19 J. Minno, "Software Replaces Paper in Questionnaire Writing," *Marketing News*, January 3 ,1986, p. 66. published by American Marketing Association.

3.8　调查研究

调查研究(survey method)就是在某一时点(at a single point in time)向一群受访者(或受试者)搜集初级数据的方法,在研究中使用得相当普遍。以横断面(cross-section)来看,这一群受访者(或受测者)要有总体的代表性(要能代表总体)。被询问问题的人,称为访谈对象或者受访者(interviewee)或问卷填答者(respondent)。针对每一个人进行调查,称为普查(census)。针对某一个民意(例如民众对于毒品、神七上天)所进行的调查,称为民意调查(public opinion polls)。

上述的“某一时点”并不是指所有的受访者都真正在同一时间被调查,而是指从调查的开始(第一个受访者)到结束(最后一个受访者)的时间要愈短愈好,也许在数周、数月之内就要完成调查的工作。但是有些调查从开始到结束的时间拖得相当长(例如超过一年),而且也会再对原先的受访者进行二度访谈(或多次访谈),像这样的调查称为陪审式调查(panel studies)。如果在长时间针对某一主题(例如对堕胎的态度)进行多次访谈,但是所针对的受访对象不同,像这样的研究称为趋势研究(trend studies)。跨时间(在相当长的时点之间)所进行的研究称为纵断面研究(longitudinal studies)。

经过调查研究所搜集的资料,经过分析之后,可以帮助我们了解人们的信念、感觉、态度、过去的行为、现在想要做的行为、知识、所有权、个人特性及其他的描述性因素(descriptive terms)。研究结果也可以提出关联性(association)的证据(例如对于商品的态度与购买行为有关),但是不能提出因果关系的证据(例如对商品的良好态度,是或不是造成购买的原因)。

3.9　调查类型

调查可依传递信息、获得信息方式的不同分为以下五种:

(1)人员访谈(personal interview)。

(2)电话访谈(telephone interview)。

(3)邮寄问卷调查(mail questionnaire survey)。

(4)计算机访谈(computer interview)。

(5)网络调查(Internet survey or online survey)。

3.9.1　人员访谈

人员访谈是以面对面的方式,由访谈者提出问题,并由受访者回答问题。这是历史最久,也是最常用的数据搜集方式。人员访谈的主要优点是:

- 能弹性改变询问的方式及内容,以获得真正的答案。

- 有机会观察受访者的行为。
- 受访者可事先作准备。

人员访谈的主要缺点是,需要较长时间的准备和作业时间。值得了解的是,人员访谈是一种艺术,它需要:

- 面谈的经验。
- 建立进行的步骤。
- 与受访者建立互信。
- 清楚地提出问题。
- 避免对事件的争辩。

在人员访谈中,访谈者与受访者是进行面对面的沟通,至于访谈的地点可以是受访者的家中,或是在某个地方(例如百货公司前、研究室等)。在购物地点处拦截的访谈(mall intercept interview)在人员访谈中最为常见,因为这种方式有下列的优点:

(1)比逐户访谈更合乎成本效益。

(2)有机会展示实际的商品或搬动不易的设备。

(3)比较能监督由研究助理所进行的访谈。

(4)所花的时间不多。

在购物地点处拦截的访谈虽然是随机的,但是还是要看看受访者是否合乎样本的要求。合格的受访者(例如,性别、年龄符合样本的要求)才要邀请他们到购物处内的访谈室进行访谈。换句话说,在便利抽样法之外,还要加上判断抽样法。

3.9.2 电话访谈

电话访谈顾名思义,就是利用电话来搜集数据。计算机辅助电话访谈(computer-assisted telephone interviewing,CATI)或称计算机辅助电话访问系统,是结合计算机、电话设备及通讯科技于一身的电话访问系统。CATI 是将问卷内容直接呈现在访谈者面前的计算机屏幕上,访谈员根据这些问题,透过电话来询问受访者,然后将所听到的答案直接键入到计算机中(或用光笔在屏幕上做选择)。

CATI 最适合应用于大型的、复杂的调查。为了提高访问的效率与质量,目前许多民意调查机构几乎都设置这套系统。早期的 CATI 系统系以 DOS 版本为主,不仅耗费时间,而且调查成本甚高,不符合经济效益;随着窗口系统的快速发展,结合通讯与信息科技于一身的计算机辅助电话访问系统相继问世,成为当前民意调查机构主要运用的电话调查设备。

目前台湾大学和学术研究机构当中设置 CATI 系统的,包括:中正大学民意调查研究中心、辅仁大学、世新大学民意调查研究中心、政治大学选举研究中心、成功大学统计系、佛光大学等。

民间的民意调查公司设置 CATI 系统的,包括:决策公关民调中心、e 社会信息有限公司、山水民意研究股份有限公司、观察家营销研究有限公司、中视卫星传播股份有限公司、POWER TV、TVBS 民意调查中心。

由此看来,欲从事民意调查,没有这一套便捷、快速的计算机辅助电话访问系统几乎是不可能的。CATI 有以下的优点:

(1)受访者所要回答的问题组,决定于他(她)先前所回答的问题。例如,某受访者的家里有三岁以下的小孩,就回答某一组的问题;有三岁以上的小孩就回答另一组问题。计算机程序可依不同的回答情况,创造出"个人化"的问卷。

(2)可以自动地对于同样的问题提供不同的版本。例如,某一题有六个选项,计算机程序可自动地变更这六个选项的次序。这样做的目的,在于避免晕轮效应(halo effect)。试想,在邮寄问卷中,要设计不同版本的问卷,会有多麻烦。

(3)很容易在极短的时间内改变"坏的"答案、增加新的问题。CATI 是在线系统(on-line system),数据一经输入即开始进行分析,因此可立即侦测到不一致的答案,并剔除超出范围的答案。

(4)可有效地进行数据分析。CATI 能自动处理数值以备分析;实际上在电访尚未完成前就可以开始分析数据,因此可以预测分析结果,也可以知道群组是否已达统计学上有效的样本数。当数值收集完整之后,就可以输出到适当的统计软件(如 SPSS、SAS、Minitab)做进一步分析。

根据学者研究,CATI 在"空白"、"不知道"、"拒访"和"不一致"方面比其他的调查类型低,因此可获得较高质量的数据。同时,在 CATI 的环境下,监督人员可利用系统监督访谈者,以获得高质量的调查过程(访谈者在进行过程中不至于"摸鱼")[20]。

在美国,收费低廉的 WATS(Wide Area Telephone Service,广域电话服务)是相当受欢迎的电话访谈工具。除了单机作业之外,CATI 还可以在网络环境下进行作业。典型的 CATI 网络可以连接 60 台个人计算机,其效率与单机作业不相上下。Sawtooth 软件公司(www. sawtoothsoftware. com)所发展的 Ci3 CATI 系统价格约为 6 000 美元,并可连接六个工作站。

3.9.3 邮寄问卷调查

邮寄问卷调查的方式就是研究者将问卷寄给填答者,并要求他们寄回填好的问卷。邮寄问卷调查有许多不同的形式。研究者可将问卷随着杂志、报纸来寄送。消费者产品的保证卡也是提供数据的来源。

与人员访谈相比,邮寄问卷调查有以下的优点:

(1)邮寄问卷调查是针对广大群体寻求答案的一种理想方式,而人员访谈一次仅能

---

20 详细的说明,可参考谢邦昌《计算机辅助电话调查之探讨》(台北:晓园出版社,2000)。该书对 CATI 的功能与实际操作有详细的解说。

询问一个对象。

（2）由于邮寄问卷调查可以不具名,因此比人员访谈具有隐密性。

（3）由于受测者不需立即回答,故比人员访谈更不具压力。

（4）所需的技巧较少,成本也较低。

然而邮寄问卷调查的回收率较低,而且很多受测者不太可能写出自己的想法(或内心深处的感受)。一般人也比较不喜欢用写的方式。

3.9.4　计算机访谈

在计算机访谈中,计算机的语音系统会向受访者提出问题,而受访者会在其家中的电视屏幕上看到这些问题,并通过装置(例如,遥控选台器)来选择答案;或者是计算机透过电话发出问题,由受访者按电话上的按键来回答。这种方式可以剔除受访者误差及互动效应。在弹性及速度方面,计算机访谈并不亚于CATI。对于开放式的问题,计算机访谈则不甚恰当。

3.9.5　网络调查

近年来由于因特网(Internet)的蓬勃发展,进而带动了计算机商务的兴旺[21],在网络上做广告、进行消费者意见调查的情形已是屡见不鲜。业者可以在其首页(homepage)中设计好问卷(通常都是比较单纯的问卷),或者以开放式问卷的方式来询问上网者的意见。肯德基炸鸡公司已将其每月固定二次、针对120人的人员访谈,改变成网络问卷调查,所使用的系统是Sawtooth软件公司的SSI V5.4系统(www.sawtoothsoftware.com)。初步研究发现,约90%的受访者"非常喜欢"网络问卷调查的方式。网络问卷调查具有以下的好处:①设计问卷的时间,从数小时减少到一小时;②大幅降低纸张的浪费;③平均填答时间减少了50%;④调查完成的次一天即可完成资料分析;⑤所获得的数据更为精确。

3.10　选择适当的调查方法

3.10.1　标准

我们要用什么标准来选择适当的调查方法呢? 这些标准有:

- 问卷的复杂性(complexity)
- 受访者(或问卷填答者)完成问卷所需要的时间及努力

---

21 新的研究报告显示网络商业正膨勃发展,原因之一是非消费主流的男人也乐于上网购物。有兴趣了解详细数据的读者可上网查询:http://www.seattletimes.com/news/technology/html98/issu_041993.html

- 资料的正确度
- 样本控制
- 完成调查所需的时间
- 反应率
- 成本因素

问卷的复杂性

问卷越复杂、各题的判断条件(例如,如果"是",则答第 × 题,如果"不是",则填答第 X 题)越多的话,则用人员、电话、计算机访谈越适当。

在许多投射技术(例如,主题统觉)上,由于需要可视化的图片呈现,人员、计算机访谈是好的调查方法。如果有必须由图片来呈现的选项(因为用说的,可能使受访者记不清楚),则计算机访谈是一个好的方法。在实务上,有关态度资料的搜集,也常通过电话访谈的方式。

如果访谈者必须呈现真实的产品、广告文案、包装设计或其他的物理特性,以获得受访者的反应数据,利用电话、邮寄问卷调查的方式并不适当,最好使用人员访谈的方式。

所需要的时间及努力

所需要的数据数量涉及二个问题:

(1)受访者完成问卷所需要的时间是多少?

(2)受访者完成问卷所投入的努力要多少?

例如,一个开放性的问题可能要花受访者五分钟的时间来完成,而 25 题的选择题可能也要花上四、五分钟。但是勾选 25 个选择题,会比回答开放性问题(相当于写一篇短文)来得容易。

人员访谈所需要的时间比其他类型的调查研究更长。再说,访谈到一半总不好意思中断。然而,超过五分钟的访谈,不论是人员或电话访谈,其拒绝率都会加倍(从 21% 到 41%)。

在受访者所投入的努力方面,一般而言,人员访谈比邮寄问卷调查少,而且通常比电话及计算机访谈也少。因为受访者对于开放性问题的回答,以及其他冗长问题的回答,均由访谈者做成记录,受访者不必费神写下来。

在受访者所花的时间方面,电话访谈通常比人员访谈短。因为受访者要挂断电话实在是不费吹灰之力,而且对于电话访谈者的目的多少有些怀疑。

邮寄问卷调查的回收率受问题形式的影响较多,受问卷的绝对长度影响较少。开放性问题对于问卷填答者而言,是一项很大的负担,而同样长度的选择题就不是。在直觉上,短的问卷(问题数少的问卷)的回收率会比长的问卷高,但是这种说法并没有得到实证上的支持。但是,人员访谈及电话访谈的时间长短对拒绝率有很大的影响。

资料的正确度

在调查方法中,资料的正确性会受到下列因素的影响:

- 敏感性的问题
- 访谈者效应(interviewer effect)
- 抽样反应(sampling effect)
- 由问卷设计所产生的效应

敏感性的问题

人员访谈、电话访谈(在某种程度上)需要访谈者与受访者进行社会互动。因此受访者可能不会回答令人尴尬的问题,或是不会诚实回答社会上所不认可的行为。由于邮寄、计算机访谈不需要社会互动,所以我们可以假设这些方法比较可能会产生真实的答案。但是实证研究的结果显示:只要问卷设计、组织得好,以上的方法都可能获得真实的答案,除非所调查的是非法使用药物的问题。

访谈者效应

访谈者随便改变问题、他们的仪表、说话的态度、有意无意提供暗示等因素,都会影响受访者的回答。访谈者的社会地位、年龄、性别、种族、权威性、训练、期待、意见及声音,都会影响调查的结果。当然不同的调查主题所受的影响因素会不相同。

在人员访谈中,访谈者效应最为显著。电话访谈多少有些访谈者效应,邮寄问卷、计算机访谈则微乎其微。

问卷设计得严谨,使访谈者不能随意发挥,也会减低访谈者效应。然而,最根本的解决之道,在于以专业的技术来挑选访谈者,对他们施以专业的训练,并做好控制。但是,智者千虑,必有一失,访谈者效应终将难免。研究者最好能使用统计方法来评估访谈者效应。

在使用人员、电话访谈时,访谈者作弊(interviewer cheating)的情形。在商业产品的研究上,作弊的现象相当普遍。譬如说,美国 Sears 公司对 10% 的电话访谈做查证,看看是否有实际去做访谈,以及访谈是否适当、完整等。

其他误差

在使用邮寄问卷时,填答者对于令他混淆的问题,并没有任何寻求澄清的机会。但是如以人员访谈,访谈者就可以帮助澄清问题。邮寄问卷的另一个缺点,就是填答者在依序回答之前,先将整个问卷浏览一遍,或是在看到后面的题目时,改变前面题目的答案。这些都会造成不自然的、不能真正呈现(或充分揭露)真实感受的情形。在邮寄问卷中,鼓励填答者寄回的说明、对研究目的的说明、后续的接触等因素,都会影响填答的正确性。一般而言,这些缺点并非邮寄问卷所独有,其他的调查方法也会有这样的问题。

样本控制

四种调查方法对于样本的控制是大不相同的。人员访谈对于样本控制的程度很高。但在购物地点所进行的人员访谈,对于样本的控制较低,因为只能访谈到"去购物中心的人"。

在邮寄问卷调查中,研究者常用邮寄清单来选择要调查的对象,但如果调查对象是以家为单位的,则由谁来填答就不易控制了。如果调查的对象是组织,也会遇到类似的问题(例如,总经理常叫秘书代为填答)。同时,在不同的组织中,具有相同职位的人所肩负的责任可能不同,因此如果问卷上所署名的是"采购经理",那么在有些公司中实际负责采购的产品经理,便可能成为"漏网之鱼"。

利用电话访谈对于样本控制的情形如何?电话没有登记在电话簿上[22],或已登记但在访谈时不在家,这些现象都会使得"真正"要调查的对象成为"漏网之鱼",而使得样本的控制不易。

完成调查所需的时间

电话访谈通常在较短的时间即可完成。除此以外,在雇用、训练、控制及协调访谈员方面,也相对地容易。

研究者可增加人员及计算机访谈者的人数,以减少访谈所需的总时间。但是在超过某一程度之后,在训练、协调及控制访谈员这方面,就会显得不经济。

邮寄问卷所费的时间最长。除了加以催促之外,研究者对于如何缩短回复时间,实在是无能为力。

反 应 率

反应率(response rate)是完成访谈数与总样本数的比例。一般而言,调查的反应率越低,其非反应误差(nonresponse rate)越高。但是低的反应率并不表示一定没有非反应误差。非反应误差表示受访者及未受访者之间的差异现象,造成研究者作出错误的结论或决策的情形。各种调查方法都有"非反应误差"的潜在问题存在。

成本因素

调查的成本随着访谈的类型、问卷的特性、所需的反应率、所涵盖的地理范围以及调查的时间而定。成本因素不仅包括最初的接触,也应包括事后成本(电话催促、追踪邮件等)。

人员访谈所花费的费用较其他方法为高,计算机访谈因为可以慎选受访者,因此可以使费用压低。电话访谈的费用比人员、计算机访谈低,但是比邮寄问卷调查高。

---

22 根据 The Frame(Fairfield, Connecticut: Survey Sampling Inc. ,1989)的调查报告指出,在美国的某些地区,电话没有登记在电话簿上的比率高达60%,全国的平均比率是31%。

3.10.2 调查方法的比较

显然,没有一个所谓的"完美"的方法。最适当的方法,就是能使研究者以最低的成本,从适当的样本中获得适当信息的方法。表3.6汇总了各种方法的特色(选择标准)。值得注意的是,表3.6是一般性的描述,并不见得适用于所有的场合。

表3.6　调查方法的比较

方法 向度	人员	电话	邮寄	计算机	网络
1. 处理"问卷的复杂性"的能力	优	好	差	好	好
2. 完成问卷所需的时间	非常快	快	平平	快	非常快
3a. 资料的正确度	平平	好	好	好	好
3b. 访谈者效应的控制	差	平平	优	优	优
4. 样本控制	平平	优	平平	平平	优
5. 完成调查所需的时间	好	优	平平	好	优
6. 反应率	平平	平平	平平	平平	平平
7. 成本因素	平平	好	好	平平	非常好

五种调查方法在使用时并不是互斥的,换句话说,在调查研究中,可以使用二种(或以上)的方法,以期达到取长补短的效果。由于网络问卷调查已经蔚为风气,因此我们将在下节详细说明。

3.11　网络调查

网络调查(Internet survey)又称在线调查(online survey),就是利用网络有关科技来搜集初级数据。值得注意的是,网络调查只是搜集数据的新方法,即使进行网络调查,研究者仍然要明确说明研究动机,界定研究目的,仔细而确实地进行文献探讨,建立观念架构及对假说、操作性定义做明确的陈述。网络调查的独特之处在于其问卷是以网页的方式呈现,受测者在此网页上勾选或填写之后,按"传送"就可将数据传送到研究者的服务器上。研究者在一段时间之后,可将此服务器上的数据文件下载到其个人计算机上,以便利用SPSS进行统计分析。如果研究者使用的是主机服务器(将自己的计算机当成主机),就可以直接使用受访者所传回的数据文件,或者利用汇出的方式(如果使用PhpAdmin)。

在了解消费者行为、确认新市场及新产品的测试上,因特网是一个强大的、具有成本效应的营销研究工具。虽然研究者还会继续沿用传统的调查工具,如电话调查、卖场调查(shopping mall surveys)来搜集资料,但是我们看到有愈来愈多的公司利用交互式网络研究方法(例如利用视频会议、语音会议系统)。利用因特网所进行的在线市场研究通常更有效率、更快速、更便宜,以及更能获得广大地理区域的受众数据。营销研究的样本大小是研究设计好劣与否的重要决定因素。具有总体代表性的样本愈大,则正确性愈高、研究结果的预测能力愈强。

在因特网上进行大规模调查所花费的费用,比用其他调查方式低 20% ~ 80% (例如在美国,利用电话访谈每一对象的成本可高达 50 美元)。对任何企业而言(尤其是刚起步的小型企业)这都是所费不赀的。如果利用在线调查就会便宜许多。

网络营销调查通常是以互动的方式进行,研究者与被调查者可以网络交谈的方式进行,这样的话研究者对于顾客、市场及竞争者就会有更深入的了解。例如网络营销者可以确认产品及消费者偏好的改变,确认产品及营销机会,提供消费者真正想要购买的产品及服务。网络营销者也可以了解什么样的产品及服务不再受到消费者的青睐。

近年来由于因特网的普及,网络科技的日新月异,网页制作的便捷,使得许多企业纷纷投入网络调查的行列。调查内容从公共政策民意调查、社会事件意见调查、网络新闻事件意见调查等生活百态甚或价值观念等不胜枚举。甚至许多企业、政党或者广告营销业者也开始大量采用网络调查方式,来取得拟定营销策略所需的重要参考数据。许多研究者也以网页作为搜集原始数据的主要接口。网络问卷调查之例,如图 3.9、图 3.10 所示。

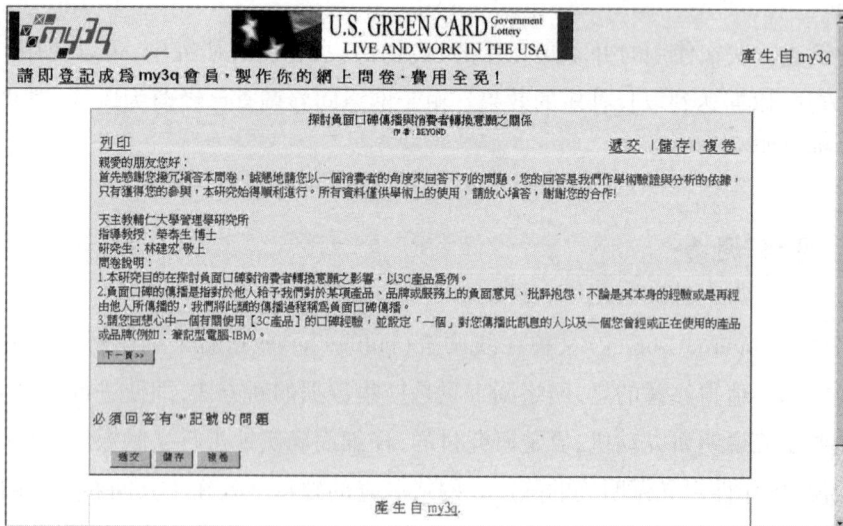

图 3.9 网络问卷调查之例一

3.11.1 网络调查目的与数据搜集内容

网络调查目的(想要了解什么)与资料搜集内容(搜集何种资料)息息相关。表 3.7 说明了调查目的与资料搜集内容的关系。

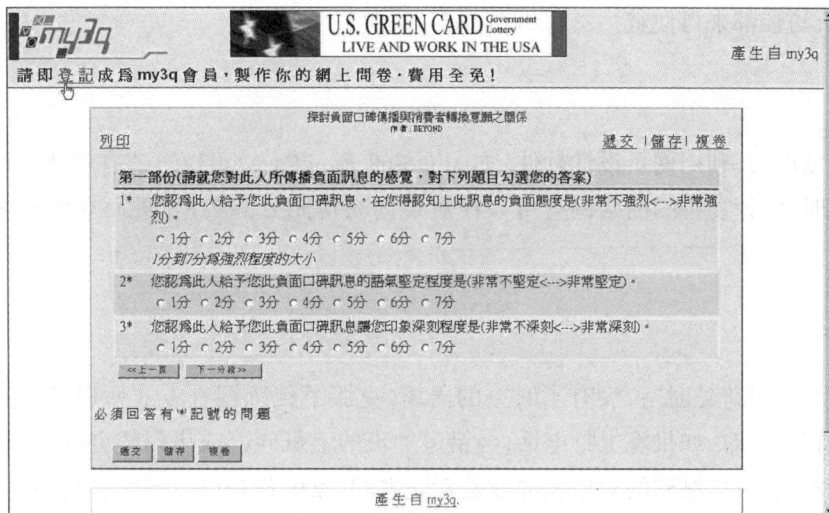

图 3.10　网络问卷调查之例二

表 3.7　网络调查目的与数据搜集内容

网络调查目的(想要了解什么)	数据搜集内容(搜集何种资料)
进行网络营销方案是否划算	全世界的网络使用者及目标群体的估计数
有无扩展市场机会	产业中网络使用的成长
向青年人、中年人、老年人营销	所选定的使用者的平均年龄
向妇女营销产品	以性别来区分的市场区隔
针对特定的在线使用者来营销	以教育别、职位别、所得别来区分的市场区隔
促销策略是否有效	网络目标市场的行为、网络商业应用趋势
商业用户是否增加	网络名称的注册数
营销预算是否要调整	网络对其他媒体的影响
电子商务是否成长	网络购物的行为(包括数量)及网络营销利润
电子商务是否有远景	使用者对计算机及网络的熟悉度、使用率,以及使用因特网的目的
首页设计得如何? 网页之间的导引(超级链接)如何?	浏览器、平台、连接速度

3.11.2　网络调查的优点

　　相较传统调查而言,网络调查具有以下的优点:成本优势、速度、跨越时空、弹性、多媒体、精确性、固定样本。

成本优势

　　就人力、物力、财力上所花费的成本而言,网络调查比人员访谈、电话访谈、邮寄问卷、计算机访谈都来得便宜。

速度

就速度而言,利用网页设计软件(如 Microsoft FrontPage)可以迅速有效地设计出网页问卷。同时,设计妥善的网络调查可以在短期内获得充分的数据,进而立即从事统计分析的工作。

跨越时空

网络调查可跨越时空,没有了时空的藩篱,克服了传统调查方式所遇到的问题。利用传统调查方法时,如果晚上打电话,会错过加班的上班族群或出门约会的年轻族群;如果白天打电话,所接触到的对象大部分是家庭主妇、家中长辈以及孩童。利用网络调查,我们不需要考虑网友是否会在特定时间上网,或者担心是否会错过部分只在特定时间(如半夜之后)上网的网友。以电子邮件调查而言,所发出的电子邮件会全天候地储存在受测者的邮件服务器上,他们随时可以在 Outlook 中以"传送及接收"的方式收件,并在填答完成之后,传送出去。

由于网络调查可跨越时空藩篱,对于从事全球消费者行为研究的研究者而言,不啻是一个利器。

弹性

我们可以先刊出探索式问卷(exploratory questionnaire),将所搜集到的资料加以适当修正后,即刻改刊载正式问卷。如果研究人员对于消费者对某项产品的反应方式没有把握,可以先刊出探索式问卷,以开放式问题让网友填答。经过几天获得信息之后,再重新编拟正式问卷获得所需的调查数据。

多媒体

网络调查可以向网友呈现精确的文字与图形、声音信息,甚至是立体或动态的图形。传统调查研究若要呈现视觉数据,成本是相当可观的。

精确性优势

网络调查的问卷在回收后不需要以人工将数据输入计算机,可避免人为疏失,同时计算机程序还可以查验问卷填答是否完整,以及跳答或分枝填答的准确性。网络调查问卷在跳答、分枝问卷(branching,也就是根据某项问题的不同回答,呈现不同版本的问卷提供给受测者填答)的设计上具有高度精确性。

固定样本

网络调查容易建立固定样本(panel)。如果调查单位希望能够针对同一个人长期进行多次访问,网络调查是一个相当有效的方式。

3.12　网络焦点团体

由于因特网的普及,探索式研究可以用电子邮件、聊天室(chat room)、网络论坛(forum)、虚拟社群(virtual community)的方式来进行。如果能善用先进的通讯科技,如语音会议、视频会议,都可以有效地获得宝贵的信息。利用在线焦点团体比电话式焦点团体更为便宜。在新闻群组(news group)寄出一个主题会引发许多回响与讨论。但是在线讨论是毫无隐私性的,除非是在企业内网络(intranet)进行。虽然网络论坛不太能代表一般大众(如果我们所选择的焦点团体是一般民众的话),但是利用众多的网友,我们还是可以从蛛丝马迹中得到焦点团体成员的意见。

4 信度与效度

4.1 测量的基本观念

在专题研究中,测量(measurement)是相当重要的一个程序。我们所建立的研究架构不论有多么严谨,所涉及的观念(变量)不论多么"面面俱到",但是如果在测量上发生问题,则必然会前功尽弃,所有的努力也就付诸东流。

测量是将数字指派到一个观念(或变量)上。例如,我们利用智商测验的分数结果指派到某人的智力水平上(智商测验的结果代表这个人的智力水平)。测验(例如智商测验、托福测验)的建立叫做量表(scales),将在第 5 章讨论。本章所要讨论的是:测量的层次(level of measurement)及测量工具的效度及信度。

各个"观念"在测量的简易度上是截然不同的。如果一个观念可被直接观察,所有的受访者对它并不陌生,没有争论性,我们可以说它是相当容易被测量的。例如,个人的身高、体重、年龄等。其他的观念,例如信念、态度、集权、忠诚度等,就不易测量,因为这些观念不易被直接观察(虽然它们的效应可能容易被观察),而且是多元尺度的(multidimensional)。这些观念在专题研究上非常重要,但是在测量上往往是"荆棘满布、困难重重"。

4.1.1 定量与定性

测量是决定某一个特定的分析单位的值或水平的过程,这个值或水平可能是定性的(qualitative),也可能是定量的(quantitative)。定性属性具有标记(label)或名字,而不是数字。当我们以数字来测量某种属性时,这个属性称为定量属性(quantitative attribute)。

例如,我们的肤色是定性的,而不是定量的。其他还有许多定性变量(qualitative variable),例如政党(民主党、共和党……)、宗教(伊斯兰教、道教、佛教……)[1]。在观察研究中,定性变量用得相当广泛。

定性变量的类别可用标记来表示,也可以用数字来表示。值得注意的是:即使用数字表示,这些数字也不具有数学系统中的属性(例如加减乘除四则运算)。例如"第一类组"、"第二类组"不能用来相加或相乘。定性变量唯一可以做的数字运算就是计算每一类别的频率及百分比,例如计算金发少女的人数比例。

4.1.2　构念与观念

构念

构念(construct)是心智影像(mental images),也就是浮在脑海中的影像或构想(ideas)。研究者常为了某些特定的研究或是要发展理论来"发明"一些构念。构念是由若干个较为简单的观念所组成的。构念与观念常易混淆。我们现在举一个例子来说明它们的差别所在。"组织规模"是一个构念,它包括了员工人数、资本额、营业额、部门数目、产品线总数等观念。这些观念是相当具体、容易测量的。

再举一个例子来说明构念与观念。一位产品手册的技术撰写员的工作规格(job specifications)包括了三个要素:表达质量、语言能力及工作兴趣。图4.1 显示了这些构念中所包括的观念。

在图4.1 的下方,所呈现的观念(格式正确、手稿错误、打字速度)是相当具体的、容易测量的。例如,我们可以观察打字速度,即使用最粗糙的方式,我们也可以很容易地分辨打字速度的快慢。打字速度就是"表达质量"这个构念的一个观念。"表达质量"是一个不存在的实体(nonexistent entity)。它是一个标签,用来传递这三个观念所共同组成的意义。

图4.1 中的另一个层次是由词汇、语法及拼字这三个观念所构成的"语言能力"构念。"语言能力"这个构念的抽象程度比"表达质量"还高,因为词汇及语法较难观察,而且测量起来也更为复杂。

至于"工作兴趣"这个构念,我们还找不到有关的观念。因为它最难观察,也最难测量。它也许包括了许多相当抽象的观念。研究者常称这种抽象构念为"假设式构念"(hypothetical construct),因为相关的观念或数据还没有找到。它只是被假设存在,尚待更多的验证。如果有一天,研究者发现了相关的观念,而且支持其间的关联性(观念与构念间的关联性)的命题也成立,则研究者就可以建立一个支持这个构念的观念架构(conceptual scheme)。

---

1 请注意:这些都是名义尺度(nominal scale),故不能以出现的次序来判定孰优孰劣。

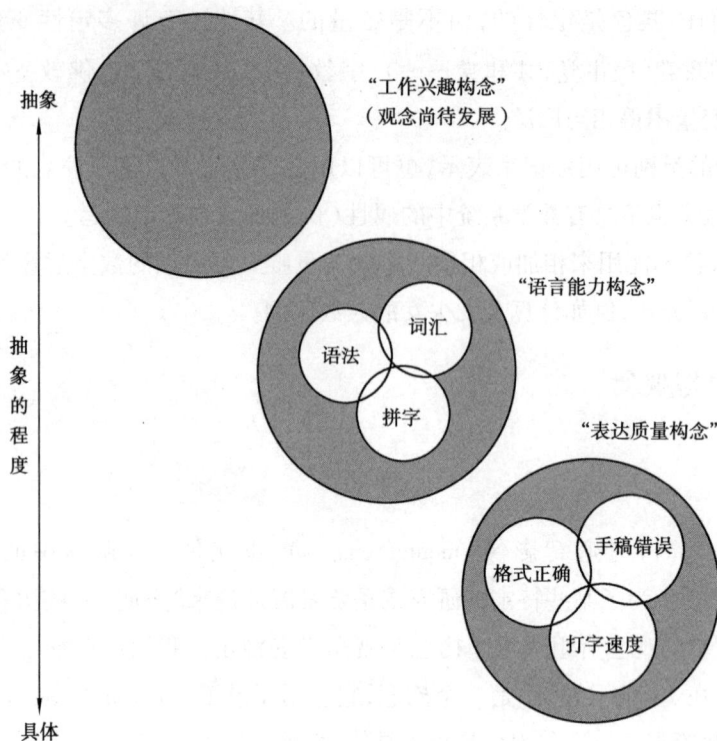

图 4.1　构念与观念

观念

如果我们要传递某个对象或事件的讯息,必须有一个共同的基础(否则我说的是桃子,你想的是李子),这个共同的基础就是"观念"。"观念"就是伴随着某特定的对象、事件、条件或情境的一系列意义(meaning)或特性(characteristics)。

"观念"产生的过程和我们如何获得知觉(perceptions)是一样的。知觉是我们将所看到的、所听到的、所尝到的、所闻到的、所摸到的刺激(这些都称为是"信息输入")加以选择、组织(organizing)、解释以产生某种意义(或赋予某一个标签)的过程。换句话说,所谓知觉是指:个人如何选择、组织及解释其感官印象(sensory impressions),并对于刺激到感官印象的环境事件赋予某种意义(或赋予某一个标签)的过程。例如我们看到一个人在有规则的慢慢跑步,我们就会给这个动作赋予一个叫做"慢跑"的标记,这个标记表示了"慢跑"这个观念。

有些"观念"也许不可能直接地被观察,例如正义、友情等。也有些"观念"有明显的、可以观察的某种指示物(referents),例如计算机、学校等。有些"观念"是二分的(dichotomous,只有二个可能的值),例如性别(男性、女性)。

观念的来源

一般人常用的"观念"是随着时间的推移而发展出来的,其间包括了"互相共享"的情形。我们从个人日常生活的经验中,也会获得许多观念。不同的文化环境中有属于他们自己的独特观念,如果要移植到别的文化,可能不是一蹴可就的。

在企业研究所涉及的观念非常多,有时候我们会利用到其他学术领域的特殊观念或新观念。例如在企业研究中,我们曾借用了心理学在学习论上的连结论(connectionism)、接近论(contiguity)、增强论(reinforcement)及符号格式塔论(sign-gestalt)等来研究组织学习(organizational learning)[2];亦曾引用了物理学的布朗运动(Brown movement)来研究群体行为,引力论(gravitation theory)来研究"为什么消费者会在某处购买",借用距离的观念(concept of distance)来测量消费者之间在态度上的差异程度。

但是老是借用总不是办法。作为一个企业研究者,我们必须:(1)对于所借用的观念给予新的意义(如企业研究中的"模式"就是一例);(2)对于所借用的观念给予新的标记(如企业研究中的"地位压力"即是一例)。在这种情形下,我们是在创造新的术语。医学家、物理学家、信息学家及其他学术领域的研究者所使用的术语(观念),非外行人所能了解。这些术语可以增加某一学术领域专家与专家之间的沟通效率。

"观念"对研究的重要性

"观念"是所有思想与沟通的基础,但是我们极少注意到它们是什么以及在使用上所碰到的问题。大多数的研究缺点都源自于对"观念"的界定不清。研究者在发展假说时,必须利用到"观念";在搜集数据、测试假说时,必须要利用到测量的观念。有时候我们还必须创造(发明)一些新的观念,来解释我们的研究及研究发现。一个研究是否成功取决于:(1)研究者对于"观念"的界定是否清楚;(2)别人是否能理解研究中的"观念"。

例如我们在调查受测对象的"家庭总收入"时,如果不将此观念说明清楚,受测对象所提供的答案必然是"一个观念,各自表述"的。要清楚地说明"家庭总收入"这个观念,我们至少必须界定:(1)时间跨度(是一周? 一个月? 或者一年);(2)税前或税后;(3)家长的收入或全部家庭成员的收入;(4)薪资或工资,有无包括年终奖金、意外的收入、资本财产收入等。

使用"观念"时的问题

在企业研究中,我们在"观念"的使用上会遇到更多的困难。原因之一在于:人们对于同一个标记下的观念会产生不同的理解(赋予不同的意义)。人们对于有些"观念"的

---

2 读者如对这些课题有兴趣,可参考荣泰生《组织学习论之探讨——办公室自动化之实证研究》(台北:政治大学企业管理研究所未出版的博士论文,1988年)。

了解大多是一致的,在研究的沟通上(例如以问卷填答)也不成问题。这些观念包括:红色、猫、椅子、员工、妻子等。但是有些观念则不然,这些观念包括:家计单位、零售交易、正常使用、重度使用者、消费等。更具挑战性的是,有些观念看似熟悉,但却不易了解,例如领导力、激励、个性、社会阶层、家庭生命周期、官僚主义、独裁等。在研究文献中,"个性"这个观念就有 400 多种定义[3]。

以上列举的各个观念在抽象的程度上各有不同,在是否具有客观的参考物(objective referents)上也不一样。"个人计算机"是一个客观的观念,因为它有客观的参考物(我们可以明确地指出什么是个人计算机)。但是有些观念(如正义、友情、个性等)并没有客观的参考物,也很难加以可视化。这些抽象的观念称为构念。

4.2 测量程序

4.2.1 测量的组成因素

测量所涉及的是依据一组法则,将数字(或标记)指派给某一个实证事件(empirical event)。实证事件是指某对象、个体或群体中可被观察的属性(如主管的性别、员工的工作满足)。虽然测量工具有很多类型和种类,但其测量程序(measurement process)总是离不开以下的三个步骤(这三个步骤亦可称为是测量的组成因素):①观察实证事件;②利用数字(或标记)来表示这些事件(也就是决定测量的方式);③利用一组映射规则(mapping rules)。图 4.2 解释了实证事件、数字(或标记)及映射规则的情形。

实证事件	映射规则	数字(或标记)
主管的性别	如果是男性,则指派 1 如果是女性,则指派 0	1 或 0

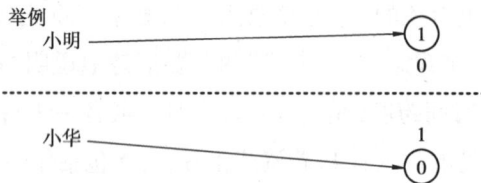

举例

小明 ——————→ ①
　　　　　　　　 0

- -

小华 ——————→ 1
　　　　　　　　 ⓪

图 4.2　测量程序(测量的组成因素)之例——主管的性别

4.2.2 观念与操作性定义

通常研究的主体(或称实证事件),在观念层次上包含对象(objects)及观念

---

3 K. R. Hoover, *The Elements of Social Scientific Thinking*, 5th ed. (New York: St. Martin's Press, Inc., 1991), p.5.

(concepts)两个内容(例如"中产阶级的社会疏离感"就是实证事件,其对象部分为中产阶级,其观念部分为社会疏离感)。"性别"这个观念并不复杂,但在专题研究上,有许多复杂的观念,例如社会疏离感、信念、认知偏差、种族偏见等皆是。

研究者将观念经过操作性定义(operational definition)的处理之后,将更为方便地观察到(或调查到)代表着这个观念的各个次观念,研究者再以数字(或标记)指派到每一个次观念上(也就是决定测量的方式),以便进行统计上的分析。

一般而言,由操作性定义发展到测量工具是没有什么问题的。在研究设计上,最难克服的问题在于将观念这个概念层次(conceptual level)的东西,转换成操作性定义这个实证层次(empirical level)的东西,而不失其正确性。图4.3 表示此二者之间的关系,由图中可知研究者所需了解的是测量和真实(原来的观念)之间的"同构"(isomorphic)的程度。换句话说,研究者希望借由测量来探知真实的构形(configuration),以期对真实现象有更深(更正确)的了解。同构程度愈高,及表示测量的效度愈高。

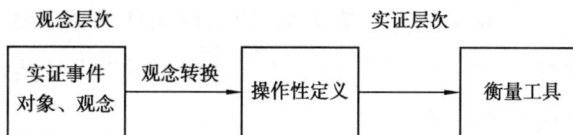

图4.3　观念与测量的关系图

同样一个观念中可能包括了许多次观念,研究者在依据经验判断、逻辑推理或参考相关文献之后,可发展出一些操作性定义来涵盖这个次观念,希望对于原来的观念做更完整的探讨。这些操作性定义可能是对的,也可能对了一部分,甚至有可能是错的,如图4.4 所示。

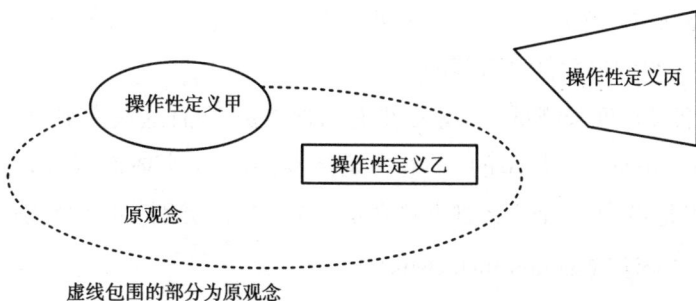

图4.4　观念与操作性定义的关系图

图4.4 中操作性定义甲只触及了观念的边缘,定义乙则正确地掌握了原观念的部分内涵,而定义丙则为错误的操作性定义(它可能是探讨的其他不同的观念)。例如某公司在工作绩效考评(这是一个观念)中,列有学历、完工件数及忠贞爱国等评分栏;就学历而言,高的学历并不表示高的工作绩效(这种情形类似定义甲);完工件数则实际与工作绩效有密切的关系(类似定义乙);而员工是否爱国,则与工作绩效无关(类似定义丙,其可

能测试的是其他的观念)。若要对真实观念有正确的了解,则需要更多正确的操作性定义,来共同描绘出真实的观念,以达到同构的要求(或者理想)。

4.3　测量尺度

测量尺度(measurement scale)共有四种类别:名义尺度(nominal scale)、次序尺度(ordinal scale)、区间尺度(interval scale)以及比率尺度(ratio scale)[4]。这四个尺度依序有"叠床架屋"的情况(也就是说后面的那个测量尺度包含有前面的那个的特性),再加上一些额外的特性。值得一提的是,在 SPSS 的输出报表中将"尺度"称为"量数",并将比率尺度与区间尺度通称为"量尺量数"(scale)。

4.3.1　数据类型

我的球衣号码是 1 号,我考试得了第 1 名,我以前居住的波士顿冬天时的温度是摄氏 1 度,我在留学的时候 1 天的饭钱只花 1 美元。以上的"1"虽然都是阿拉伯数字的"1",但是它们的尺度或类型不同。

名义尺度

名义尺度是区分对象或事件的数字或标记。也许最普遍的例子就是我们将性别变量中的男性指定为 1,将女性指定为 0。当然我们也可以将男性指定为 0,将女性指定为 1;利用符号将男性指定为 M,将女性指定为 F;或径自分别以"男性"、"女性"来区分。

定性变量的类别只是分类的标记而已(在这里,即使是以数字来分类,也是标记),并不表示哪一个类别比较优秀,而且被分在同一类别的个体都是"对等的"(equivalent),例如被分在"0"这一组的男性都是对等的。

基本上,以名义尺度来测量的变量至少有两种类别,而且这些类别是独特的、互斥的以及尽举的(exhaustive)。"尽举的"的意思是指:对每一个个体而言,都有适当的类别。"互斥的"的意思是指:每一个个体都会符合某一个唯一的类别。例如性别即是。性别被称为是"自然的二分法"(natural dichotomy)[5]。

次序尺度

次序尺度很像名义尺度,因为它是互斥的、尽举的。除此之外,次序尺度的类别并不必然具有同样的层级(例如,冠军、亚军就不具有同样的层级,而大专联考的第一类组、第

4 S. S. Stevens, "Mathematics, Measurement, and Psychophysics," In *Handbook of Experimental Psychology*, Edited by S. S. Stevens(New York: Wiley, 1951).

5 A. L. Stinchcombe, *Constructing Social Theories* (New York: Harcourt Brace Jovanovich, 1968).

二类组就具有同样的层级）。

　　我们经常会遇到相同的次序的问题（例如环球小姐选拔,二人同列第一）。我们将某地区的足球比赛的成绩依其胜负场数加以记录如下（假设所有的队伍的比赛场数皆相同,而且没有和局）（表4.1）：

表4.1　10个队伍的胜负一览表

队　伍	胜	负
A	4	6
B	6	4
C	8	2
D	10	0
E	0	10
F	5	5
G	8	2
H	4	6
I	9	1
J	4	6

　　基于比赛的结果记录,我们可排定以下的次序：D、I、C、G、B、F、A、H、J、E。同时,我们发现了平手的现象：C与G平手,A、H与J平手。

　　通常我们将平手视为是相同的。由于C与G的胜数次数相同,如果将之排为第三名与第四名,则不仅不公平,而且也隐藏了重要的信息。如果我们将此两队都给第三名或第四名,则不甚恰当,因为在我们的次序测量系统（ordinal measuring system）中,每个等级只有一个。第一名到第十名的总和是55(1 + 2 + 3 +⋯+ 10),如果我们将此两队都给第三名或第四名,则总和会变成54或56。由于我们要维持测量系统的整体一致性,故将平等的那个次序(3及4)加起来,再除以平手的数目（也就是2）,而得到3.5。同样的,A、H与J也是平手,因此它们的等级都是8,也就是(7 + 8 + 9)/3。如果平手的数目是偶数,则等级就会出现小数,如果平手的数目是奇数,则等级就会出现整数。

　　等级是具有传递性的（及符合数学上的连结律）,如果某个体在某个属性上的值的等级是r（例如身高第r名）,则必优于另一个个体在此属性的等级是r＋1者（例如身高第r＋1名）。同理,如果某个体在某个属性上的值的等级是r＋1（例如身高第r＋1名）,则必优于另一个个体在此属性的等级是r＋2者（例如身高第r＋2名）。因此我们可以说,r＞r＋1,同时r＋1 ＞r＋2,则r ＞r＋2。但是我们不知道r值的原始评点大于r＋1值的原始评点有多少,或者等级之间的原始评点的差距是否相同。

　　我们从下面五个人的身高次序的例子,便能了解得更为清楚（表4.2）：

表 4.2 　五个人的身高次序

个　体	身高次序	原始评点（身高）	备　注
小张	1	185	
小王	2	180	
小李	3	179	可认为这个等级是 r
小赵	4	170	可认为这个等级是 r + 1
小丁	5	164	可认为这个等级是 r + 2

注：身高依高低次序排列，第 1 名为身高最高者。

区间尺度

以年龄为例，如果以名义尺度来处理，就是将它分成不同的年龄层；如果以次序尺度来处理，就是将个人依年龄的高低加以排序；如果我们以个体活在世间的年数来看，就是以区间尺度（interval scale）来处理。利用区间尺度，我们可以看出个体在某一属性（例如，年龄）上的差距，例如最年长者比次年长者多三岁。在区间尺度上，每个差距是一样的，例如 80 岁和 79 岁所相差的一岁，与 15 岁和 14 岁所相差的一岁是一样的。

在区间尺度中，零点的位置并非固定的，而且测量单位也是任意的（arbitrary）。区间尺度中最普遍的例子就是摄氏（Celsius，C）及华氏温度（Fahrenheit，F）。同样的自然现象——水的沸点——在摄氏、华氏温度计上代表着不同的值（摄氏 0 度、华氏 32 度）。在水银刻度上，摄氏 20 度及 30 度的差距，等于摄氏 40 度与 50 度的差距。不同尺度的温度可以用 $F = 32 + (9/5)C$ 这个公式加以转换。

比率尺度

如果代表某个个体属性的值是区间尺度的话，我们就可以将这些值做加减运算；如果代表某个个体属性的值是比率尺度（ratio scale）的话，我们就可以将这些值做乘除运算。因此，比率尺度具有**绝对的、固定的、非任意的**（nonarbitrary）零点。我们曾以年龄来说明区间尺度，事实上，年龄超过了区间尺度的规定，因为它有绝对的零点（零点是非任意的，而且也没有负值）。是否具有"非任意的零点"是比率尺度与区间尺度唯一的差别所在——比率尺度具有非任意的零点，而区间尺度不具有非任意的零点（也就是零点的位置并非固定的）。"体重"具有非任意的零点，而且没有负值，所以是比率尺度。如果某个体的属性以非任意的零点为参考点，而且测量的单位是固定的话，我们就可以对这个属性的值做乘除的运算。例如，20 岁是 10 岁的"二倍老"，15 岁是 30 岁的"一半年轻"。

要看一个尺度是否为比率尺度（也就是零点是否为绝对的），最有效的方法就是看看"零是否可测量'没有'的情况"，而且是否有负值（比率尺度没有负值），例如"零缺点"表示"没有缺点"，而负缺点则从来未曾被界定过，因此缺点数是比率尺度。同理可判断，家庭人口数、体重、身高等都是比率尺度。如果一个人不存在,则他的体重就是零,但从来没有体重为负数者。我们可将上述的四种尺度汇总说明(表4.3):

表4.3 四种尺度的汇总说明

尺度类型	尺度的特性	基本的实证操作
名义	没有次序、距离或原点	平等性的决定
次序	有次序,但没有距离或独特的原点	大于或小于的决定
区间	有次序、距离,但没有独特的原点	区间或差异的平等性的决定
比率	有次序、距离及独特的原点	比率的平等性的决定

来源:Donald R. Cooper and C. Pamela Schindler, *Business Research Method* (New York, NY: McGraw-Hill Companies, Inc., 2003), p.224.

离散或连续。离散(又称间断)的测量尺度(discrete measurement)并没有小数,而连续的测量尺度(continuous measurement)则有。例如家庭人口数是离散的,而年龄是连续的(如48.5岁)。要分辨一个变量是离散的还是连续的,最简单的方法就是看它是用"算有几个的"还是用测量的[6]。换句话说,离散变量具有某一特定的值,而连续变量具有无限的值。一般而言,离散变量的值是一个整数接着一个整数,而连续变量的值与值之间会有很多潜在的值。

从观察研究中所搜集到的数据大多数是名义的或定性的,离散的。定量数据可以是离散的,也可以是连续的。次序尺度通常是离散的,虽然它常被视为在测量某个连续带上的东西。区间及比率尺度可以是离散的(例如,家庭人口数),也可以是连续的(例如,年龄、身高)。

4.4 良好测量工具的特性

4.4.1 信度及效度的意义

信度(reliability)、效度(validity)及实用性(practicality)是任何测量工具不可或缺的条件。企业对应征人员的口试是否能有效地判定应征者的工作潜力,是一个相当具有争辩性的议题。此问题的症结所在并不在于口试的存废,而在于测量工具(口试)本身的有效性。

信度指的是测量结果的一致性(consistency)或稳定性(stability),也就是研究者对于相同的或相似的现象(或群体)进行不同的测量(不同形式的或不同时间的),其所得的

---

6 J. H. Johnson, *Doing Field Research* (New York: The Free Press, 1975).

结果一致的程度。任何测量的观测值包括了实际值与误差值两部分,而信度愈高表示其误差值愈低,如此则所得的观测值就不会因形式或时间的改变而变动,故有相当的稳定性。

所谓效度包含两个条件,第一个条件是,该测量工具确实是在测量其所要探讨的观念,而非其他观念(例如,测量"智能"的工具,就是测量"智力",而不是测量忠诚、信念等其他观念);第二个条件是,能正确地测量出该观念(例如,智商是 100 的人,通过测量工具所测得的智商就是 100)。第一个条件是获得效度的必要条件,但非充分条件。显然获得第一个条件比获得第二个条件来得重要。例如我们要测量小华的智力(intelligence),因此我们就用智商测验这个测量工具来测验小华,得到智商分数是 90 分,但实际上小华的智商是 100。这个测量工具虽然不正确(不准),但至少它所测的观念(亦即智力)是正确的。如果我们能改善这个智商测验,那么它就会变得更为有效。但是如果我们用其他的测量工具来测小华的智商,而得到的分数是 100,我们就不能说这个测量工具有效,因为这个测量工具根本不是在测量智力(也许是在测量其他的观念,或者根本没有测量任何观念)。

效度是测量的首要条件,信度是效度不可或缺的辅助品。换句话说,信度是效度的必要条件,而非充分条件。一个测验如无信度,则无效度,但有信度,未必有效度。

实用性是指测量工具的经济性、方便性及可解释性(interpretability)。

4.4.2 信度及效度的图解说明

如前所述,效度所涉及的是正确性的问题,信度所涉及的是"与现象或个体的改变(或不变)保持一致"的问题。我们现在用图解的方式来说明信度与效度。

假设我用来复枪来练靶。如图 4.5 所示。在甲的情况中,我们看到所有的弹痕散布在靶上的各处,几乎没有一致性。在测量工具的术语中,我们会认为这个测量工具不可靠。既然这个测量工具不值得信赖,那还有什么正确性(效度)可言?所以除非测量工具有信度,否则不可能有效度。

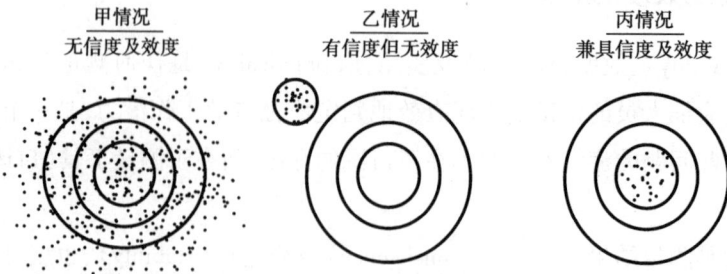

甲情况　　　　　　乙情况　　　　　　丙情况
无信度及效度　　　有信度但无效度　　　兼具信度及效度

图 4.5　信度及效度的图例

来源:Duane Davis and Robert M. Cosenza, *Business Research for Decision Making*, 3rd ed.

(Belmont, CA.: Wadsworth Publishing Company, 1993), p.174.

在乙的情况中,弹痕很集中,但是远离红心。用测量工具的术语来说,它很有信度,但是没有效度。换句话说,这个测量工具在一致地测量别的东西,而不是我们想要测量的观念。这个现象告诉我们:可能测量工具有信度,但不见得有效度。丙的情况就是兼具信度及效度的情形。

4.5 信度测量

如前所述,信度是一致性的问题。如果我们用某一个测量工具来测量某一个观念,而个体在这个观念(属性)上的值一直不变的话,所测量出来的值一直保持不变,则我们可以说这个测量工具具有信度。如果这个观念的值改变了,测量工具如能正确地显示出这种改变,则此测量工具也是具有信度的。测量工具不具信度的情形是怎样?如果我的体重一直保持在65千克,但我几次用家里的磅秤(体重计)来量体重的时候,所显示出来的值时高时低,那么这个磅秤就没有信度,原因可能是里面的弹簧松了。在专题研究中,像问卷这样的测量工具常常因为语意的问题、尺度标示的问题、分类模糊的问题,而使得填答者因不知所云而就自己的理解加以填答,造成了填答者之间颇不一致的现象,丧失了问卷的信度。

我们可用测量工具的相同或不同,测量时点的相同或不同,将测量工具分成以下四种:

(1)内部一致性信度(internal consistency reliability)

(2)复本信度(alternate-form reliability)

(3)再测信度(test-retest reliability)

(4)复本再测信度(alternate-form retest reliability)

图4.6说明了上述的情形。兹将上述信度说明如后:

测量工具

	相同	不同
相同	内部一致性信度	复本信度
不同	再测信度	复本再测信度

(左侧纵向标注:测量时点)

图4.6 信度的类型

4.5.1 内部一致性信度

研究者常以折半法(split-half method)来检验测量工具的内部一致性信度。研究者在建立测量工具时,将原有的题目数扩充为二倍,其中有一半是另一半的重复,研究者以前一半与后一半的得分来看此测量工具的信度。

荣老师的数学考题从最简单的到最难的共有五题。但是他现在从最简单的到最难的题目,依每个不同的困难度各出二题,共十题。如表4.4所示。

表4.4　题号与困难度

题　号	困难度	小杰得分
1	最简单	10
2		10
3	略简单	9
4		8
5	不简单也不难	7
6		8
7	略难	6
8		5
9	最难	4
10		4

荣老师现在拿给小杰做测验,如果小杰在第1、3、5、7、9题的得分与在第2、4、6、8、10题的得分的相关系数很高的话,那么这份考卷在测量"数学能力"上就具有高的信度。

4.5.2 复本信度

用比喻的说法,这个方法就是用二个磅秤在同一时点测量某个人的体重(事实上,应该是用一个磅秤秤完了之后,再马上用第二个磅秤来秤)。如果所得到的二个体重值之间的差距愈小,则此磅秤的信度愈高。或者研究者设计二份问卷(题目不同,但都是测量同一个观念),并对同一环境下的二组人分别进行施测,如果这二组人的评点的相关系数很高,我们就可以说这个问卷具有高的信度。

上述两种方法的缺点在于如何确信每一半或复本都是真正地在测量同样的观念。同时,二个复本之间的相关系数很高的话,则可表示在测量同一个观念;二个复本之间的相关系数很低的话,则可表示在测量不同的观念。这与我们在4.6.2将要说明的效标效度有何不同? 因此有人认为,复本信度所测量的其实不是信度,而是在测量效标效度。

4.5.3 再测信度

Siegel and Hodge(1968)认为信度的定义是同一个测量工具上得分(评点)的一致性,而不是两个复本上得分的一致性,因此信度的测量最好还是针对同样的测量工具做重复的测试[7]。

如果我连续两个月每天用磅秤秤我的体重,在结束的时候我发现体重比两个月前重了五千克,我们可以说这个磅秤缺乏信度吗? 不见得,因为也许我这两个月来应酬不断,天天吃吃喝喝,因此体重增加了五千克。所以信度并不是表示"一直保持不变的"意思,而是表示"当有所改变时,应显示值的改变;当没有改变时,就不显示值的改变"。表 4.5 是将以上所说明的信度加以汇总。

表 4.5　信度的汇总说明

类　　型	系　　数	测量什么	方　　法
内部一致性	折半 Kuder-Richardson Formula 20 & 21 Cronbach Alpha	测量工具的项目是否为同构型,是否能反映出同样的构念	特殊的相关分析公式
复本	对称	某一工具与其复本是否能产生同样的或类似的结果的程度。在同时(或稍有时差)进行测试	相关分析
再测	稳定	从受测者的分数中推论测试工具的可信赖程度。在六个月内同样的测验对同样的对象施测 2 次	相关分析

4.5.4 Cronbach α

由于 Cronbach α(Alpha)在专题研究中常用来作为测试信度的标准,我们在此特别列出其公式:

$$\alpha = \frac{k}{k-1}\left[1 - \frac{\sum_{i=1}^{k}\sigma_i^2}{\sum_{i=1}^{k}\sigma_i^2 + 2\sum_{i}^{k}\sum_{j}^{k}\sigma_{ij}}\right]$$

$k =$ 测量某一观念的题目数

---

7 P. M. Siegel and R. W. Hodge, "A Causal Approach to the Study of Measurement Error," in *Methodology in Social Research*, edited by Huber M. Blalock and Ann B. Blalock(New York: McGraw-Hill, 1968).

σ_i = 题目 i 的方差

σ_{ij} = 相关题目的协方差(covariance)

Cronbach α 值 ≥ 0.70 时,属于高信度;$0.35 \leq$ Cronbach α 值 < 0.70 时,属于尚可;Cronbach α 值 < 0.35 则为低信度[8]。

4.6 效度测量

在一般学术研究中常出现的效度有下列三种。但是因为测量的困难,研究者只能选择其中某些来说明某变量的效度。

(1)内容效度(content validity),又称表面效度(face validity)、逻辑效度(logical validity)。

(2)效标关联效度(criterion-related validity),又称实用效度(pragmatic validity)。Selltiz 等人(1976)将实用效度再分为同时效度(concurrent validity)及预测效度(predictive validity)[9]。

(3)建构效度(constructive validity)。分为收敛效度、区别效度。这两个效度要同时获得,才可认为具有建构效度。

兹将上述三类的效度说明如后:

4.6.1 内容效度

测量工具的内容效度是指该测量工具是否涵盖了它所要测量的某一观念的所有项目(层面)。大体而言,如果测量工具涵盖了它所要测量的某一观念的代表性项目(层面),也就是说具体而微,则此测量工具基本上可以认为是具有内容效度的。

决定一个测量工具是否具有内容效度,多半是靠研究者的判断,在实际进行研究时,要做这种判断并不是一件容易的事。研究者必须考虑二件事情:①测量工具是否真正地测量到他(她)所想要测量的观念(变量);②测量工具是否涵盖了所要测量的观念(变量)的各项目(各层面)。

例如我们要测量的观念是"智力",但所问的问题中有一项是询问受测者的年龄,则这一题就不具有测量智力的内容效度,因为年龄并不包含在智力的定义范围内。

反过来说,如果测量工具似乎是在测量某个我们想要测量的观念,我们可以说这个测量工具具有内容效度。如前所述,内容效度多少要靠研究者的判断(也就是在观念的定义上或者语义上的判断)。内容效度最大的问题是:①研究者之间对于应如何测量某个观

---

8 J. P. Gilford, *Psychometric Methods*, 2nd ed. (New York, NY: McGraw-Hill, 1954).

9 Claire Selltiz, Lawrence J. Wrightsman, and Stuart W. Cook, *Research Methods in Social Relations*, 3rd ed. (New York: Holt, Rinehart & Winston, 1976), pp. 168-169.

念并没有共识;②某个观念是多元尺度的,并包含有次观念;③测量上是旷日费时的。

4.6.2　效标效度

效标效度,又称为实用效度、同时效度与预测效度,涉及到对于同一观念的多重测量。同时效度是指某一测量工具在描述目前的特殊现象的有效性。例如,我们用偏见量表(prejudice scale)来分辨哪些人有偏见、哪些人没有偏见(或者偏见的程度)。预测效度是指某一测量工具能够预测未来的能力。例如,美国的商学研究所入学测验(Graduate Management Admission Test,GMAT)用来预测申请者在未来商业界的成功潜力。

又如某工厂以员工的完工件数(效标变量)作为测量绩效的指标,现在厂长想如何找到另外一个指标来作为甄选员工的依据呢?(新的申请者尚未就任,如何知道他的工作件数?)经过研究之后,他发现手指灵巧与完工件数呈正相关(也就是有效标关联效度),因此他以后在甄选新进员工时,即以手指灵巧的测验分数作为甄选的标准。因为完工件数的效标可同时获得,故为同时效度。

在企业中常可见到所谓的管理人才发展的训练计划,受训人员以后的管理能力及其绩效可能要在若干年后才能够获得。若训练成绩(目前所获得的预测变量分数)与管理能力(未来求得的效标变量分数)有高度相关的话,则表示此训练计划有良好的预测效度。

然而这些测量工具是否能分辨、能预测并不是效标效度的主要目的。具有效标效度的测量工具可作为一个基准,可用来作为检视另外一个测量工具的指标。譬如说,我们知道有一个能够有效地测量"偏见"的测量工具,我们就可以将受测者在新的测量工具(新的测量"偏见"的量表)的得分与在原来的测量工具上的得分加以比较,如果这两个分数非常类似的话,那么新的测量工具就具有效标效度(或者更明确地说,具有同时效标效度)。

然而,问题是我们如何知道原来的测量工具本身具有效度并可作为新的测量工具的基准呢? 首先,原来的测量工具必须要有内容效度。有没有内容效度虽然很难被证实,但是至少要"看起来"有效度。此外,原来的测量工具要被使用过而且得到证实。在测量偏见的例子中,这个量表要至少被使用过很多次,能够分辨出具有或不具有偏见者,而令研究者感到相当程度的满意。此外,测量工具的设计(量表的发展)是根据所要测量的观念的定义而来。

另外一个问题是,既然原来的测量工具具有效度,那么为什么要发展一个新的测量工具呢? 其中可能的原因是,原来的测量工具虽然具有效度、正确性,但是所包含的题目数太多,实际运用起来比较费时费力;或者分类的方式不够周延,以至于使得受测者很难回答;或者所使用的字眼太过老旧,已不合时宜(例如称"原住民"为"山地同胞"是不合时宜的);或者不具有外部效度(external validity,对某一群人适用,但是对另外一群人则不适用)。

4.6.3 建构效度

假设我们建构了二类指标来划分社会阶层,分为第一类指标、第二类指标(每类对于社会阶层都有不同的分法)。假设我们有一个理论包含了这样的命题:社会阶层与偏见呈反比(社会阶层愈高,偏见程度愈低)。如果我们用第一类指标针对受测者来测试这个理论,得到了证实之后,我们再用第二类指标针对受测者来测试这个理论,而且也得到了证实,我们可以说新的测量工具(第二类的指标)具有建构效度。

从以上的说明,我们可以了解:建构效度是指测量工具能够测量理论的概念或特质的程度而言。一般说来,在检验建构效度的过程中,必须先从某一理论建构着手,然后再测量及分析,以验证其结果是否符合原理论及建构。建构效度所包含的内容更为复杂。它包含了两个或以上的观念,以及两个或以上的操作性定义,并探讨构念间及定义间的相互关系。在讨论理论建构时,必须考虑到周延性及排他性的问题。周延性的要求在于对原理论建构的充分了解,而排他性的要求则在于将不相关的理论建构排除在外。收敛效度(convergent validity)所探讨的是周延性的问题,而区别效度(discriminant validity)所探讨的是排他性的问题。

收敛效度与区别效度——相关系数

我们现在用图解的例子来说明收敛效度与区别效度。我们现在要衡量两个变量,分别为自尊与内控。自尊由三个题项来衡量(分别称为自尊$_1$、自尊$_2$、自尊$_3$),而内控也由三个题项(分别称为内控$_1$、内控$_2$、内控$_3$)来衡量。这 6 个题项都是由李克特五点量表来衡量。如果自尊的各题项其相关系数很高,则自尊具有收敛效度;如果内控的各题项其相关系数很高,则内控具有收敛效度;如果自尊的各题项与内控的各题项其相关系数很低,则自尊与内控具有区别效度,如图 4.7 所示[10]。

收敛效度与区别效度——因素负荷量

我们也可以用因素分析的负荷量来判断收敛效度与区别效度。下例是利用 SPSS 针对"生活形态"(共有 23 个题项,每一题项以李克特五点量表法衡量)进行因素分析。"转轴后"的成分矩阵如表 4.6 所示。此表显示了因素与变量的相关系数,称为因素负荷量(factor loading)。例如变量 VAR01 与因素 1 的负荷量是 0.733,与因素 2 的负荷量是 0.149,与因素 3 的负荷量是 0.016……[11]。

---

10 取材自 http://www.socialresearchmethods.net/ kb/convdisc.htm。

11 此例选自荣泰生《SPSS 与研究方法》(台北:五南图书出版公司,2006),第 8 章,8-3 节。

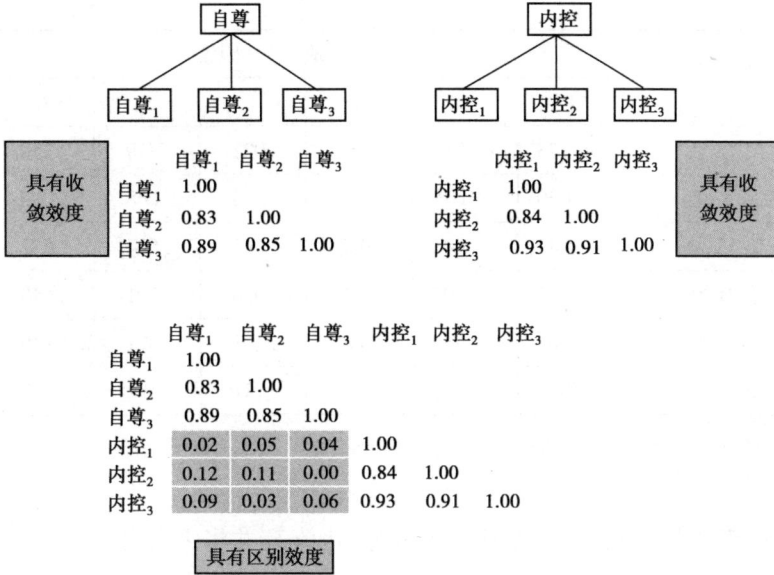

图4.7 收敛效度与区别效度

表4.6 转轴后的成分矩阵

	成 分（因素）						
	1	2	3	4	5	6	7
var09 第9题	.741	.139	−.241	.103	−.181	−.026	−.110
var01 第1题	.733	.149	.016	−.037	−.165	−.107	.004
var16 第16题	.699	.245	.208	−.066	−.336	−.014	.221
var08 第8题	.681	.204	−.395	.061	−.089	−.067	−.036
var10 第10题	.622	−.207	.057	−.323	.171	.095	−.032
var03 第3题	.599	.311	.267	−.031	.144	−.324	.187
var11 第11题	.520	.256	.205	−.030	.137	.398	−.137
var14 第14题	.087	.804	−.055	.139	−.070	.157	−.198
var22 第22题	.184	.770	.101	−.089	−.040	−.094	.008
var19 第19题	.315	.732	.035	.015	.111	.099	.074
var04 第4题	−.001	−.070	.784	.272	−.054	−.166	.033
var23 第23题	.022	.022	.692	.136	.160	.394	−.120
var20 第20题	−.005	.151	.667	.221	.127	.032	.189
var18 第18题	−.112	.107	.435	.389	.241	.287	−.127
var15 第15题	−.005	.102	.165	.763	.017	.086	.068
var02 第2题	.041	.014	.243	.700	.196	−.029	.132
var06 第6题	−.146	−.212	.183	.636	.229	.030	−.028

续表

	成　分(因素)						
	1	2	3	4	5	6	7
var12　第 12 题	− .173	− .088	.052	.021	.719	.259	− .263
var05　第 5 题	.020	.046	.270	.204	.668	− .085	.117
var13　第 13 题	− .144	.043	− .030	.243	.584	.082	.265
var21　第 21 题	− .217	.307	.107	− .026	.191	.640	.321
var07　第 7 题	.009	− .469	.002	.363	.021	.536	.117
var17　第 17 题	.017	− .131	.058	.131	.052	.107	.861

萃取方法:主成分分析。旋转方法:含 Kaiser 常态化的 Varimax 法。

　　将因素负荷量大于 0.5 者集结成一个成分(因素),并将之命名。对同一因素,其对应的题项的因素负荷量均大于 0.5,就可认为此变量(生活形态)的收敛效度佳。在区别效度的检验方面,每一题项在其所属的成分(因素)中,其因素负荷量要大于 0.5。符合此条件的题项愈多,则此变量的区别效度就愈高。从另外一个角度来看,收敛效度是指,每一题项在其所属的成分(因素)中,其因素负荷量必须接近 1;而区别效度是指,每一题项在其不所属的成分(因素)中,其因素负荷量必须接近 0。第 18 题(以虚线表示)不符合以上说明的条件,故应删除,以增加此变量(生活形态)的收敛效度与区别效度。

其他方式

　　学者对于收敛效度与区别效度还提出了其他的处理方式。收敛效度可用“对因素负荷量进行 t 检验”来检视[12],而区别效度可用“每一个潜在变量(构念)的抽取方差(Variance Extract)”与“此潜在变量与其他潜在变量的相关系数平方(判定系数)”的比较来检视[13]。

　　汇总说明　三种类型的效度,从内容效度到效标效度到建构效度,可以说是渐进式的、累积式的。换句话说,后面的类型具有前面类型的特性,再加上些新的特性。兹将上述的效度汇总说明如表 4.7:

---

12 J. Y. L. Thong et. Al., "Top management Support, External Expertise and Information system Implementation in Small Business," *Information Systems Research*, Vol. 7, No. 2, June 1996, pp. 248-267.

13 C. Fornell and D. F. Larcker, "Evaluating Structural Equation Models with Unobservable Variables and Measurement Error," *Journal of Marketing Research*, Vol. 18, No. 1, 1982, pp. 39-50.

表 4.7　效度的汇总说明

类　　型	测量什么？	方　　法
内容效度	项目的内涵所能适当地代表所研究的观念（所有相关项目的总和）的程度	判断式的或以专家评价进行内容效度比率的估计
效标关联效度 同时效度 预测效度	预测变量所能适当地预测效标变量的相关层面的程度 对目前情况的描述；效标变量的数据可以与预测分数同时获得 对未来情况的预测；过了一段时间后，才能测量效标变量	相关分析
建构效度	回答这样的问题："造成测量工具变异的原因是什么？"企图确认所测量的构念以及决定测试工具的代表性	判断式的； 所建立的测试工具与既有的工具的相关性； 多质多法分析 （multitrait-multimethod analysis）[14]

4.7　测量工具的实用性考虑

在科学的严谨度上，测量工具自然要求信度与效度，但是在实务上，测量工具是以具有经济性、方便性及可解释性（interpretability）为主[15]。但这并不是说，在实务上测量工具就可以完全不顾及信度与效度。

4.7.1　经济性

在实务上由于研究经费的限制，所以必须牺牲一些理想。测量工具的长度（例如，用 30 个题目来测量人们的社会满意度）固然可以增加信度，但是为了节省成本，我们必须牺牲某种程度的信度，借着减少题目的数目来减低成本。

4.7.2　方便性

方便性是指测量工具容易操作的情形。如果一个问卷说明得够仔细、清晰，并以相

14　多质多法分析（multitrait- multimethod analysis）是由 Campbell and Fiske 于 1959 年提出来的。但是自从提出以来被使用的情形很少。原因之一是其"完全交叉衡量设计"（fully-cross measurement design）过于复杂，而且在实际研究中很难做到。详细的说明，可参考：http://www. socialresearchmethods. net/kb/convdisc. htm。

15　R. L. Thorndike and E. Hagen, *Measurement and Evaluation in Psychology and Education*, 3rd ed. (New York：John Wiley & Sons, 1969), p. 5.

关的例子加以辅助说明,则会使得填答者容易填答。不可否认,观念愈复杂,愈需要做清晰、详尽的解释。当然,问卷的设计、布置(版面配置)的好坏也会影响填答的便利性。问题的语意不清、排列的拥挤、复制(印)的模糊、表格的断页等都会影响填答者是否方便填答。

4.7.3 可解释性

可解释性的意思是指由设计者所设计出来的测量工具可以很容易地被其他的研究者解读。由专家学者所发展出来的标准化测验(测量工具或量表)的可解释性就很高。可解释性的达到包括了对下列事项的详细解说:

(1)该测量工具的功能以及设计该测量工具的步骤;

(2)如何使用该测量工具;

(3)如何计分(给予每一项目的分数或评点)以及计分的规定;

(4)适合受测的对象(以及此测量工具是针对什么受测对象而做成的);

(5)信度的证据;

(6)每题与每题之间的评点的相关性;

(7)此测量工具与其他测试工具的相关性。

4.8 误 差

测量工具的误差是指缺乏效度与信度的问题。我们要注意:这种误差是专题研究中很多类型的误差的一种。表 4.8 列出了在进行专题研究各个阶段可能产生的误差。即使在研究开始前,研究者可能因为选择研究主题的不当(选了一个不相关、不重要的主题),而犯下严重的错误。

表 4.8　研究阶段所产生的误差

研究阶段	可能的误差
1.建立观念及假设(包括操作性定义)	缺乏内容效度(缘于假设界定的模糊不清、用词不当)
2.建立测量工具(例如问卷)	缺乏信度(对问卷中的问题用词错误或模糊不清)
3.抽样	缺乏外部效度(抽样的不当)
4.资料搜集	不能控制环境、受访者的个人因素(如疲倦)、研究者与受访者之间的问题、研究工具的失灵(录音不良、设备故障)、访谈者的误解
5.编码	由于数据的漏失、难读、或编码本身的错误
6.资料分析	统计技术的误用,资料的解释错误,统计结果在社会问题上的推论错误

在专题研究的各阶段所可能产生的误差在严重性上各有不同,同时研究者是否有能力去剔除、改正它们也有所不同。误差可能是随机的(random),也可能是系统性的(systematic)。在许多情况下,我们将误差归因于随机的,也就是像在实验环境中那些不可控制的、没有任何固定形式的误差(如实验对象的疲倦等)。

在随机的误差中,有些误差会使得真正的值产生偏高的现象,有些误差会使得真正的值产生偏低的现象,因此如果被观察(或者被实验、被调查)的对象的人数够大的话,抽样误差(高低的误差)会相互抵消。这就是所谓的大数法则(law of large numbers)。

相形之下,系统性误差会以一定的形式出现,因此不会有高低相抵、正负相消的情况。但是因为具有一定形式的,所以有时容易被察觉,进而可加以校正或剔除。假如有位数据输入人员一直把 1 打成是 2,这就是系统性误差。如果我们发现了这个错误,也很容易改正。但如果没有发现这个错误,所造成的影响也不严重,因为以一个常数来改一个变量的值,并不会影响该变量与其他变量的相关系数值[16]。

4.9　测量工具的发展

在专题研究中,有许多构念是相当容易测量的。例如在工资与员工福利支付的这个研究主题中,工资与社会福利支出都是量化的金额数据,因此在测量上是相当容易、精确的。但是在许多其他的研究中,构念的测量就不是那么单纯了。例如,我们在测量族群意识这个构念时,必须将这个构念分解成观念,再据以发展操作性定义。Lazarfeld(1950)认为要发展一个测量工具必须经历以下的步骤[17]:

(1)构念的发展(construct development);

(2)构念的规格确认(construct specification);

(3)指标的建立(selection of indicators);

(4)指标值的形成(formation of indexes)。

兹将上述步骤举例说明如下:

4.9.1　构念的发展

第一步就是发展构念(construct)。当研究者发展大海公司的"公司形象"这个构念时,他心中对于"公司形象"指的是什么(例如,指的是公司在各群体之间所建立的声望)多少有些概念。然而"公司形象"所包含的层面到底有哪些呢？在发展这个概念时,他应该想出公司与各群体互动的特殊方式及特性。

---

16 就好像我们把等数二边的值各加一个相同的常数,并不会影响其相等的关系,例如 2 = 2 变成 3 = 3,其相等的关系并不会改变。

17 P. M. Lazarfeld, "Evidence and Inference in Social Research," in *Evidence and Inference*, ed. David Lerner(Glencoe, Ill. : The Free Press, 1950), pp. 108-117.

4.9.2 构念的规格确认

第二步就是将原来的构念(亦即"公司形象")细分成几个组成因素(或是观念)。"公司形象"可以再细分为以下这四个部分:

(1)公司公民(corporate citizen)——公司被小区居民认为对小区的贡献情形;

(2)生态责任(ecological responsibility)——公司在废物处理、保护环境上的努力程度;

(3)雇主(employer)——公司是否被认为是适合工作的场所,或是被认为是值得终身投效的地方;

(4)满足顾客需求(supplier of consumer needs)——顾客对于公司的产品及服务的看法如何。

我们可以利用统计技术来决定哪些观念构成"公司形象"这个构念。Cohen(1963)的研究中,曾利用聚类分析(cluster analysis)产生了能代表"公司形象"的六个构面:产品声望、雇主角色、对顾客的态度、公司的领导力、对小区的贡献以及关心个人[18]。

4.9.3 指标的建立

在建立了有关的四个观念之后,接着就要发展如何测量这些观念的指标。这些指标可以是提问题的形式,也可以是统计上的测量(例如,次数、频率、百分比等)。例如在测量"公司公民"时,可以下列的问题来问:

下列的各描述中,哪一个最能代表大海公司在我们小区作为一个"公司公民"的情形:

☐ 大海公司是小区活动的发起者

☐ 大海公司是小区活动的支持者但不是发起者

☐ 大海公司在小区活动的支持方面表现得平平

☐ 大海公司在小区活动的支持方面表现得很差

像上述的问法以及填答的方式是属于单一尺度指标值(single-scale index)的。这种方式曾受到许多批评,因为不如多重因素指标值来得有效(具有效度)。如果我们用多重因素指标值来测量"公司公民",所问的问题形式是像这样的:

---

18 R. Cohen, "The Measurement of Corporate Images," in *The Corporation and Its Public*, ed. John W. Wiley, Jr. (New York: John Wiley & Sons, 1963), pp. 48-64.

请就下列的每一题,勾选最能说明大海公司的情形:

	极同意	同意	无意见	不同意	极不同意
1. 小区活动资金的赞助者	_____	_____	_____	_____	_____
2. 高等教育的支持者	_____	_____	_____	_____	_____
3. 地方政府的支持者	_____	_____	_____	_____	_____
4. 公民发展计划的支持者	_____	_____	_____	_____	_____

4.9.4 指标值的形成

在这个步骤我们要把各个观念结合成单一指标值。在以多重因素指标来表达"公司公民"的例子中,我们将极同意到极不同意分别给予5、4、3、2、1 的评点,然后就每一个评点(得分)加以汇总,算出平均数以形成单一指标值。因此,经过给予每一个项目的尺度值(scale value)之后,就由原先的四个指标变成了单一指标值,这个单一指标值就代表着"公司公民"。

同理,我们可用同样的方式(过程)来建立"生态责任"、"雇主"、"满足顾客需求"这些构念的单一指标值。最后"公司形象"这个构念的指标值就是这四个观念的单一指标值的总和。这个汇总的"公司形象"指标值就可以拿来和其他公司的"公司形象"指标值做比较(当然其他公司的"公司形象"指标值要以同样的层面来测量才有比较的意义)。

5 Amos 操作环境与模型建立

5.1 Amos 操作环境

安装妥当 Amos 之后,会有 Amos Graphics、File Manager、Program Editor、Seed Manager、Text Output、View Data、View Path Diagram 这些功能。各功能的中文说明,如图 5.1 所示。Amos Graphics(Amos 绘图)和我们要进行的工作最是息息相关。

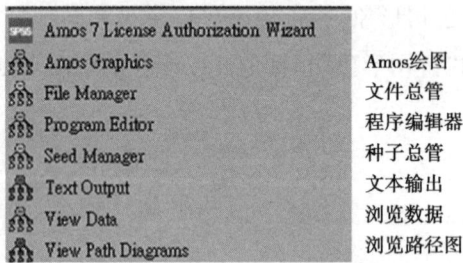

图 5.1　Amos 的功能

5.1.1　三大区域

启动 Amos Graphics,映入眼帘的是 Amos 的操作环境。左边是工具箱,中间的是显示区,右边的是绘图区。如图 5.2 所示。在某个对象上将鼠标放在上面,就会呈现有关该对象的简要说明;按鼠标右键,在出现的"What's this?"上面点击一下,就会出现对该对象的详细说明。

工具箱

点击[diagram],在呈现的直式菜单中,列出了许多常用对象。图 5.3 中显示了中文说明以及直式菜单与工具箱中各对象的对应。操作一旦成熟之后,一看工具箱中的对象,便可以望图生义。

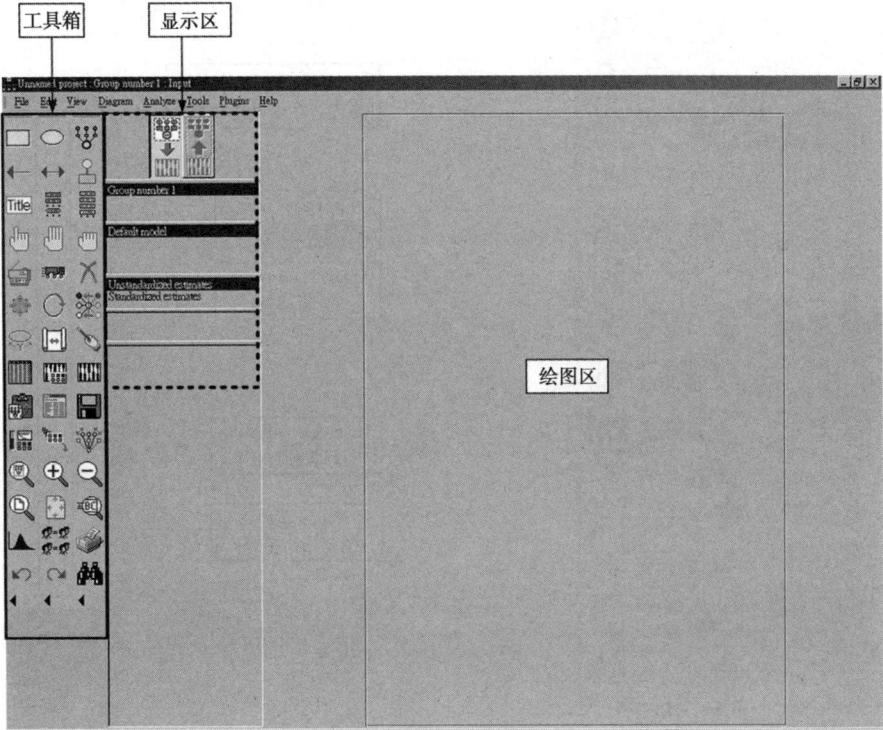

图 5.2   Amos 操作环境

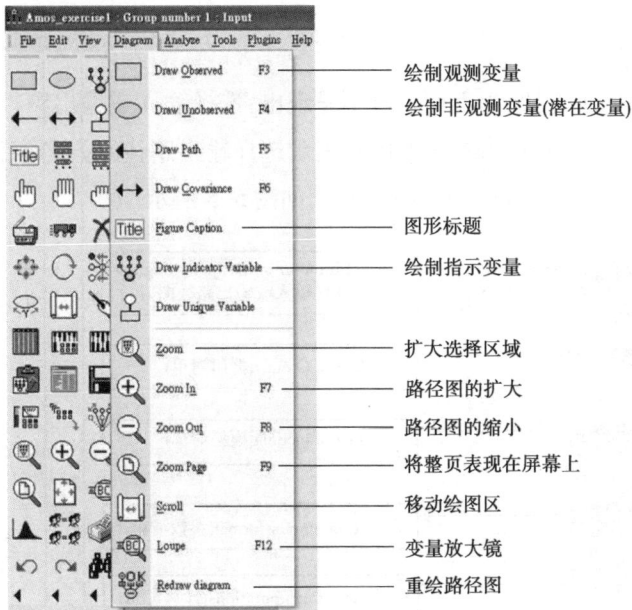

图 5.3   Amos Diagram 各功能的说明

图5.4 显示了工具箱中常用的对象,分别有:数据集中的变量清单、选择数据文件、分析属性、计算估计值、浏览输出结果。

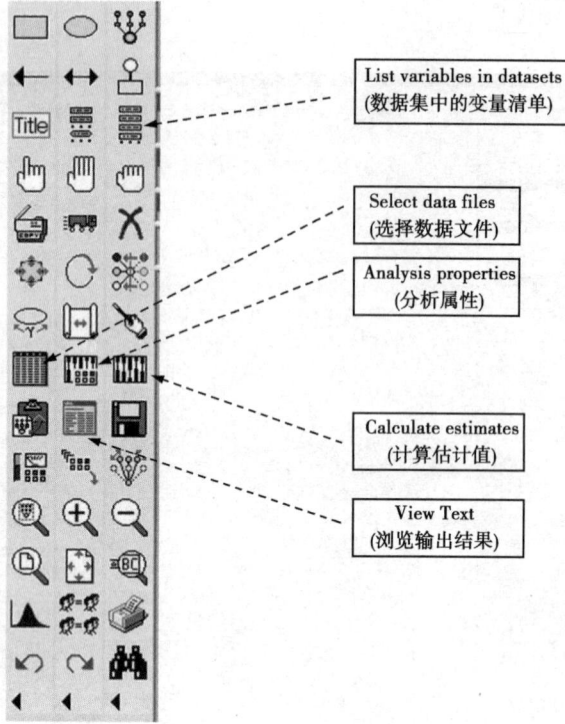

图 5.4　工具箱中常用的对象

显示区

在显示区中有六个方块,由上而下分别呈现出:选择输入或输出路径图(点击左边的图标表示选择输入路径图,点击右边的图标表示选择输出路径图)、群组清单、模型清单、参数清单、计算汇总、Amos Graphics 文件清单,如图 5.5 所示。

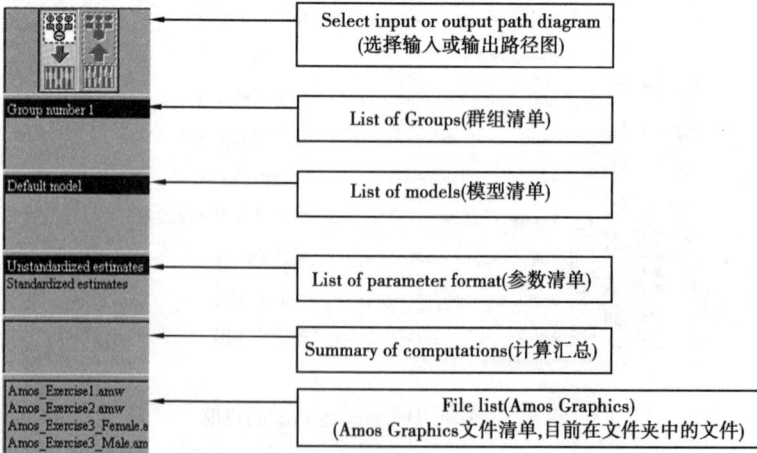

图 5.5　显示区说明

绘图区

绘图区就是让我们制作路径图的区域。当点选工具箱中的图标(对象)时,该图标就会变成凹下状态,如果再点选凹下的该对象时,它就会恢复成原来的状态。或者在绘图区按鼠标右键之后,再按左键,也可让图示恢复成原来状态。使用工具箱的图示,非常方便。我们当然也可以点击 [Diagram] 来选择对象。

5.1.2　Interface Properties(界面属性)

Interface Properties (界面属性) 就是让我们设计界面。按 [View]、[Interface Properties] ([浏览]、[界面属性]),在出现的"Interface Properties"窗口中,呈现出 Page Layout(版面配置)、Format(格式)、Color(颜色)、Typefaces(字型)、Pen width(笔宽度)、Misc(其他)、Accessibility(设定 View 时的放大倍数、点选时的颜色变化)这些选项。

在[字体]方面,我们可设定变量名称(不妨设为"新细明体",但如不设,中文字体也不会出现乱码)、参数值、图形标题的字体。在"版面配置"方面,我们可设定边界、方框、直式/横式(Portrait 是直式、Landscape 是横式)等,如图 5.6 所示。

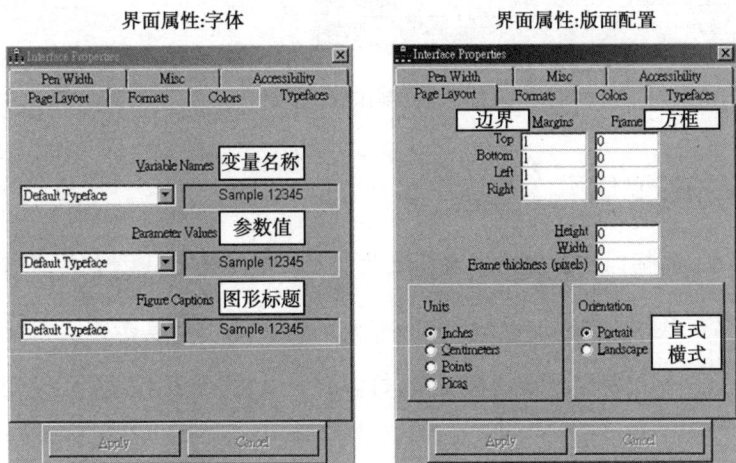

图 5.6　界面属性

5.2　建立模型(路径图)

以下的范例文件是 Amos_ Exercise1(档案位置:……Chap05\Amos_Exercise1. AMW)[1]。读者可开启以便于了解。不过作者强烈建议,最好自己跟着实际演练一遍,如此才能够驾

---

1 本书中所需数据文件可到封底提供的地址下载。

轻就熟、举一反三。模型是研究的观念架构,建立模型就是建立路径图。

5.2.1　制作潜在变量

首先我们先要建立潜在变量。在工具箱中点选"椭圆形"（⬭）的图示（或者点［Diagram］、［Draw Unobserved］），然后在绘图区中从左上到右下拉出一个椭圆形。在松手之前,可以随意地改变其形状。但在松手之后,如果要再改变此椭圆形的形状（如变得更大、更扁等）,就必须在这个椭圆形上按右键,在出现的清单中,点选［Change the Shape］（改变对象形状）,或者在工具箱中按 ⬩ （Change the Shape of Objects）的图示,再加以改变,如图 5.7 所示。

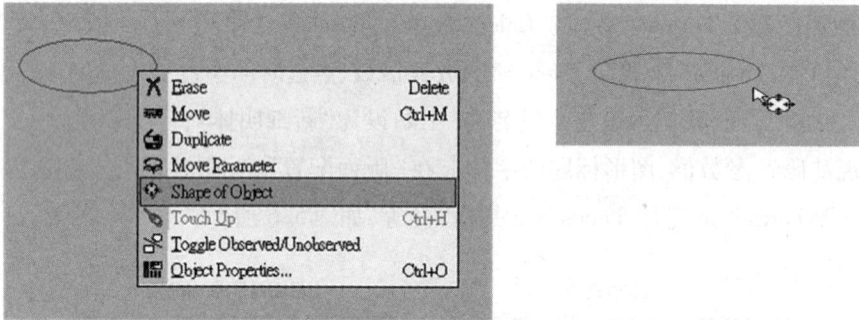

图 5.7　制作潜在变量

5.2.2　制作指标变量

如第 1 章所述,指标变量包括观察变量及误差变量。在工具箱中点选"指标变量"的图标（ ），或者点［Diagram］、［Draw Indicator Variable］,然后在绘图区中的椭圆形 ⬭（潜在变量）上点一下,就会出现指标变量,每多点一下,就会多出一个指标变量,如图 5.8（a）所示。

在改变指标变量的方向方面,如果要将指标变量做上下移动,在工具箱中点"rotate the indicators of a latent variable"的图示（ ）,在潜在变量上双击鼠标左键,就会上下移动,如图 5.8（b）、图 5.8（c）所示。

如果要将指标变量做 90 度移动,在工具箱中点"rotate the indicators of a latent variable"的图示（ ）,在潜在变量上单击鼠标左键,每单击一次,就会顺时钟移动 90 度,如图 5.8（d）、5.8（e）所示。

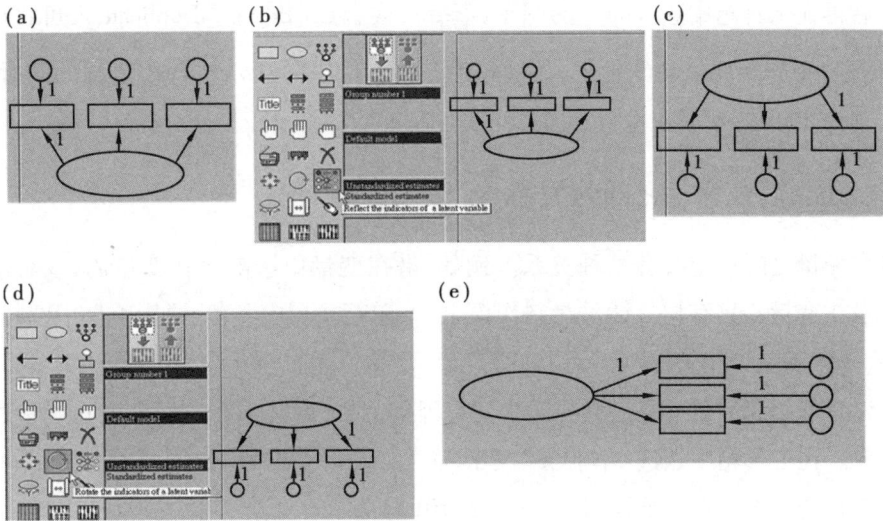

图 5.8　制作指标变量

5.2.3　复制

在建立模型时,利用复制的方式会省去再制作的麻烦。假如我们的目的是将目前所建立的模型加以复制,首先在工具箱中选择"Select all"的图示( ),或者点[Edit]、[Select All],将所有的对象(图标)加以全选,如图 5.9(a)所示。

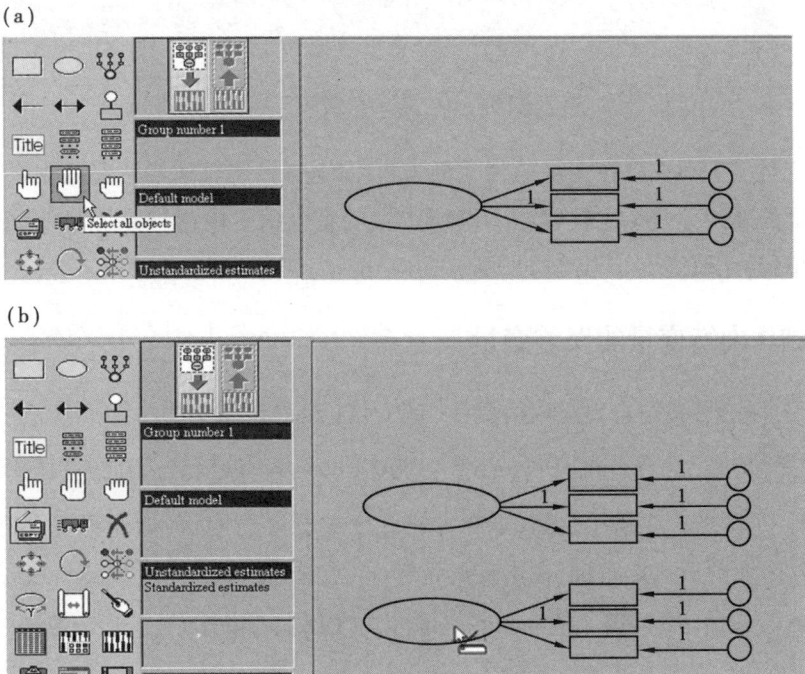

图 5.9　复制

然后再在工具箱中点"copy"的图示(🖼),或者点［Edit］、［Duplicate］,可将所有的对象(图标)拖到想要复制的地方,然后松手,如图 5.9(b)所示。若在复制的同时,按下"shift",则可以保持水平或垂直方向的对齐。

5.2.4　建立潜在变量之间的关系

潜在变量之间一定会有某种关系。例如,潜在变量甲影响潜在变量乙,或者潜在变量甲与潜在变量乙具有相关性。在制作模型时,单箭头(←)表示"影响"(因果关系),双箭头(↔)表示"相关性"(或者共变)。

假设我们的研究目的是潜在变量之间有因果关系,就必须在这两个潜在变量之间绘出单箭头。在工具箱中点选"单箭头"图示(←),或是点［Diagram］、［Draw Path］,并在这两个潜在变量之间点一下及拖动,如图 5.10(a)所示。

如果箭头的形状参差不齐或者歪歪的,我们也可以加以调整。在箭头上,按鼠标右键,在出现的清单中选择"move"(移动),就可以加以修正,如图 5.10(b)所示。

(a)　　　　　　　　　　　　　　(b)

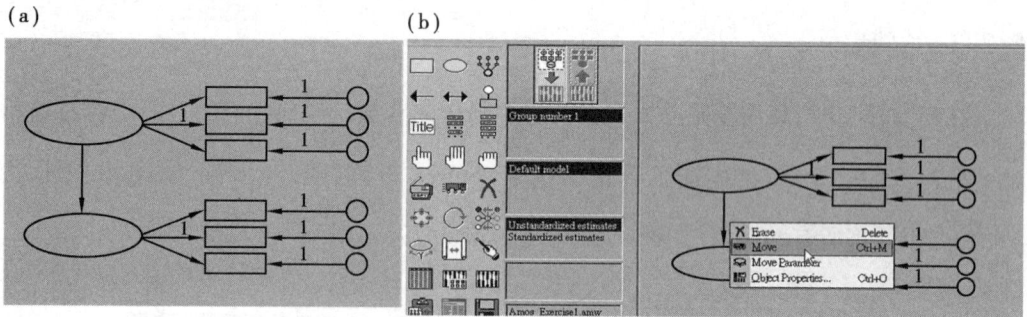

图 5.10　制作单箭头

观察变量要呈现在潜在变量的什么地方(上下左右)比较适当? 普通观察变量呈现在潜在变量的外缘部分会比较容易判读所产生的系数值。内衍潜在变量的误差项呈现在其上下位置,比较清爽。当然这是见仁见智。

5.2.5　制作内衍变量的误差变量

值得注意的是,我们也要对内衍变量(依变量)建立误差变量。在工具箱中点选"椭圆形"(⬭)的图示(或者点［Diagram］、［Draw Unobserved］),然后在绘图区中依变量的下方,拉出一个圆形。在松手之后,如果要再改变此圆形的形状(如变得更大、更扁等),就必须在这个椭圆形上点右键,在出现的清单中,点选［Change the Shape］(改变对象形状),或者在工具箱中点 ✛ (Change the Shape of Objects)的图示,再加以改变。

5.2.6 读取数据文件

在读取数据之前,要对数据的完整性问题(例如遗漏值的处理、观察变量的信度等,见第6章,6.1节)作适当的处理。

模型(路径图)建立完成,接着我们要读取支持这个模型的数据文件。在工具箱中点选"Select data file(s)(Ctrl + D)"图示(▓),或者点[File]、[Data Files],在出现的"Data Files"窗口中,点"File Name"(图5.11(a)),在出现的"开启"的窗口中,选择要读入的文件(本例中为⋯⋯\Chap05\Amos_Exercise1.SAV)。从图5.11(b)中可看出文件已经读取。

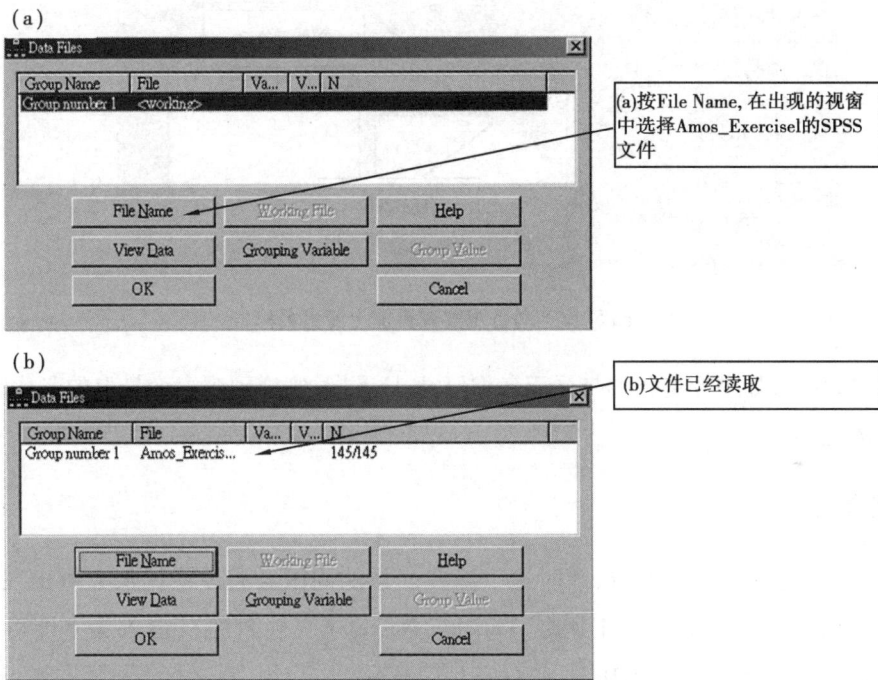

图5.11 读取文件

如果要对读取的文件加以分组,可参考第9章。在Amos中,数据有两种读入的方式:以观察变量的原始数据或以观察变量的相关系数矩阵读入。可见第6章的说明。

5.2.7 交代变量名称

观察变量名称

在工具箱中,点选"List Variables in data set(Ctrl + Shift + D)"图示(▓),或者点[View]、[Variables in Dataset],就会出现"Variables in Dataset"窗口,此时先点住变量名

称,然后拖动到适当的观察变量上后松手,这个变量名称就读到观察变量上了,如图5.13所示。

我们也可以在工具箱中,点选"List Variables in Model(Ctrl + Shift + M)"图示(⌗),或者点［View］、［Variables in Model］,来浏览已经读到模型中的变量,如图5.12的右下角所示。

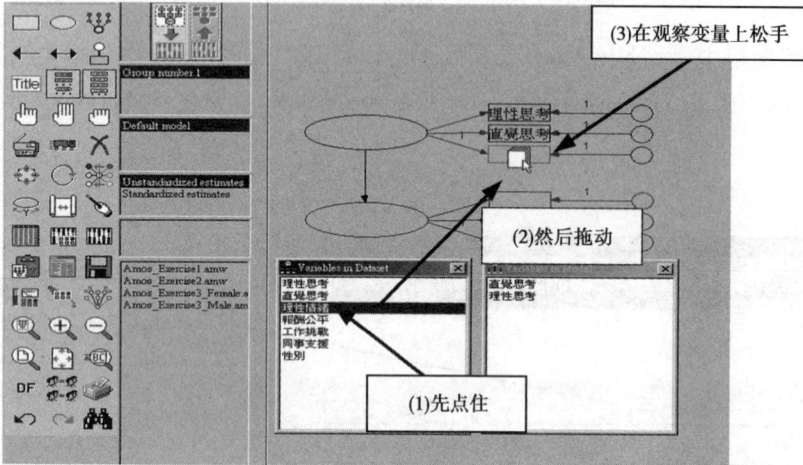

图5.12 对各观察变量加上变量名称

在SPSS中,如果变量名称与标记名称(Label)不同,则拖到观察变量上的名称以标记名称为优先。

潜在变量名称

在潜在变量上按鼠标右键,此时这个潜在变量的周围会有虚线的长方形出现,在所产生的"Object Properties"窗口中的"Variable Name"(变量名称),键入文字即可,如图5.13所示。(在Amos 6.0/7.0中,在对象上双击不产生作用,直接点击鼠标右键即可)。

值得说明的是,如果你使用的是Amos 5.0,在输入中文时,在绘图区的潜在变量内会呈现适当的中文,但是在"Object Properties"窗口中的"Variable Name"会是一堆乱码,这无关紧要。

误差变量名称

然后要对每个误差变量加以命名。可以按［Plugins］、［Name Unobserved Variables］(Amos 5.0为［Tools］、［Macro］、［Name Unobserved Variables］),让Amos自动产生误差变量名称。也可以用手动的方式来自行设定或修改。如果用手动的方式,命名的方式及步骤如图5.14所示。

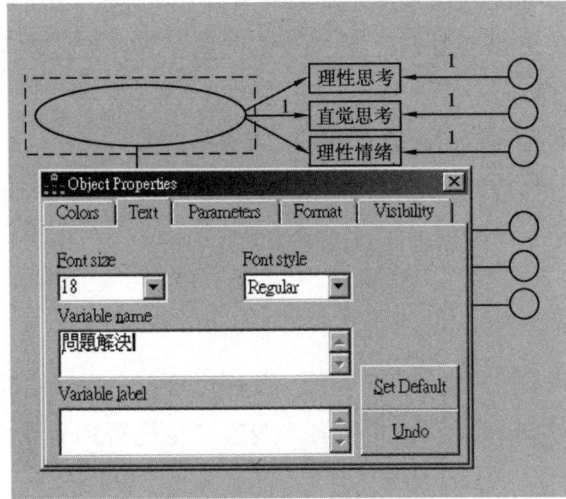

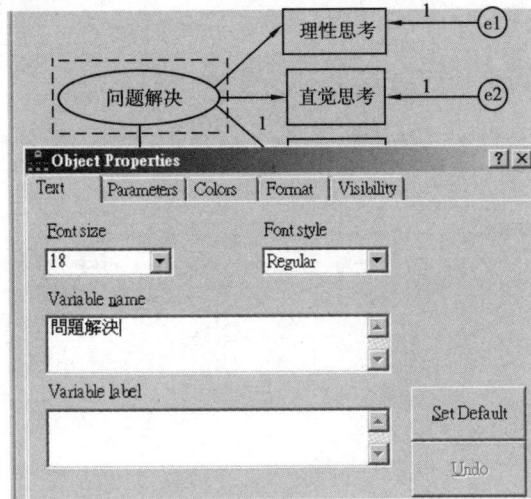

图 5.13　对潜在变量加上变量名称

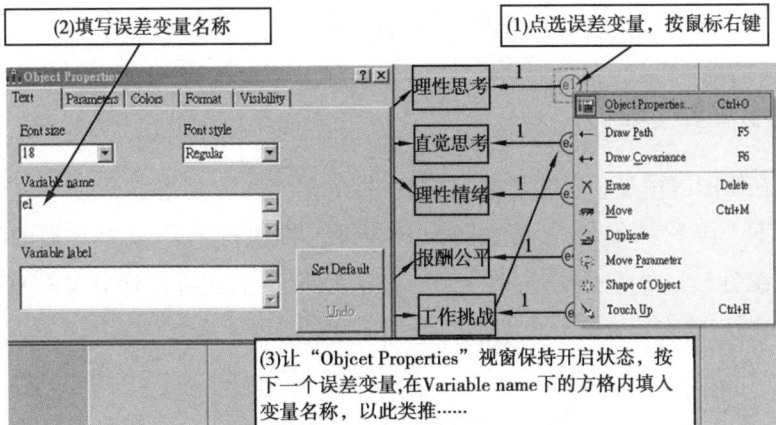

图 5.14　对误差变量加上变量名称

值得注意的是,如果不对误差变量加以命名,而径自进行分析的话,Amos 就会产生"6 variables unnamed"(6 个变量未命名)的错误讯息。不要忘记对内衍变量(依变量)也要交代误差变量的名称。

我们也可以按[Plugins]、[Name Unobserved Variables],让 Amos 自动填入各误差变量的名称。当然你也可以再加以改变。值得注意的是,如果你对不同的观察变量给予同样的误差变量名称,Amos 并没有自动侦测的功能。

5.2.8 完整模型

图 5.15 显示了我们所建立的完整模型。我们也可以在观察变量上,点击鼠标右键,在出现的清单中选择"move"(移动),将各个观察变量隔得远一点,以便视觉效果更为"赏心悦目"。

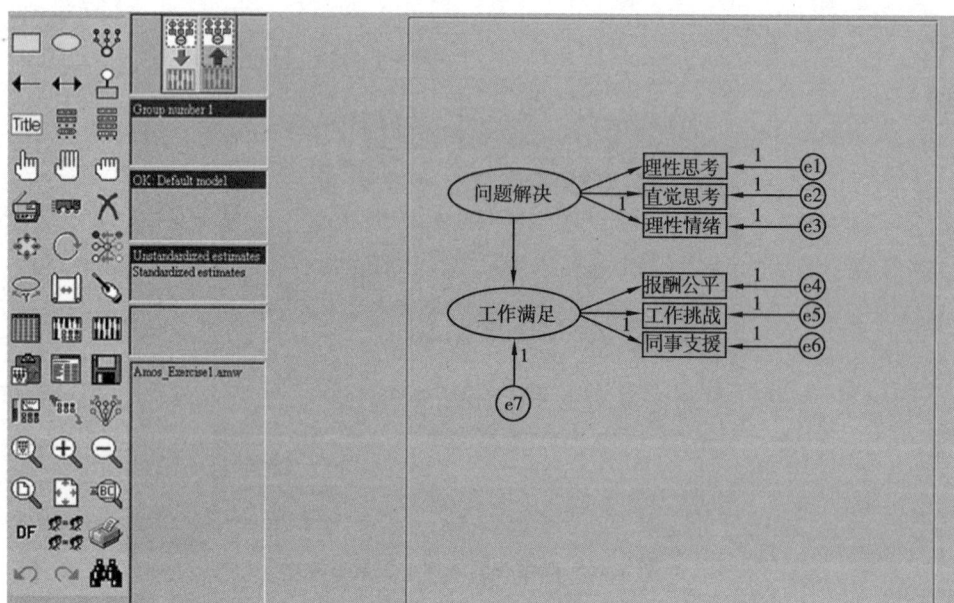

图 5.15 完整模型

5.2.9 显示重要参数

我们可在绘图区中显示重要参数,以期一目了然。在工具箱中点选 Title 图示,在绘图区中点一下。接下来的操作步骤如图 5.16 所示。在执行之后,这些重要的参数,就会显示出来。在图 5.16 的步骤(3),除了设\cmin 之外,我们还可以设\RMR、\GFI 等。这些估计值的意义,将在第 6 章 6.3 节说明。

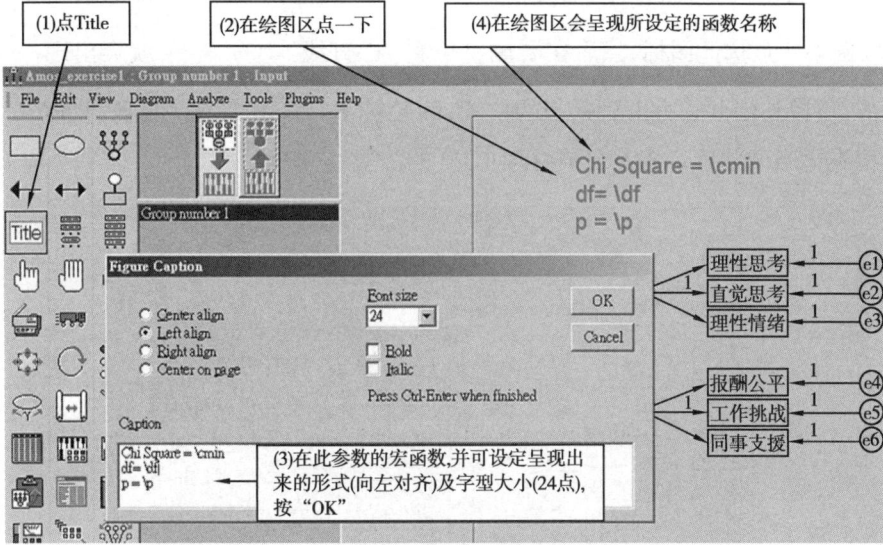

图 5.16 显示重要参数

在工具箱中,点选"Calculate estimates"图示( ),或者点击[Analyze]、[Calculate Estimates],以产生估计值,就会产生图 5.17 的结果。

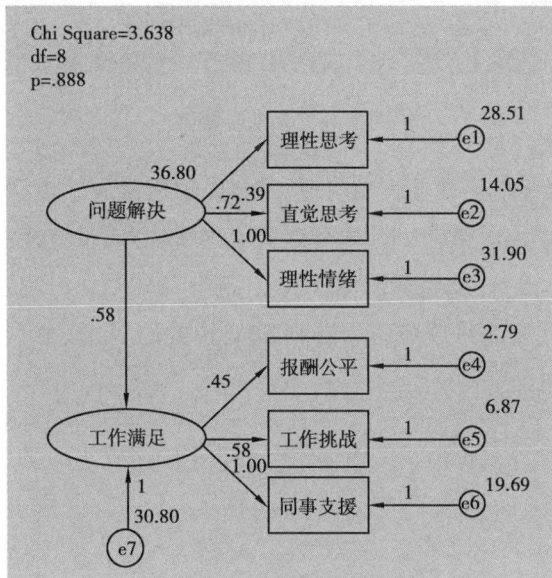

图 5.17 输出结果

在图 5.17 中,我们发现,因素负荷量中有 1.00 值出现,例如理性情绪对问题解决的因素负荷量是 1.00,这是识别性的问题,简单地说,就是以此为标准。详细的说明,可见第 6 章,表 6.1。

图 5.17 中回归系数值的位置排列得非常"美观",无需我们调整位置。但如果系数

值长得"歪歪扭扭"的,我们可用工具箱中的"移动参数值"(Move parameter values)图示加以调整。点选此图标,然后在要调整位置的"直线"上按一下,就会出现一个小小的长方形,可以移动此长方形到适当的位置,然后松手。在图 5.18 中,我们将 0.72 这个参数值移到适当的位置。当然也要移动 1.00 的位置。

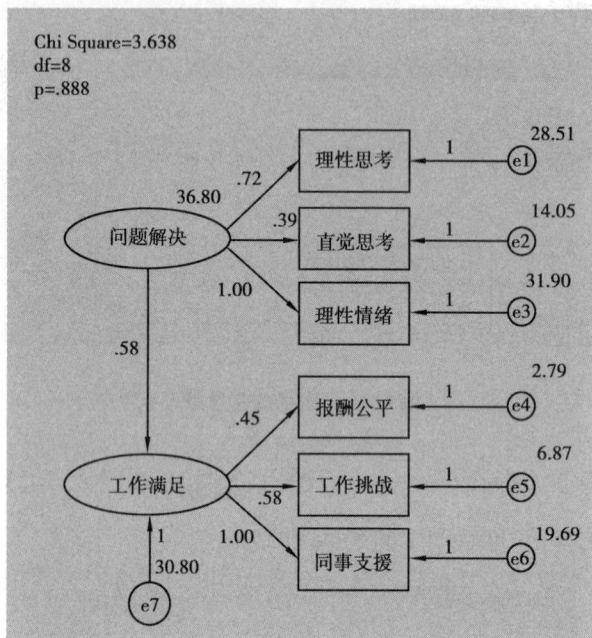

图 5.18　移动参数值

　　存盘之后,建立模型的工作便大功告成。Amos 的模型文件类型是 AMW。值得说明的是,读者如能将上述动作多练几遍,便可驾轻就熟,得心应手。读者如欲快速地建立路径图,可利用作者为你准备的"路径图样板 泰生制作. AMW"。开启之后,另存新档,储存成你要的文件,然后再加以修改成符合你研究架构的路径图(修改的工具可能会用到 erase、move、duplicate)。

$\boldsymbol{6}$ 数据的输入、处理与输出

数据的输入、处理与输出就是指数据的 I(Input)、P(Process)、O(Output)，这是任何系统的处理流程。本章将分别说明这三个步骤。在进行此三步骤之前，要注意一些重要事项。

6.1 Amos 读取数据前应注意的事项

6.1.1 SPSS 变量的标记

为了阅读方便，不至于混淆，笔者建议要对变量的名称做适当的处理。由于一个观察变量包括了若干个问卷题项，所以在 SPSS 变量的标记上，可用变量1、变量2 等代表此变量。例如，问卷中有 5 个题项来行衡量"熟悉"这个观察变量，我们可用熟悉1、熟悉2、熟悉3、熟悉4、熟悉5 分别代表第1个题项、第2个题项……，并用"熟悉"代表第一个观察变量，如图 6.1 所示。

	熟悉1	熟悉2	熟悉3	熟悉4	熟悉5	熟悉	互动1	互动3	互动3	互动
1	5	5	.	3	5	.	5	5	5	.
2	5	.	5	5	5	.	5	5	5	.
3	5	5	.	2	5	.	5	5	5	.
4	4	4	4	.	4	.	4	4	4	.
5	.	5	1	4	4	.	4	5	4	.
6	4	4	4	.	4	.	4	5	4	.
7	5	5	5	5	5	.	5	5	4	.
8	4	4	4	4	5	.	4	5	4	.
9	5	5	5	4	4	.	4	5	5	.
10	4	4	4	4	4	.	4	4	4	.
11	5	5	5	5	4	.	4	4	4	.
12	5	5	5	5	4	.	4	5	5	.

图 6.1 原始数据文件的标记方式

变量名称(Name)用中文名称的话,我们可以在 Amos 路径图中,以拖动的方式直接将变量拖到观察变量的方格内。况且名称用中文则产生的报表易读易懂,否则像"Q1 ← 熟悉"这样的输出实在不好读,而且阅读起来要经常查找、对照。

6.1.2 数据完整性

置换缺失值

在 Amos 进行分析之前,会将输入的原始数据转换成协方差矩阵(可点[Analyze]、[Modeling Lab],来察看产生协方差矩阵的步骤)。如果我们对资料的缺失值(missing values)不做适当的处理,就可能产生"非正定矩阵"的问题。

如果此协方差矩阵的对角线上的方差为负值(可能是因为数据输入错误、模型界定错误等原因),或者违反三角不均等条件,均可能导致"非正定矩阵"(nonpositive definitive matrices)的问题。所谓三角不均等条件是指:协方差矩阵内的协方差受限于其对角线上的方差大小(不能大于个别变量的方差平方值)。在相关矩阵中(可参考图 6.8)需符合三角不均等条件,如 γ_{13} 必须介于下列范围之间:

$$\gamma_{13}\gamma_{23} \pm \sqrt{(1 - \gamma_{12}^{2})(1 - \gamma_{23}^{2})}$$

基于以上的说明,同时要避免"后患",我们要对缺失值做适当的处理,以保持数据的完整性。在 SPSS 中,点[转换]、"置换缺失值"(图 6.2 左),就可对遗漏的数据用某些数值加以取代,例如用数列平均数、附近点平均数、附近点中位数、线性内插法、点上的线性趋势加以取代。一般的做法是用数列平均数(这一题项所有已填答者数值的平均值)来取代缺失值。SPSS 会产生新的变量(图 6.2 右)。

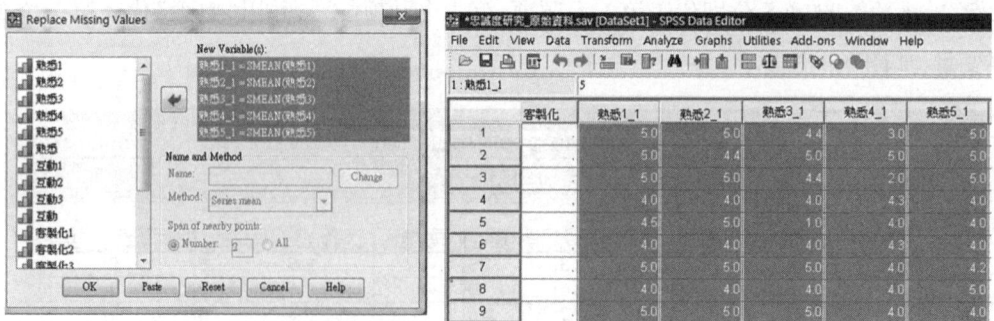

图 6.2 缺失值的处理

然后用 SPSS 的 Transform(转换)、Compute(计算)将熟悉 1_1、熟悉 2_1……加总成"熟悉"的分数(图 6.3 左)。然后,我们可将源文件另存成一个只具有观察变量的 SPSS 文件,以便 Amos"清爽地"读取,如图 6.3 右所示。

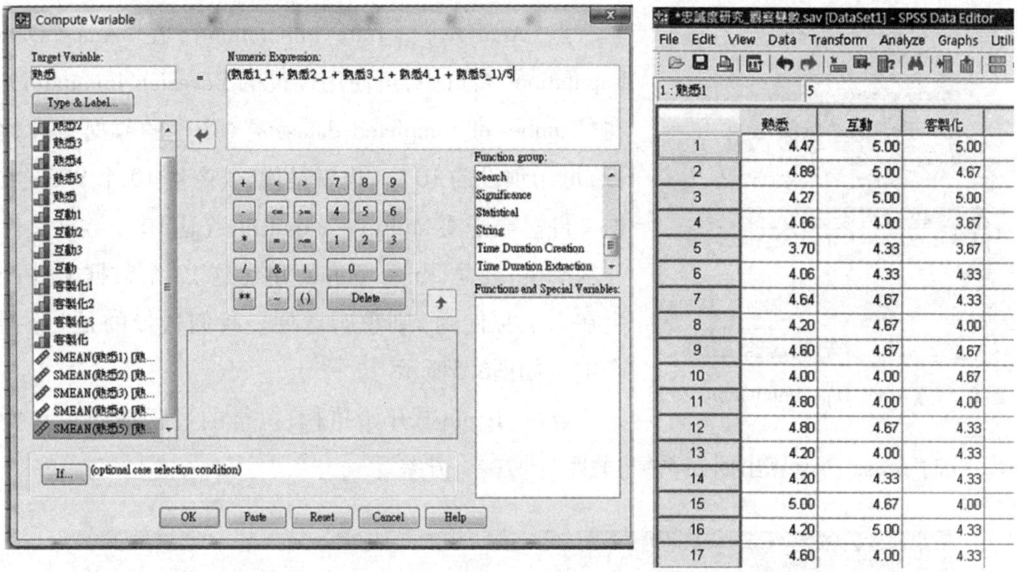

图 6.3　只具有观察变量的 SPSS 文件

Data Imputation

另外一个处理数据缺失值的方法是用 Amos 的 Data Imputation(数据估算)。在 Amos 中,开启 Ex30. AMW(这是 Amos 的一个范例),读入数据文件 Grant_x. SPSS Data Document。原始资料文件有许多缺失值,如图 6.4 所示。

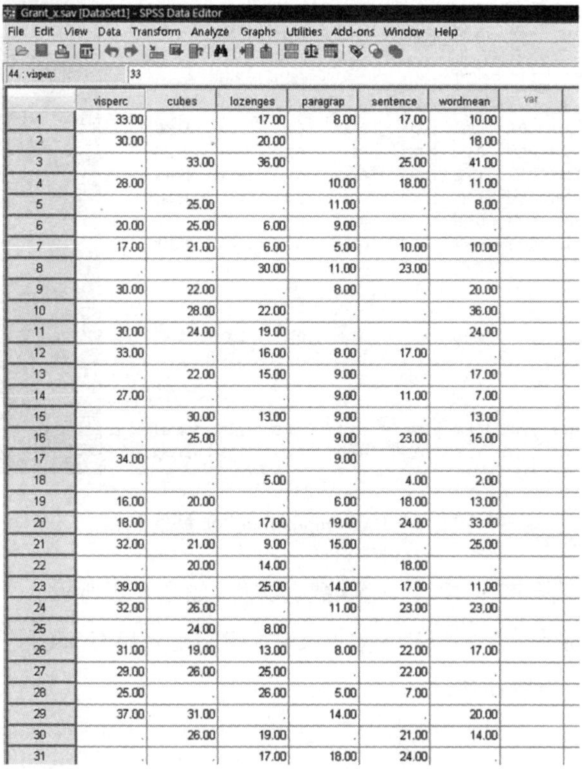

	visperc	cubes	lozenges	paragrap	sentence	wordmean	var
1	33.00	.	17.00	8.00	17.00	10.00	
2	30.00	.	20.00	.	.	18.00	
3	.	33.00	36.00	.	25.00	41.00	
4	28.00	.	.	10.00	18.00	11.00	
5	.	25.00	.	11.00	.	8.00	
6	20.00	25.00	6.00	9.00	.	.	
7	17.00	21.00	6.00	5.00	10.00	10.00	
8	.	.	30.00	11.00	23.00	.	
9	30.00	22.00	.	8.00	.	20.00	
10	.	28.00	22.00	.	.	36.00	
11	30.00	24.00	19.00	.	.	24.00	
12	33.00	.	16.00	8.00	17.00	.	
13	.	22.00	15.00	9.00	.	17.00	
14	27.00	.	.	9.00	11.00	7.00	
15	.	30.00	13.00	9.00	.	13.00	
16	.	25.00	.	9.00	23.00	15.00	
17	34.00	.	.	9.00	.	.	
18	.	.	5.00	.	4.00	2.00	
19	16.00	20.00	.	6.00	18.00	13.00	
20	18.00	.	17.00	19.00	24.00	33.00	
21	32.00	21.00	9.00	15.00	.	25.00	
22	.	20.00	14.00	.	18.00	.	
23	39.00	.	25.00	14.00	17.00	11.00	
24	32.00	26.00	.	11.00	23.00	23.00	
25	.	24.00	8.00	.	.	.	
26	31.00	19.00	13.00	8.00	22.00	17.00	
27	29.00	26.00	25.00	.	22.00	.	
28	25.00	.	26.00	5.00	7.00	.	
29	37.00	31.00	.	14.00	.	20.00	
30	.	26.00	19.00	.	21.00	14.00	
31	.	.	17.00	18.00	24.00	.	

图 6.4　原始数据文件(许多缺失值)

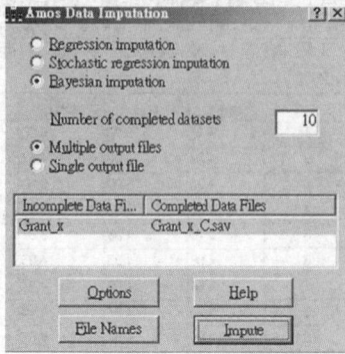

图 6.5 "Amos Data Imputation"窗口

点[Analyze]、[Data Imputation],在"Amos Data Imputation"窗口中,可使用预设的 Bayesian Imputation,在"Number of completed datasets"(产生的数据文件数目)可用预设的 10 个,也就是说,要产生 10 个 SPSS 数据文件。至于要 Multiple output files(这 10 个数据文件分别产生)还是 Single output file(这 10 个数据文件产生在一个文件内)则悉听尊便。我们选择的是"分别产生",如图6.5所示。

点击[Impute]开始执行,执行的过程如图 6.6 所示。此时 Amos 会计算出回归系数、截距、协方差、方差。

图 6.6 Data Imputation(数据估算)

点[OK],Amos 就会产生 10 个 SPSS 数据文件,如图 6.7 所示。

我们用 SPSS 开启任何一个 SPSS 数据文件(我们是开启 Grant_X_C2),可以看到所有缺失的数据都已被适当地补齐,如图 6.8 所示。

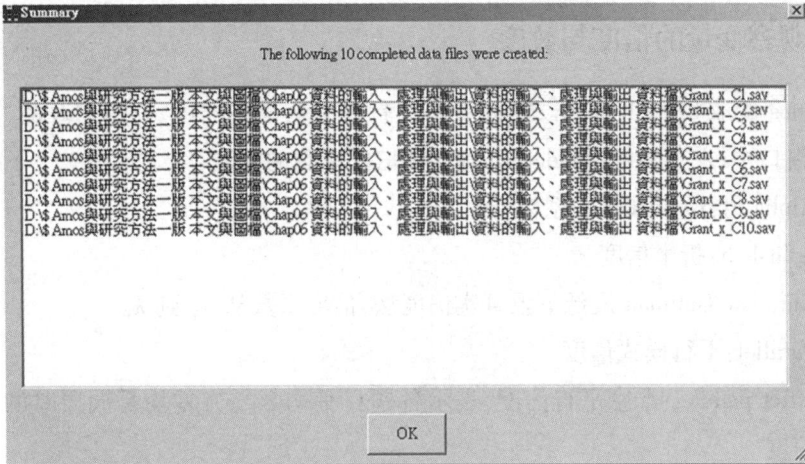

图 6.7 产生 10 个 SPSS 数据文件

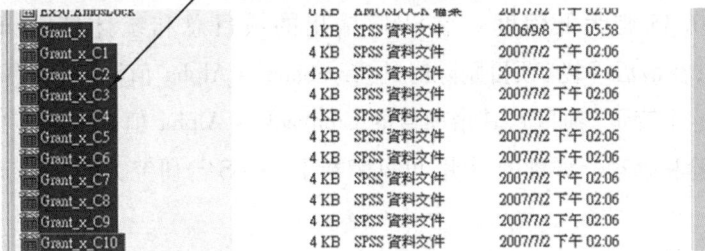

	visperc	cubes	lozenges	paragrap	sentence	wordmean	spatial	verbal	CaseNo	ImputeNo
1	33.00	28.92	17.00	8.00	17.00	10.00	1.78	-1.39	1.00	2.00
2	30.00	24.45	20.00	12.51	24.12	18.00	.14	1.55	2.00	2.00
3	28.94	33.00	36.00	13.94	25.00	41.00	10.12	5.87	3.00	2.00
4	28.00	20.56	17.03	10.00	18.00	11.00	-2.25	-2.45	4.00	2.00
5	36.78	25.00	2.53	11.00	18.90	8.00	-2.51	-.71	5.00	2.00
6	20.00	25.00	6.00	9.00	21.46	18.11	-2.05	-3.34	6.00	2.00
7	17.00	21.00	6.00	5.00	10.00	10.00	-5.52	-4.75	7.00	2.00
8	33.54	32.91	30.00	11.00	23.00	21.04	8.68	2.10	8.00	2.00
9	30.00	22.00	9.75	8.00	22.08	20.00	-2.94	-.55	9.00	2.00
10	34.57	28.00	22.00	15.16	25.54	36.00	2.19	5.56	10.00	2.00
11	30.00	24.00	19.00	13.78	20.62	24.00	-1.22	2.04	11.00	2.00
12	33.00	29.03	16.00	8.00	17.00	9.66	2.80	-3.74	12.00	2.00
13	33.77	22.00	15.00	9.00	15.34	17.00	-4.93	.15	13.00	2.00
14	27.00	26.98	31.18	9.00	11.00	7.00	1.82	-3.37	14.00	2.00
15	36.88	30.00	13.00	9.00	19.95	13.00	2.73	-2.54	15.00	2.00
16	38.20	25.00	19.72	9.00	23.00	15.00	-.87	-2.56	16.00	2.00
17	34.00	22.65	18.59	9.00	12.03	10.44	-4.76	-1.72	17.00	2.00
18	9.26	21.02	5.00	1.34	4.00	2.00	-8.01	-8.90	18.00	2.00
19	16.00	20.00	2.58	6.00	18.00	13.00	-8.78	-3.60	19.00	2.00
20	18.00	23.00	17.00	19.00	24.00	33.00	-3.87	6.58	20.00	2.00
21	32.00	21.00	9.00	15.00	23.87	25.00	-1.28	2.47	21.00	2.00
22	21.46	20.00	14.00	10.91	18.00	16.45	-6.30	-.47	22.00	2.00
23	39.00	31.75	25.00	14.00	17.00	11.00	6.89	-.89	23.00	2.00
24	32.00	26.00	12.84	11.00	23.00	23.00	1.12	.52	24.00	2.00
25	20.74	24.00	8.00	13.98	22.12	20.96	-3.50	3.02	25.00	2.00
26	31.00	19.00	13.00	8.00	22.00	17.00	-4.18	-2.29	26.00	2.00
27	29.00	26.00	25.00	13.46	22.00	29.61	.59	1.90	27.00	2.00

图 6.8 缺失值数据已补齐

6.1.3　观察变量的信度与效度

在 Amos 读取 SPSS 的数据之前,要先检验观察变量的信度。在 SPSS 的"Reliability Analysis"窗口中,左下角的"Model"共有五种信度考验的方法:

(1) Alpha 值:Cronbach α 系数

(2) Split-half:折半信度

(3) Guttman:Guttman 最低下限真实信度法,信度系数从 λ_1 到 λ_6

(4) Parallel:平行模式信度

(5) Strict parallel:严密平行信度,表示各题目平均数与方差均是同质时的最大概率信度

Cronbach α 值 $\geqslant 0.70$ 时,属于高信度;$0.35 \leqslant$ Cronbach α 值 < 0.70 时,属于尚可;Cronbach α 值 < 0.35 则为低信度[1]。在 SPSS 输出的项目总和统计量(item-total correlation)的报表中,在最后一栏"项目删除时的 Cronbach's Alpha 值"中其解释是这样的:如果我们删除了这个变量(项目),其余项目的 Cronbach's Alpha 值会变成多少。所以我们也要做这个检验和处理。详细的说明,可见荣泰生《SPSS 与研究方法》(五南图书出版公司),第 8 章。

至于观察变量的效度问题如何验证,亦可参考荣泰生《SPSS 与研究方法》(五南图书出版公司),第 8 章。

6.2　数据的读取

6.2.1　文件类型

Amos 所支持的数据文件类型有:dbf(dBASE 或 Microsoft FoxPro 文件)、xls(Microsoft Excel 文件)、wks(Lotus 文件)、mdb(Microsoft Access 文件)、sav(SPSS 文件)、txt 或 csv(文本文件或逗点分隔值文件)。本书所使用的数据文件均为 SPSS 12.0 或以上版本的文件。由于 Amos 已经是 SPSS 中的一个功能,所以笔者建议用 SPSS 建立原始数据文件比较好。

6.2.2　数据读入方式

在 Amos 中,数据有两种读入的方式:以观察变量的原始数据,或以观察变量的相关

---

1 J. P. Gilford, *Psychometric Methods*, 2 nd ed. (New York, NY: McGraw-Hill, 1954).

系数矩阵读入。Amos 进行模型估计时,会自动将原始数据或相关矩阵转换成协方差矩阵,再进行参数估计。使用相关矩阵输入数据时,必须提供各变量的标准差数据,因为 Amos 可用此标准差数据将相关矩阵转换成协方差矩阵。

以图 6.13 为例,在此路径图中,数据输入的两种方式,如图 6.9 的(a)、(b)所示。值得说明的是,如果以相关系数矩阵读入数据,要先呈现内衍潜在变量的各观察变量(呈现在左边),然后再呈现外衍潜在变量的各观察变量。(读者亦可开启……\Chap10\Basic_1. AMW、Basic_1. csv 来体会一下相关矩阵输入的方式)。

(a)以观察变量的原始数据读入

	理性思考	直觉思考	理性情绪	报酬公平	工作挑战	同事支援	var
1	33	22	17	8	17	10	
2	30	25	20	10	23	18	
3	36	33	36	17	25	41	
4	28	25	9	10	18	11	
5	30	25	11	11	21	8	
6	20	25	6	9	21	16	
7	17	21	6	5	10	10	
8	33	31	30	11	23	18	
9	30	22	20	8	17	20	

(b)以观察变量的相关系数矩阵数据读入

	rowtype_	varname_	报酬公平	工作挑战	同事支援	理性思考	直觉思考	理性情绪
1	n		932.00	932.00	932.00	932.00	932.00	932.00
2	corr	报酬公平	1.00					
3	corr	工作挑战	.66	1.00				
4	corr	同事支援	.56	.47	1.00			
5	corr	理性思考	.44	.52	.67	1.00		
6	corr	直觉思考	-.36	-.41	-.35	-.37	1.00	
7	corr	理性情绪	-.30	-.29	-.29	-.28	.54	1.00
8	stddev		3.44	3.06	3.54	3.16	3.10	21.22
9	mean		13.61	14.76	14.13	14.90	10.90	37.49
10								

图 6.9　Amos 数据的两种读入方式

6.2.3　读取数据

数据读取的方式,已在 5.3 节说明。简单地说,我们要建立好路径图,然后再在工具箱中点选"Select data file(s)(Ctrl + D)"图示(▦),或者点 [File]、[Data Files],在出现的"Data Files"窗口中,点"File Name",在出现的"开启"窗口中,选择要读入的文件。

6.2.4 分组数据的读取

分组数据的读取与单一(不分组)数据基本上是相同的。不同的是,是要在"Data Files"窗口中,交代 Grouping Variable(分组变量)与 Group Value(分组值)。详细的说明,请见第 9 章。

6.3 数据的处理(分析)

路径图绘制完成,数据文件也顺利读取之后,接着就要进行分析,此时我们要考虑的是要分析什么(分析属性窗口设定)、分析哪些参数(参数名称设定)以及执行(计算估计值)。

路径图文件:Amos_Exercise1. AMW,数据文件:Amos_Exercise1. SPSS Data Document。

6.3.1 分析属性窗口设定

在工具箱中,点"Analysis properties"图示(▦),或者点[View/Set][Analysis Properties],在"Analysis Properties"窗口的 Output 中点选要分析的系数。可点选 Minimization history(极小化历史)、Standardized estimates(标准估计值,或称标准化系数)、Squared multiple correlations(复相关平方值,亦称判定系数)、Modification Indices(修正指标)、Critical ratio for differences(参数差异临界比率值)、Tests for normality and Outliers(正态性与异常值检验),如图 6.10 所示。

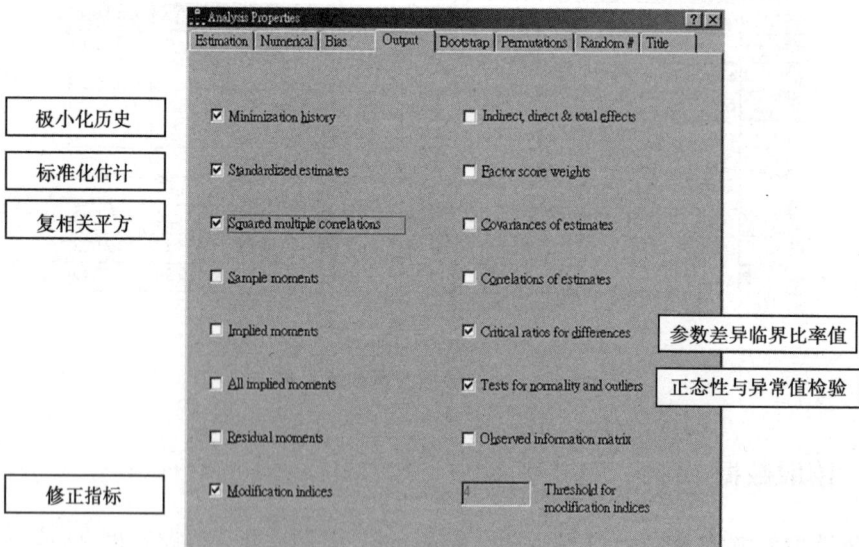

图 6.10 分析属性窗口设定

在[Analysis Properties]视窗的 Numerical 中,可让我们决定是否"allow non-positive definite sample covariance matrices"（允许样本的非正定协方差矩阵）。强烈建议不要勾选。

在［Analysis Properties］视窗的 Output 中，可让我们键入输出报表的标题。

6.3.2　参数名称设定

建立参数名称的方式是：点［Plugins］、［Name Parameters］（Amos 5.0 版为［Tools］、［Macro］、［Name Parameters］），在出现的"Amos Graphics"窗口中，点选要命名的参数，如图 6.11 所示。如果我们不做此设定，则在输出报表中 Amos 会以预设的 Par_1、Par_2、Par_3来命名各参数，使得我们不容易识别。

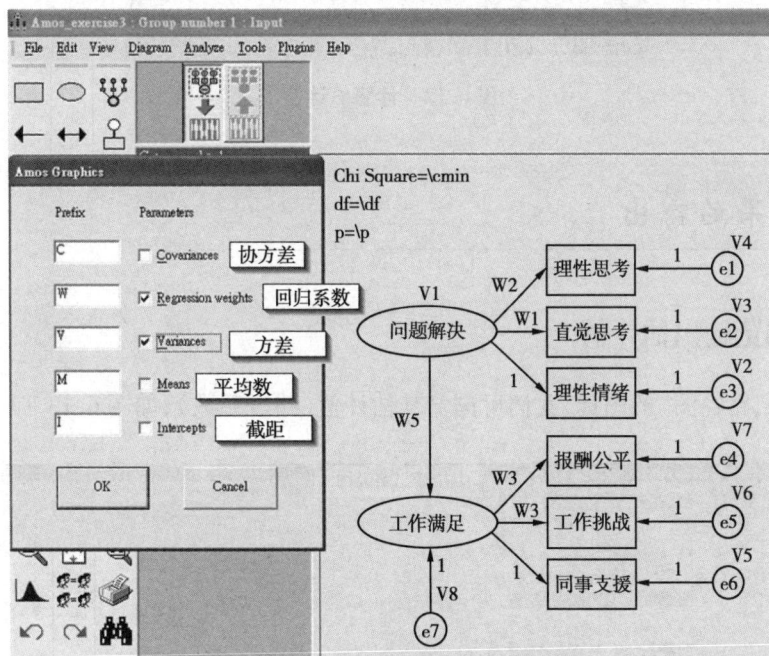

图 6.11　参数名称设定

要命名的参数包括：Covariances（协方差）、Regression weights（回归系数）、Variances（方差）、Means（平均数）、Intercepts（截距）。起头字母（系数的代表）分别是 C、W、V、M、F。如点选方差、平均数与截距，则这些在路径图上呈现的输出值会出现在变量的上方。

6.3.3　计算估计值

接着，在工具箱中，点选"Calculate estimates"图示（▦），或者点［Analyze］、［Calculate Estimates］（Amos 5.0 版为［Model Fit］、［Calculate Estimates］），以产生估计值，如图 6.12 所示。

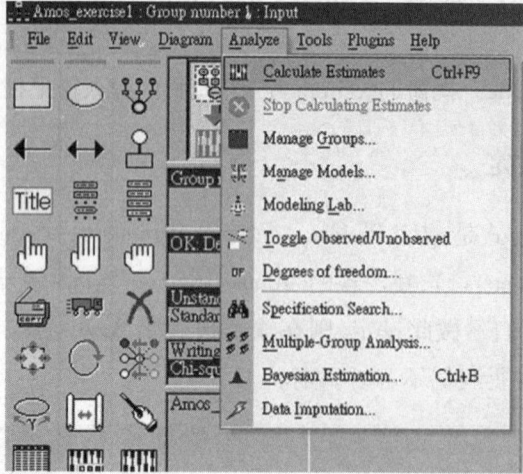

图 6.12　计算估计值

6.4　结果的输出

6.4.1　浏览输出估计值

点"输出路径图"的图标,我们可浏览其估计值(路径系数),如图 6.13 所示。

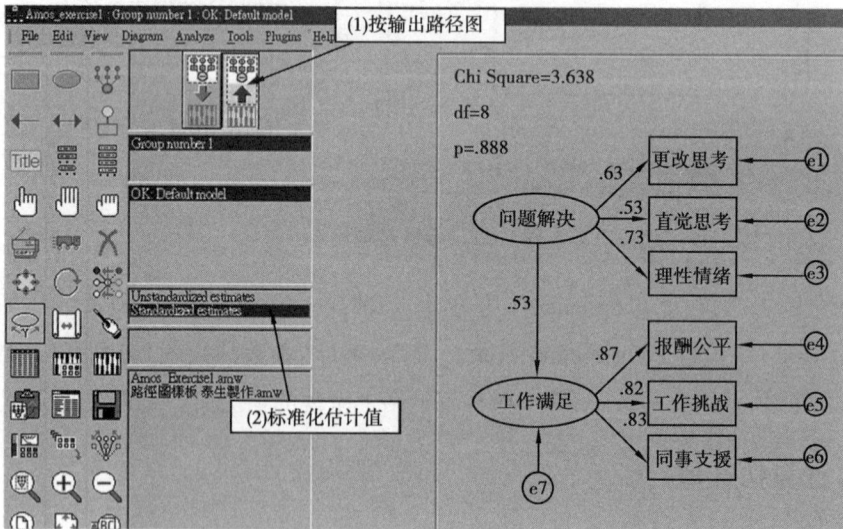

图 6.13　浏览输出估计值(标准化估计值)

6.4.2　产生输出报表

Amos 输出报表格式是 AMOSOUTPUT。在工具箱中,点选"View text"图示(▦),或者点［View/Set］、［Text Output］,或者按 F10 键,就会产生输出报表(图 6.14)。

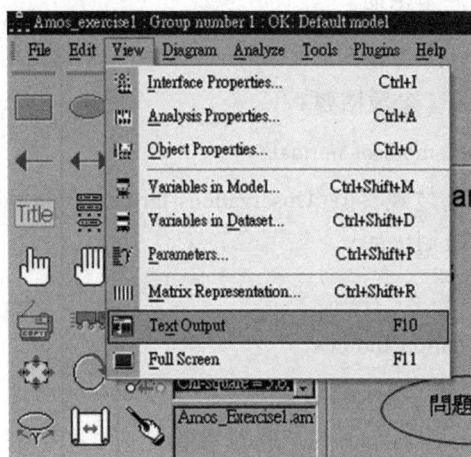

图 6.14　产生输出报表

6.4.3　输出报表内容

报表的分析项目随着我们在 Analyze Properties 窗口中勾选的内容而定。在本例中,输出的内容包括(图 6.15):

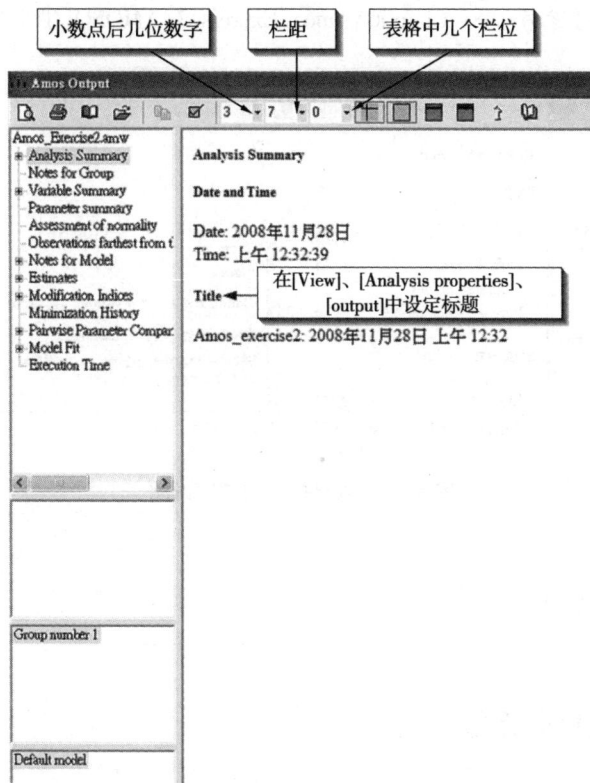

图 6.15　输出报表的内容

（1）Analysis Summary（分析摘要）

（2）Notes for Group（群组说明）

（3）Variable Summary（变量摘要）

（4）Parameter summary（参数摘要）

（5）正态性估计（Assessment of normality）

（6）距离群体重心最远之观察值（Observations farthest from the centroid）

（7）Notes for Model（模型说明）

（8）Estimates（估计值）

（9）修正指标（Modification Indices）

（10）Minimization history（极小化历史）

（11）Pairwise Parameter Comparison（成对参数比较，这是因为勾选 Critical ratio for difference 的原因）

（12）Model Fit（模型适合度或拟合度）

（13）Execution Time（执行时间）

6.4.4 辅助说明

在报表中，有超级链接的地方（鼠标产生手指状），就会有详细说明，如图 6.16 所示。有关此报表的数据可参考……\Chap06\Amos_Exercise2. AMOSOUTPUT 文件）。

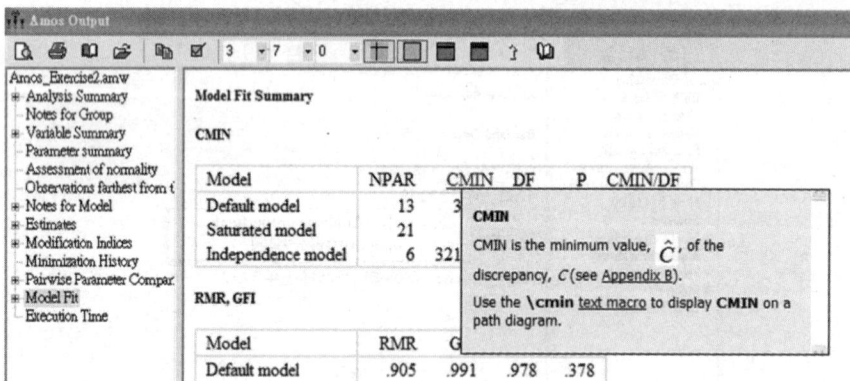

图 6.16 输出报表的辅助说明

6.5 报表解读

6.5.1 未标准化回归系数

未标准化回归系数是根据变量的原始分数或协方差矩阵求得的。在 Regression Weights：（Group number 1-Default model）中：

Estimate 为未标准化系数(非标准化因素负荷量),此值可比较相对影响力。

SE 是 Standard Error(标准化误差)。

C. R. 是 Critical Ration(临界比率值),相当于 t 值或 z 值。如果 t > 1.95,则 p < 0.05;如果 t > 2.58,则 p < 0.01。

P 就是 Probability。＊表示 p < 0.05,＊＊表示 p < 0.01,＊＊＊表示 p < 0.001。

Label 就是标记(也就是我们在[Plugins]、[Name Parameters]后在出现的"Amos Graphics"窗口中所做的设定)。

从表6.1中,我们可以知道,问题解决对于工作满足具有显著性的影响(p < 0.001)。

表 6.1　Regression Weights：(Group number 1-Default model)

			Estimate	S. E.	C. R.	P	Label
工作满足	←	问题解决	.58	.13	4.37	＊＊＊	W5
理性情绪	←	问题解决	1.00				
直觉思考	←	问题解决	.39	.08	4.70	＊＊＊	W1
理性思考	←	问题解决	.72	.14	5.09	＊＊＊	W2
同事支持	←	工作满足	1.00				
工作挑战	←	工作满足	.58	.05	10.91	＊＊＊	W3
报酬公平	←	工作满足	.45	.04	11.36	＊＊＊	W4

识别性的问题

在表6.1中我们发现,在潜在变量与各观察变量之间的路径系数中(例如"理性情绪"与"问题解决"之间)有一个观察变量出现"1",其余的观察变量则没有。这个"1"表示识别性,也就是在非标准化的估计值中,作为解释的基准。识别性的问题就是等化的问题,所谓"等化"就是将潜在变量的测量单位与观察变量的测量单位设为相同。

以表6.1所呈现的非标准化系数为例,在对"问题解决"这个潜在变量的解释中,以"理性情绪"对"问题解决"的影响为基准(也就是为1),"直觉思考"对"问题解决"的影响为0.39,"理性思考"对"问题解决"的影响为0.72,可见"理性思考"对"问题解决"的影响最大。

至于应将哪个观察变量设为基准呢? 一个简单的法则是:以与潜在变量为正向关系的观察变量为准。但如果所有的观察变量都是正向呢? 选择最具有信度的那个观察变量。值得了解的是,如果这些系数都经过标准化,则没有所谓基准的问题。

(表中数据,可参考……Chap06\Amos_Exercise2. AMOSOUTPUT 文件)。

6.5.2　标准化回归系数

标准化回归系数是根据变量的 z 分数或相关矩阵求得。解释未标准化系数与标准化系数的方式是一样的。例如在表 6.2 中，Estimate 为标准化系数（标准化因素负荷量），此值可比较相对影响力。在整个模型中，我们也可发现，"报酬公平"对"工作满足"的影响最大。

表 6.2　标准化回归系数——Standardized Regression Weights：

（Group number 1-Default model）

			Estimate
工作满足	←	问题解决	.53
理性情绪	←	问题解决	.73
直觉思考	←	问题解决	.53
理性思考	←	问题解决	.63
同事支持	←	工作满足	.83
工作挑战	←	工作满足	.82
报酬公平	←	工作满足	.87

6.5.3　违犯估计

在评鉴模型拟合度（第 7 章）之前，必须先检查"违犯估计"（offending estimates），来检验估计系数是否超出可接受的范围。具体来说，研究者可以逐一浏览参数估计的结果，检查每一个参数的正负号、数值大小、测量误差等，是否透露某些变量的测量质量不佳的讯息，如果某些变量的测量误差过于严重，研究者应先行解决测量的问题，重新检讨参数的估计，而非进入模型评鉴的程序[2]。

所谓违犯估计是指模型内统计所输出的估计系数，超出了可接受的范围，也就是模型获得不适当的解（improper solution）的情况。参照 Hair，Anderson，Tatham 与 Black（1998）的定义，所提出违犯估计的项目有[3]：

1. 负的误差方差存在。

2. 标准化系数超过或太接近 1（通常以 0.95 为门坎）。

由表 6.3 得知，模型中误差方差的测量误差值为 0.59 到 9.51，并无负的误差方差存在；另外从表 6.2 可以得知，模型中标准化系数值的绝对值为 0.53 到 0.87，皆未超过 0.95，结果显示此模型并未发生违犯估计之现象，因此可以进行整体模型拟合度的检验。

2 邱皓政《结构方程模式：LISREL 的理论、技术与应用》（台北：双叶书廊，2003）

3 Hair，Anderson，Tatham，and Black（1998），*Multivariate Date Analysis with Reading*. New York：Maxwell MacMillan International.

表 6.3 Variances：（Group number 1-Default model）

	Estimate	S. E.	C. R.	P	Label
问题解决	36.80	9.51	3.87	＊＊＊	par_6
e7	30.80	6.04	5.10	＊＊＊	par_7
e3	31.90	7.30	4.37	＊＊＊	par_8
e2	14.05	1.98	7.08	＊＊＊	par_9
e1	28.51	4.75	6.00	＊＊＊	par_10
e6	19.69	3.40	5.80	＊＊＊	par_11
e5	6.87	1.17	5.88	＊＊＊	par_12
e4	2.79	.59	4.76	＊＊＊	par_13

6.5.4 正态性检验

在进行正态性检验之前,要确信我们使用的是原始数据文件(不是相关系数矩阵),而且数据没有缺失值。

Amos 模型的前提假设

Amos 是以极大似然法（Maximum Likelihood Method）、最小平方方法（Least-Squares Method）,来进行假设检验、区间推定等。要对标准误(standard error)做有效的计算,Amos 会做以下的假设:(1)线性关系（linearity of relationships）;(2)观察值独立。也就是甲样本的选取独立于乙样本,换句话说,就是样本的选取是随机的;(3)观察变量必须满足正态分布的要求。如果能满足上述的两个前提假设,则 Amos 就会产生"渐进结论"（asymptotic conclusions）,也就是所获得的结论在大样本的情况下也会是"几乎正确的"（approximately true）。

因此,我们要进行观察变量的正态性检验。正态性分布的基本假设涉及单变量（univariate）的正态分布与多变量(multivariate)的正态分布。通常单变量呈正态分布时,多变量正态分布也会成立,但不一定百分之百会是这样。变量违反正态性分布时,我们应先检查数据有无异常值存在(稍后说明),假如没有异常值存在,也可使用较具强韧性的参数估计法,例如 ADF 法,或使用 Bootstrapping(自抽样)方法,以产生比较稳定的参数估计值。

再强调一次,在使用 Amos 正态性与异常值检验前,要确信原始数据没有缺失值(见 6.1 节,Amos 读取数据前应注意事项)。

表 6.4 中,第一个变量的 min(极小值)是 1.00、max(极大值)是 19.00、skew(偏度系数)为 0.40、kurtosis(峰度系数)为 0.20。在正态分布时,偏度系数与峰度系数均要接近于 0。Kline(1998)对于偏度系数与峰度系数提出这样的看法:偏度系数 >3,峰度系数 >

8,即需要研究者注意;如果峰度系数 >20,即需要密切注意[4]。

表 6.4　Assessment of normality（Group number 1）

Variable （变量）	min （极小值）	max （极大值）	skew （偏度系数）	c. r. （临界比率值）	kurtosis （峰度系数）	c. r. （临界比率值）
报酬公平	1.00	19.00	.40	1.97	.20	.50
工作挑战	4.00	28.00	−.54	−2.68	.17	.42
同事支持	2.00	41.00	.72	3.55	.18	.45
理性思考	11.00	51.00	−.12	−.58	−.09	−.21
直觉思考	9.00	37.00	.24	1.16	.80	1.97
理性情绪	3.00	36.00	.62	3.03	−.48	−1.18
Multivariate （多变量）					3.72	2.28

表中的 c. r. 代表偏度系数或峰度系数除以标准误的临界值。最后一行为 Mardis 多变量峰度系数(3.72),c. r.(2.28)。当 c. r. 值 >2 时,即暗示有些单变量可能具有异常值;当 c. r. 值 >1.96 时,即表示有些单变量违反正态分布的假设,我们必须再去探究哪一个(或哪些)变量发生问题。违反多变量正态分布的条件会导致高估 χ^2 值及低估参数估计值的标准误。因此,多变量正态性检验是 SEM 最重要的基本操作。

在我们的例子中,多变量 c. r 值是 2.28,可以发现有些单变量可能具有异常值,所以我们必须对这些可能的异常值加以处理。

6.5.5　异常值

表 6.5(仅列出部分数据)提供了一些额外的正态性信息。Amos 会计算出每一个观察值远离群体重心(centroid)的 Mahalanobis d-squared(Mahalanobis d^2)距离,并以大小加以排序。以表中第一列观察值编号 42 为例,p1 值的意思是:当正态分布假设为真的话,此数据的 Mahalanobis d^2 距离会超过 21.01 的概率是 0.00;p2 值的意思是:当正态分布假设为真的话,排序最大的 Mahalanobis d^2 距离(此例子为第 42 个观察值)会超过 21.01 的概率是 0.23。通常 p2 值比 p1 值更能反映出非正态分布的个案。因此,当 p2 值很小时(例如小于 0.05)即表示该观察值可能为异常值(outlier)。

如果发现异常值的个案,最简便的方法就是将这些个案数据删除。删除时最好一次删除一个,逐步检查删除后的 p2 值,才不至于做出错误的决定(误删掉数据),因为有可能删除一个异常值,另一个较接近的个案会变成异常值。同样的,有时两个个案只有同时存在时,才会同时变成异常值,如果删掉其中一个,另一个即变成正常的个案。

---

4 R. B. Kline, *Principles and Practices of Structural Equation Modeling*(New York：Guilford).

表6.5 Observations farthest from the centroid

（Mahalanobis distance）（Group number 1）

Observation number	Mahalanobis d-squared	p1	p2
42	21.01	.00	.23
124	19.24	.00	.10
20	18.10	.01	.06
117	15.27	.02	.27
79	14.75	.02	.22
54	14.22	.03	.20
35	13.96	.03	.15
37	13.62	.03	.13
3	13.47	.04	.08
45	13.41	.04	.04
77	13.30	.04	.03
83	12.67	.05	.05
89	12.19	.06	.08
36	12.00	.06	.07
23	11.61	.07	.09
121	11.59	.07	.06
113	11.50	.07	.04
28	11.38	.08	.03
80	11.36	.08	.02
18	11.13	.08	.02
31	10.89	.09	.02
86	10.67	.10	.03
108	10.42	.11	.04
109	10.27	.11	.04
55	9.98	.13	.06
34	9.07	.17	.41

以下是我们逐步删除异常值的情形：

步骤	数据笔数	开启 SPSS 文件	删除第几笔	另存新文件
1	145	Amos_Exercise2.sav	45	Amos_Exercise2_删除 45.sav
2	144	Amos_Exercise2_删除 45.sav	112	Amos_Exercise2_删除 112.sav
3	143	Amos_Exercise2_删除 112.sav	28	Amos_Exercise2_删除 28.sav
4	142	Amos_Exercise2_删除 28.sav	35	Amos_Exercise2_删除 35.sav
5	141	Amos_Exercise2_删除 35.sav	3	Amos_Exercise2_删除 3.sav
6	140	Amos_Exercise2_删除 3.sav	29	Amos_Exercise2_删除 29.sav
7	139	Amos_Exercise2_删除 29.sav	19	Amos_Exercise2_删除 19.sav
8	138	Amos_Exercise2_删除 19.sav	37	Amos_Exercise2_删除 37.sav
9	137	Amos_Exercise2_删除 37.sav	31	Amos_Exercise2_删除 31.sav
10	136			

原数据笔数 145,逐步删除后最后是 136 笔数据。此时,剔除了所有的异常值,如表 6.6 所示(仅列出部分数据)。读者可开启 Amos_Exercise2. AMW,读入 Amos_Exercise2_ 删除31. sav,经过计算估计值、产生报表,在 Observations farthest from the centroid (Mahalanobis distance)(Group number 1)表中,便可看到已经没有 p2 值大于 0. 05 的 数据。

表6.6 Observations farthest from the centroid (Mahalanobis distance) (Group number 1)—剔除所有的异常值之后

Observation number	Mahalanobis d-squared	p1	p2
115	22.06	0	0.15
31	17.35	0.01	0.3
46	16.9	0.01	0.15
71	15.89	0.01	0.13
108	15.64	0.02	0.07
81	13.46	0.04	0.37
69	13.2	0.04	0.3
75	12.94	0.04	0.25
72	12.78	0.05	0.19
112	12.6	0.05	0.14
78	12.05	0.06	0.21
21	11.86	0.07	0.18
47	11.65	0.07	0.16
100	11.64	0.07	0.1
17	11.61	0.07	0.06
101	11.26	0.08	0.08
105	10.33	0.11	0.35

检视 CMIN(卡方值)、显著性值(P 值)

在 SPSS 中每删除一笔数据,就要在 Amos 内读入删除后的新文件,并在计算估计值、产生输出报表后,检视其 CMIN(卡方值)、显著性值(P 值)。因此以上的做法固然可剔除所有的异常值,但是在进行的过程中,我们忽略了一个重要的动作,就是要检视其 CMIN (卡方值)、显著性值(P 值),以判断数据与模型的配适度情形(见配适度的说明,卡方值愈小、P 值愈大,表示数据与模型的配适度愈佳)。因此,在考虑配适度的情况下,我们在删除了第 45 笔数据后即可停止不再删除(因为如果再删除第 112 笔数据,反而会使卡方值变大、P 值变小),如下表 6.7 所示:

表6.7 删除数据后的 CMIN(卡方值)、P 值变化

步骤	数据笔数	开启 SPSS 文件	删除第几笔	CMIN(卡方值)	P 值
1	145	Amos_Exercise2. sav		3.638	0.888
2	144	Amos_Exercise2. sav	45	2.594	0.957
3	143	Amos_Exercise2_删除 45. sav	112	3.333	0.912

在 Amos 中,开启 Amos_Exercise2. AMW,另存新文件为 Amos_Exercise3. AMW(目的是所产生的输出报表不要把先前的盖掉,因此用一个新的路径图名称),并读入 Amos_Exercise2_删除 45. sav。经过计算估计值之后,所产生的报表是:...\Chap06\Amos_Exercise3. AMOSOUTPUT 文件。

6.5.6 建构信度

潜在变量的建构信度是模型内在质量的判断标准之一。若潜在变量的建构信度 > 0.60,则表示模型的内在质量良好。完全标准化系数值估计值可用来计算潜在变量的组合信度(composite reliability)。组合信度亦称建构信度(construct reliability),可作为衡量或检验潜在变量的信度指标[5]。

计算建构信度会利用到报表中的因素负荷量(也就是标准化回归系数表中的 Estimate 值,表6.8)与误差变异量(图 6.17)来估算。

表6.8 标准化回归系数——Standardized Regression Weights:

(Group number 1-Default model)

			Estimate
工作满足	←	问题解决	.53
理性情绪	←	问题解决	.73
直觉思考	←	问题解决	.53
理性思考	←	问题解决	.63
同事支持	←	工作满足	.83
工作挑战	←	工作满足	.82
报酬公平	←	工作满足	.87

---

5 严格地说,这里所谓的"建构信度"是指建构效度中信度这一部分。衡量建构效度(validity of constructs)的标准有单一尺度(unidimensionality)、方法内收敛效度、信度、稳定性、方法间区别效度等(见图4.7)。

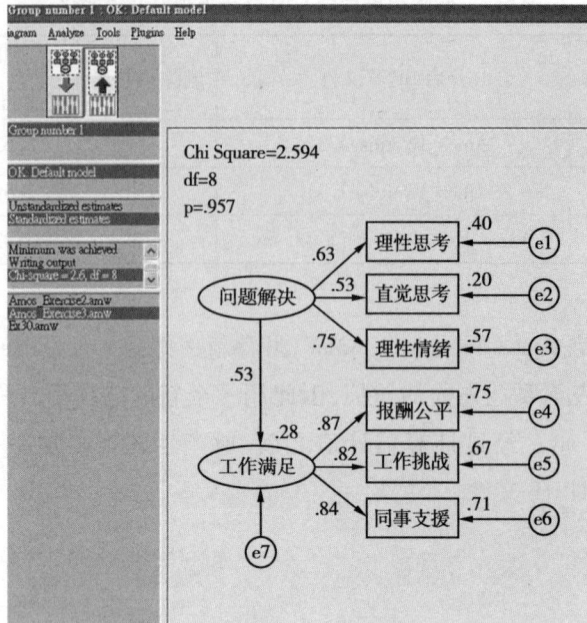

图 6.17 标准化估计值—删除第 45 笔数据之后

我们可将上述说明的东西整理如下：

	因素负荷量	误差变异量
潜在变量:问题解决		
观察变量:理性思考	0.63	$0.61(1-0.63^2)$
观察变量:直觉思考	0.53	$0.72(1-0.53^2)$
观察变量:理性情绪	0.75	$0.44(1-0.75^2)$

建构信度的公式如下：

$$\rho_c = \frac{\sum(\lambda)^2}{\sum(\lambda)^2 + \sum(\theta)}$$

$$= \frac{\sum(标准化因素负荷量)^2}{\sum(标准化因素负荷量)^2 + \sum(观察变数的误差变异量)}$$

ρ_c 为建构信度，λ 为指标变量在潜在变量上完全标准化参数估计值（因素负荷量或回归系数），θ 为观察变量的误差变异量（error variance），也就是 δ（Theda）或 ε（Epsilon）的变异量。

在我们的例子中，"问题解决"这个潜在变量的建构信度是：

问题解决 = $(0.63+0.53+0.73)^2/[(0.63+0.53+0.73)^2+(1-0.63^2+1-0.53^2+1-0.73^2)]=0.67$

“问题解决”的建构信度为0.67,比标准值0.60略高。如果建构信度低于标准值则可能要从“基本”做起,也就是要检查问卷的题项内容,利用 item-total correlation 来提升 Cronbach α 值等。我们也可以利用 Excel 建立公式,快速算出来,如图6.18所示。

D9　　f_x =C7/(C7+D6)

建构信度与平均方差提取的计算

	A	B	C	D	E	F
1	建构信度的计算					
2			回归系数	误差变异量		
3	观察变量一		0.63	0.6031		
4	观察变量二		0.53	0.7191		
5	观察变量三		0.73	0.4671		
6		Sum	1.89	1.7893		
7		sum square	3.5721			
8						
9		建构信度:		0.666263		
10						
11						
12	平均方差提取的计算					
13			回归系数	sqaure	误差变异量	
14	观察变量一		0.63	0.3969	0.6031	
15	观察变量二		0.53	0.2809	0.7191	
16	观察变量三		0.73	0.5329	0.4671	
17		Sum		1.2107	1.7893	
18						
19		平均方差提取			0.403567	
20						

图6.18　建构信度与平均方差提取的计算

敏锐的读者可能发现到,在图6.17中“理性思考”的右上方有一个.40的数值,这个0.4是指观察变量(理性思考)的变异量中有40%是由潜在变量(问题解决)解释的,而由1减去0.40=0.60,就是剩余的60%的变异量是由误差项解释的,也就是误差变异量。这个数值与我们所计算的值0.61非常接近(因为取小数点位置的关系)。

另一个与建构信度类似的指标是“平均方差提取”(average variance extracted),以 ρ_v 表示。“平均方差提取”可解释:潜在变量所解释的变异量中有多少变异量来自于指标变量。“平均方差提取”越大,表示指标变量可解释潜在变量的程度越高。其计算公式是:

$$\rho_v=\frac{\sum(\lambda^2)}{\sum(\lambda^2)+\sum(\theta)}$$

$$=\frac{\sum(\text{标准化因素负荷量}^2)}{\sum(\text{标准化因素负荷量}^2)+\sum(\text{观察变量的误差变异量})}$$

“平均方差提取”亦是模型内在质量的判断标准之一。一般而言,若潜在变量的“平均方差提取”>0.50,则表示模型的内部质量很好。在我们的例子中,“平均方差提取”约等于 0.403 6,显然不够理想。

本书已经为读者以 Excel 建立好计算建构信度与平均方差提取的公式。读者可稍加修改自行沿用(文件名:⋯⋯\chap06\建构信度与平均方差提取的计算.xls)。

6.5.7 参数差异临界比率值

表 6.9 是 Critical Ratios for Differences between Parameters(Default model),也就是参数差异临界比率值的简要报表。表中凡是没有设定参数的,Amos 就会以 Par_3、Par_4⋯⋯来表示。

表 6.9 Critical Ratios for Differences between Parameters

(Default model)**摘要表**

	W1	W2	W3	W4	W5
W1	.00				
W2	2.60	.00			
W3	2.01	− .88	.00		
W4	.65	− 1.87	− 2.90	.00	
W5	1.54	− .88	− .01	.95	.00

以 W1(直觉思考对问题解决的回归系数)、W2(理性思考对问题解决的回归系数)为例,在交叉格所显示的统计量是 2.60。当显著水平设为 0.05 时,如果统计量的绝对值大于 1.96,则可解释为"在 0.05 的显著水平下,有显著性差异"。当显著水平设为 0.01 时,如果统计量的绝对值大于 2.60,则可解释为"在 0.01 的显著水平下,有显著性差异"。当显著水平设为 0.001 时,如果统计量的绝对值大于 3.29,则可解释为"在 0.001 的显著水平下,有显著性差异"。如果研究的显著水平设定在 0.05,则此例的统计量的绝对值为 2.60 > 1.96,故我们可结论:"在 0.05 的显著水平下,W1、W2 具有显著性差异"。

在单一群组的研究中,除非你的研究是确定观察变量对潜在变量的影响有无显著差异,否则没有必要做参数差异临界比率值(Critical Ratios for Differences between Parameters)。参数差异临界比率值大多是用来比较多群组之间,路径系数(回归系数)上的差异。详细的说明,可参考第 9 章。

6.5.8 拟合度(或适合度、配合度)

在这里我们先说明拟合度的有关指标。在输出报表的拟合度(或称适合度、配合度)这方面,各种指标均呈现出三种模型:Default model(预设模型)、Saturated model(饱和模型)、Independence model(独立模型)。

Default model(预设模型):我们所建立的模型。

Saturated model（饱和模型）：对观测变量的方差及变量之间的所有相关进行估计的模型（对数据适合最佳的模型）。

Independence model（独立模型）：只估计观测变量的方差的模型（对数据适合最不佳的模型）。

CMIN

Model	NPAR	CMIN	DF	P	CMIN/DF
Default model	13	2.59	8	.96	.32
Saturated model	21	.00	0		
Independence model	6	325.24	15	.00	21.68

NPAR 是指估计的参数个数。不论在 Default model（预设模型）、Saturated model（饱和模型）或 Independence model（独立模型）中，将 NPAR 与 DF 相加（这是样本矩的数目），结果都会一样。在此例中，13 + 8 = 21 + 0 = 6 + 15，都是 21。

CMIN 是差异（discrepancy）的宏函数。差异表示卡方值（Chi-square），它可以检查模型是否适合数据。完全适合数据时，差异值为 0。相对的，当模型不适合数据时，差异值为无限大。由于饱和模型是完全适合数据的模型，所以其差异为 0。与数据拟合不好的独立模型，其差异是 325.24（大得惊人）。我们所建立的模型的差异是 2.59，应该还算不错。

DF（Degree of Freedom）是自由度。

P 是指显著性。这是利用差异值与自由度所计算出的概率值。显著性大于 0.05，即可认定该模型与数据拟合适度（或有良好的适合度）；显著性小于 0.05，即可认定该模型与数据拟合不适度（或有不良的适合度）。值得注意的是，Chi-square 检验会受到观察值个数的影响，当观察值个数增加时，显著性值（P 值）会有接近 0 的倾向，因此研究者在使用大量数据进行分析时，要特别注意。此例的 P 值是 0.96，大于 0.05，故可以判断模型适合数据。

CMIN/DF 是指差异除以自由度。CMIN/DF 越接近 0，表示模型与数据的配适越好。此例的 CMIN/DF 是 0.32，因此可认定模型与数据的配合程度好。

RMR, GFI

Model	RMR	GFI	AGFI	PGFI
Default model	.81	.99	.98	.38
Saturated model	.00	1.00		
Independence model	12.80	.52	.33	.37

RMR（root mean square residual）越接近于 0 表示模型拟合度越好，通常采 RMR < 0.05。此例的 RMR = 0.81，表示配合不够理想。

　　GFI（goodness of fit index）越接近 1 表示模型适合度越好,通常采 GFI > 0.9。此例的 GFI = 0.99,表示拟合度良好。

　　AGFI（adjust goodness of fit index）越接近 1 表示模型适合度越好,通常采 AGFI > 0.9。此例的 AGFI = 0.98,表示拟合度良好。

Baseline Comparisons

Model	NFI Delta1	RFI rho1	IFI Delta2	TLI rho2	CFI
Default model	.99	.99	1.02	1.03	1.00
Saturated model	1.00		1.00		1.00
Independence model	.00	.00	.00	.00	.00

　　Baseline Comparisons 是指基准比较。相关的指标（统计值）有 NFI、RFI、IFI、TLI、CFI。

　　NFI(Normed Fit Index)是指基准化适合度指标。NFI 的值是在 0 与 1 之间。NFI 值越大,表示模型与数据的拟合度越好。NFI 的计算公式是:1 -（预设模型的差异/独立模型的差异）。因此,当预设模型的差异为 0 时,表示预设模型的拟合度良好,此时 NFI 等于 1。当预设模型、独立模型的拟合度均不好时,（预设模型的差异/独立模型的差异）的值会接近 1,而 NFI 会接近 0。此例的 NFI 为 0.99,表示拟合度良好。

　　RFI(Relative Fit Index)是指相对适合度指标。RFI 的值在 0 与 1 之间。当数据完全拟合模型时,RFI 等于 1。RFI 是根据预设模型的差异、独立模型的差异的值来计算。此例的 RFI 为 0.99,表示拟合度良好。

　　IFI(Incremental Fit Index)是指增量适合度指标。IFI 的值在 0 与 1 之间。当数据完全拟合模型时,IFI 等于 1。IFI 是根据预设模型的差异、独立模型的差异的值来计算。此例的 IFI 为 1.02,表示拟合度良好。

　　TLI(Tucker-Lewis Index)是指 Tucker-Lewis 指标。TLI 的值在 0 与 1 之间。当数据完全拟合模型时,TLI 等于 1。此例的 TLI 为 1.03,表示拟合度良好。

　　CFI(Comparative Fit Index)是指比较适合度指标。CFI 的值在 0 与 1 之间。当数据完全拟合模型时,CFI 等于 1。此例的 CFI 为 1.00,表示拟合度良好。CFI 指标可修正NFI 的缺点(受到观察个数的影响)、TLI 的缺点(容易脱离 0 与 1 之间的范围)。

Parsimony-Adjusted Measures

Model	PRATIO	PNFI	PCFI
Default model	.53	.53	.53
Saturated model	.00	.00	.00
Independence model	1.00	.00	.00

Parsimony-Adjusted Measures 是指简约性调整衡量,其主要的指标有:PRATIO、PNFI 与 PCFI。

PRATIO(Parsimony Ratio)是指省俭比。PRATIO 的值越小,表示估计的参数个数越多。PRATIO 的计算是:预设模型自由度/独立模型自由度。此例的 PRATIO 为0.53,表示估计的参数个数不多不少。

PNFI(Parsimony-adjusted Normed Fit Index,或 Parsimony-adjusted NFI)是指简约性已调整基准化适合度指标。PNFI 的计算公式是:PRATIO × NFI。此例的 PNFI 是 0.53。

PCFI(Parsimony-adjusted Comparative Fit Index,或 Parsimony-adjusted CFI)是指简约性已调整比较适合度指标。PCFI 的计算公式是:PRATIO × CFI。此例的 PCFI 是 0.53。

NCP

Model	NCP	LO 90	HI 90
Default model	.00	.00	.00
Saturated model	.00	.00	.00
Independence model	310.24	255.27	372.64

NCP(Noncentrality Parameter)是指离中参数。NCP 的计算公式是:总体差异/(观察值个数－组数)。此例的 NCP 是 0.00。

LO 90 是指离中参数的90%置信区间的下限值。此例的 LO 90 是 0.00。

HI 90 是指离中参数的90%置信区间的上限值。此例的 HI 90 是.00。

FMIN

Model	FMIN	F0	LO 90	HI 90
Default model	.02	.00	.00	.00
Saturated model	.00	.00	.00	.00
Independence model	2.27	2.17	1.79	2.61

FMIN 是指最小差异值。FMIN 表示数据与模型的差异程度。FMIN 的计算公式是:差异/(观察值个数－组数)。此例的 FMIN 为0.02。

F0 表示总体与模型的差异程度。此例的 F0 为 0.00。

LO 90 表示总体差异值的90%置信区间的下限值。此例的 LO 90 是 0.00。

HI 90 表示总体差异值的90%置信区间的上限值。此例的 HI 90 是 0.00。

RMSEA

Model	RMSEA	LO 90	HI 90	PCLOSE
Default model	.00	.00	.00	.99
Independence model	.38	.34	.42	.00

RMSEA 是指平均平方误差平方根。RMSEA 的计算公式是:总体差异/自由度。此公

式可修正总体差异值受到估计参数值影响的缺点。RMSEA 小于 0.05 时,可以判断模型的拟合度好。RMSEA 大于 0.1 时,表示模型拟合度差,应调整模型或做其他适当调整。0.05 < RMSEA < 0.1,表示模型处于灰色地带,不满意但尚可接受。此例的 RMSEA 为 0.00,表示模型拟合度好。

LO 90 表示 RMSEA 的 90% 置信区间的下限值。此例的 LO 90 是 0.00。

HI 90 表示 RMSEA 的 90% 置信区间的上限值。此例的 HI 90 是 0.00。

PCLOSE 是指接近适合性检验的概率。当 PCLOSE 大于 0.05 时,可以接受"RMSEA 小于0.05"的虚无假说。此例的 PCLOSE 是 0.99 > 0.05,故可接受"RMSEA 小于 0.05"的虚无假说。如前述,RMSEA 小于 0.05 时,可以判断模型的拟合度好。

AIC

Model	AIC	BCC	BIC	CAIC
Default model	28.59	29.93	7.20	80.20
Saturated model	42.00	44.16	104.37	125.37
Independence model	337.24	337.86	355.06	361.06

AIC(Akaike's Information Criterion)是指赤池信息标准。AIC 的计算公式是:(参数个数 ×2) + 差异。本例的参数个数是 13,差异是 2.59,故 AIC 是 28.59。研究者在建立数个模型时,可利用 AIC 来比较多个模型,AIC 越小表示该模型较优。

BCC(Brwone-Cudeck Criterion)是指 Brwone-Cudeck 标准。BCC 与 AIC 一样,适用于比较多个模型。相较于 AIC,BCC 对于模型的复杂性(参数过多)有较重的处罚(也就是估计值会变高)。BCC 越小表示该模型较优。

BIC(Bayes Information Criterion)是指 Bayes 信息标准。相较于 AIC、BCC、CAIC,BIC 对于模型的复杂性(参数过多)有较重的处罚(也就是估计值会变高)。BIC 越小表示该模型较优。

CAIC(Consistent Akaike's Information Criterion)是指一致赤池信息标准。相较于 AIC、BCC,CAIC 对于模型的复杂性(参数过多)有较重的处罚(也就是估计值会变高),但是处罚的程度不如 BIC。CAIC 越小表示该模型较优。

从以上的说明可知,对于模型的复杂性(参数过多)的处罚依照轻重的程度是:AIC、BCC、CAIC、BIC。AIC 的处罚最轻,BIC 的处罚最重。

ECVI

Model	ECVI	LO 90	HI 90	MECVI
Default model	.20	.24	.24	.21
Saturated model	.29	.29	.29	.31
Independence model	2.36	1.97	2.79	2.36

ECVI(Expected Cross Validation Index) 是指预期交叉验证指标。ECVI 的计算公式是：AIC/(观察值个数 – 组数)。

LO 90 表示 ECVI 的 90% 置信区间的下限值。此例的 LO 90 是 0.24。

HI 90 表示 ECVI 的 90% 置信区间的上限值。此例的 HI 90 是 0.24。

MECVI 的计算公式是：BCC/(观察值个数 – 组数)。

HOELTER

Model	HOELTER .05	HOELTER .01
Default model	855	1 108
Independence model	11	14

HOELTER 0.05 是指 HOELTER 0.05 指标，表示"模型正确"的假设在 5% 的显著水平下未被舍弃的最大观察值个数。

HOELTER 0.01 是指 HOELTER 0.01 指标，表示"模型正确"的假设在 1% 的显著水平下未被舍弃的最大观察值个数。

6.5.9 拟合度综合说明

在模型拟合度（goodness-of-fit）评估方面，若模型拟合度越高，则代表模型可用性越高，参数的估计越具有其涵义。Amos 是以卡方统计量（χ^2）来进行检验的，一般以卡方值 P > 0.05 作为判断，意即模型具良好的拟合度。但是卡方统计量容易受到样本大小影响，因此除了卡方统计量外，还需同时参考其他拟合度指标。下表列举了学者较常使用的其他测量指标。

配适指标	判断准则
绝对拟合度指标	
χ^2	一般以卡方值 P > 0.05 作为判断，意即模型具良好的拟合度
GFI (goodness of fit index)	越接近 1 表示模型适合度越好，通常采用 GFI > 0.9
RMR (root mean square residual)	越接近于 0 表示模型拟合度越好，通常采用 RMR < 0.05
RMSEA (root mean square error of approximation)	越接近于 0 表示模型拟合度越好，通常采用 RMSEA < 0.1
增值拟合度指标	
AGFI (adjust goodness of fit index)	越接近 1 表示模型适合度越好，通常采用 AGFI > 0.9
NFI (normed fit index)	越接近 1 表示模型适合度越好

续表

配适指标	判断准则
CFI（comparative fit index）	越接近 1 表示模型适合度越好
IFI（incremental fit index）	越接近 1 表示模型适合度越好
精简拟合度指标	
AIC(Akaike's Information Criterion)指赤池信息标准	可利用 AIC 来比较多个模型，AIC 越小表示该模型较优
CAIC （ Consistent Akaike's Information Criterion)一致赤池信息标准	可利用 CAIC 来比较多个模型，CAIC 越小表示该模型较优

7 模型修正

在所建立的模型中,如果拟合度不佳,研究者就必须加以修正。

7.1 利用修正指标

我们现在来说明模型的修正。Amos 数据文件的位置:……\Chap07\Modi_MI_a. AMW)。从本例中,读者可了解如何以渐进的方式来修正模型。

7.1.1 数据与观测变量

数据文件是 Modi_MI_a. sav,如图 7.1 所示。这是以预测变量的标准差及相关系数读入,Amos 会自动将之转换成协方差矩阵,以便进一步分析。

	rowtype_	varname_	熟悉	互动	反应性	保证性	品牌知名	品牌联想
1	n		932.00	932.00	932.00	932.00	932.00	932.00
2	corr	熟悉	1.00	.	.	.	.	.
3	corr	互动	.66	1.00	.	.	.	.
4	corr	反应性	.56	.47	1.00	.	.	.
5	corr	保证性	.44	.52	.67	1.00	.	.
6	corr	品牌知名	−.36	−.41	−.35	−.37	1.00	.
7	corr	品牌联想	−.30	−.29	−.29	−.28	.54	1.00
8	stddev		3.44	3.06	3.54	3.16	3.10	21.22
9	mean		13.61	14.76	14.13	14.90	10.90	37.49

图 7.1　数据文件

7.2 模型 A

所建立的模型(称为模型 A)如图 7.2 所示。文件位置:……\Chap07\ Modi_MI _a.AMW)。在模型 A 中,"顾客关系"是"熟悉"、"互动"的潜在变量;"服务质量"是"反应性"、"保证性"的潜在变量;"品牌资产"是"品牌知名"、"品牌联想"的潜在变量。

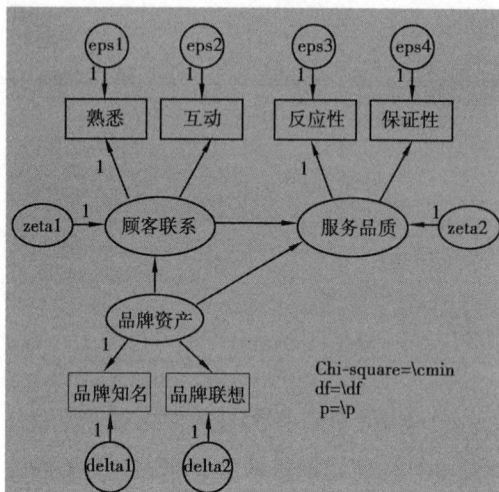

图 7.2 模型 A

执行之后,所产生的输出报表如下:

执行方式:在工具箱中,点击"Calculate estimates"图示(▓▓),或者点击[Model Fit]、[Calculate Estimates]

Computation of degrees of freedom (Default model)

Number of distinct sample moments:	21
Number of distinct parameters to be estimated:	15
Degrees of freedom (21 − 15):	6

Result (Default model)
Minimum was achieved
Chi-square = 71.544
Degrees of freedom = 6
Probability level = .000

RMSEA

Model	RMSEA	LO 90	HI 90	PCLOSE
Default model	.11	.09	.13	.00
Independence model	.39	.38	.40	.00

Chi-square = 71.544，显著性水平（probability level，P）= 0.000，应拒绝此模型。同时，RMSEA = 0.11 > 0.05。换句话说，此模型不能配合数据。因此我们必须加以修正。我们修正的目标是：使得 Chi-square 减少，P 值增加。

在 Amos 中，点选［View/Set］（Amos 6.0 版为 View）、［Analysis Properties］，在"Analysis Properties"对话框中，点选［Output］，并勾选"Modification Indices"（修正指标），如图 7.3 所示。

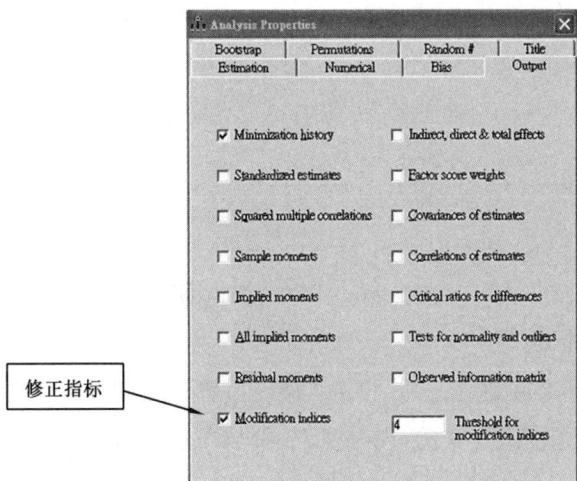

图 7.3　勾选"Modification Indices"

执行之后，所产生的"修正指标"（Modification Indices，M.I.）表如下：

Modification Indices（Group number 1-Default model）

Par Change 是指当模型改变时（例如将 eps1 与 eps3 建立关系）对应变量间关系的变化情况（例如 eps1 与 eps3 的协方差增加 1.25）。

Covariances：（Group number 1-Default model）

			M.I.	Par Change
eps2	⟷	delta1	5.91	−.42
eps2	⟷	eps4	26.55	.82
eps2	⟷	eps3	32.07	−.99
eps1	⟷	delta1	4.61	.42
eps1	⟷	eps4	35.37	−1.07
eps1	⟷	eps3	40.91	1.25

Regression Weights：（Group number 1-Default model）

			M. I.	Par Change
保证性	←	互动	5.46	.06
保证性	←	熟悉	9.01	−.06
反应性	←	互动	6.77	−.07
反应性	←	熟悉	10.35	.08
互动	←	保证性	5.61	.05
互动	←	反应性	7.28	−.05
熟悉	←	保证性	7.71	−.07
熟悉	←	反应性	9.06	.07

从上表中，可看到 M. I. 值，其中以 eps1 ⟷ eps3 =40.91 为最大。这是指：如果建立 eps1 与 eps3 的关联，将使 Chi-square 减少 40.91（如前述，使 Chi-square 减少，P 值增加，是我们修正模型的主要目标）。

有些学者将"在误差项之间建立关系"称为"释放"，意思是说，原来在此误差项之间没有关系或误差项之间关系固定为 0 的，现在我们"释放"这个限制，变成有关系。

7.3　模型 B

基于以上的了解，我们可再建立一个模型，称为模型 B。（不必重建，只要另存新文件，将模型名称储存为 Modi_MI _b 即可）。

在模型 B 中，在 eps1 与 eps3 间拉出双箭头（ ⟷ ），以建立其关系，如图 7.4 所示。

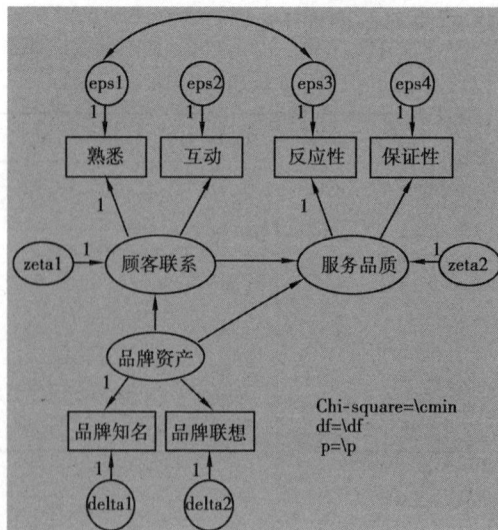

图 7.4　模型 B

执行之后所产生的输出报表如下：

Computation of degrees of freedom（Default model）

Number of distinct sample moments：	21
Number of distinct parameters to be estimated：	16
Degrees of freedom（21 − 16）：	5

Result（Default model）

Minimum was achieved

Chi-square ＝ 6.383

Degrees of freedom ＝ 5

Probability level ＝ .271

RMSEA

Model	RMSEA	LO 90	HI 90	PCLOSE
Default model	.02	.00	.05	.94
Independence model	.39	.38	.40	.00

我们可看出，Chi-square ＝ 6.383，比原先的（模型 A）Chi-squarer 减少了 65.16（71.544-6.383），比预估的还多。Probability level ＝0.271 已经不在拒绝区域之内。同时，RMSEA ＝0.02 ＜0.05。所以我们可以了解，经过修正之后的模型 B 是合理的可用于分析的模型。同时，在修正指标的输出报表中，M.I. Par Change 也没有数据显示，表示没有再调整的必要（图 7.5）。

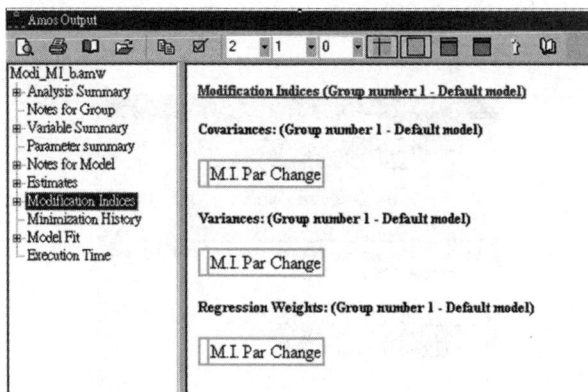

图 7.5　输出报表显示无调整必要

值得提醒的是，我们在建立 eps1 与 eps3 的关联时，会使 Chi-square 大幅减少，这是统计上的意义，在理论上、实务上，要注意此二者的关系是合乎逻辑的。

7.4 进阶研究

现在我们再举一个"不顺的例子",说明如何以 M.I. 来逐步判断模型拟合度的情形。

路径图:……\Chap07\忠诚度研究_原始模型. AMW

数据文件为:……\Chap07\忠诚度研究_观察变量. SPSS Data Document

研究架构如图 7.6 所示。

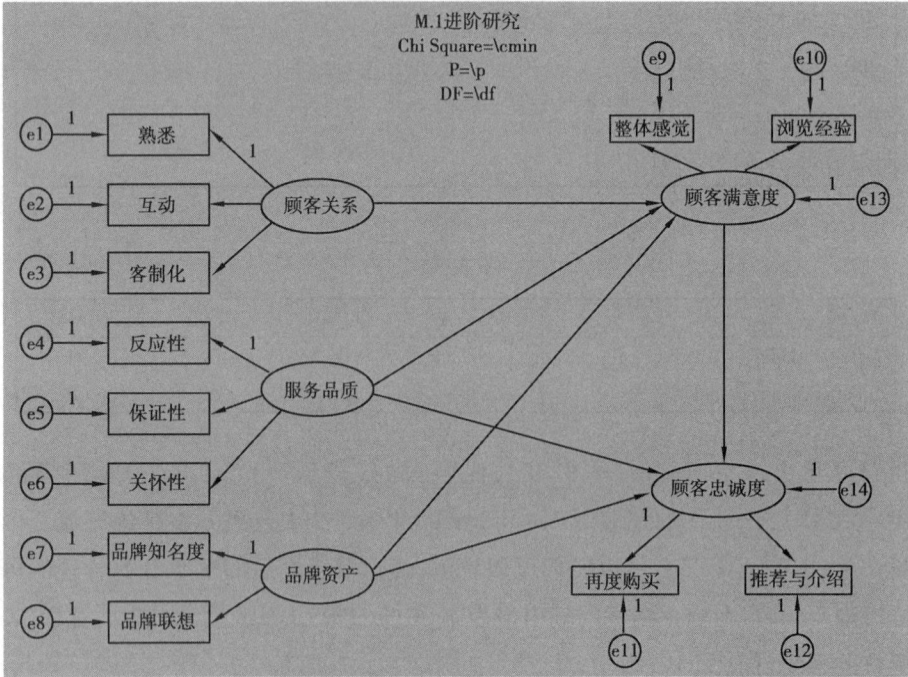

图 7.6 "忠诚度研究"路径图

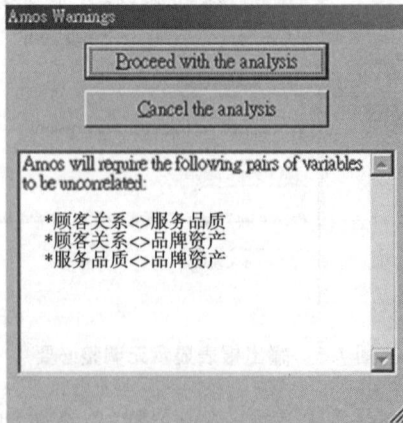

图 7.7 Amos 警告不建立关系的变量

点击[Analyze]、[Calculate Estimates]或 Ctrl + F9，Amos 提出警告：要求不在"顾客关系"与"服务质量"之间、"顾客关系"与"品牌资产"之间、"服务质量"与"品牌资产"之间建立关系（图7.7）。点击"Proceed with the analysis"（进行分析）之后结果如图7.8所示。

在输出的系数值方面，Chi-square 为956.207（高得惊人），p = 0.000 < 0.05，显然模型与数据拟合度非常低。在输出报表上（点击[View]、[Text Output]或 F10），我们看到 RMSEA = 0.24 > 0.05，更证实了模型与数据拟合度非常低。

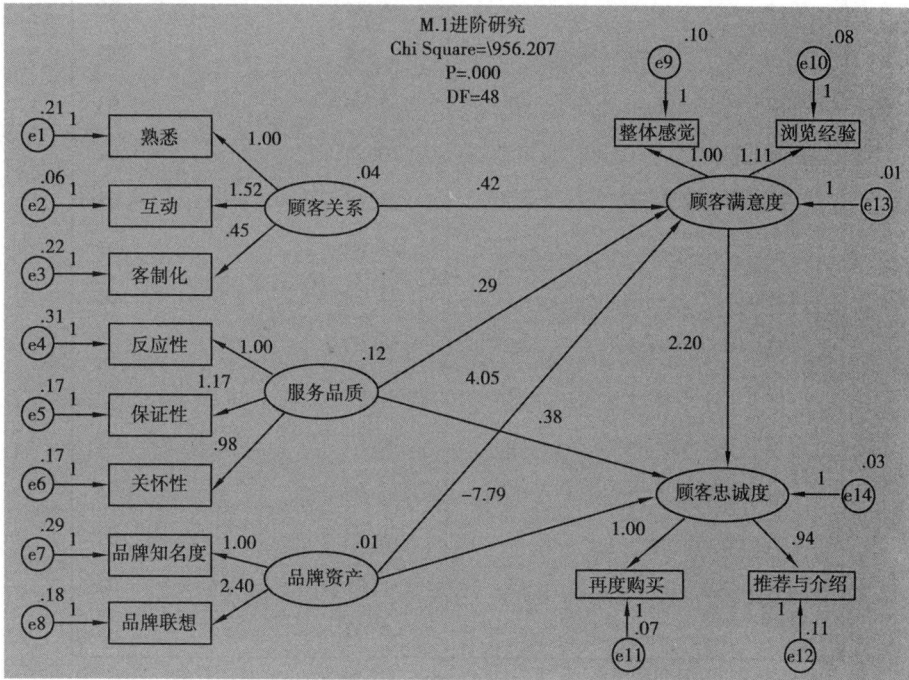

图7.8 产生的系数值

Model	RMSEA	LO 90	HI 90	PCLOSE
Default model	.24	.23	.26	.00
Independence model	.28	.27	.29	.00

在 Modification Indices 表中，我们看到 M. I. 值最大的是 e6 ←→ e7 = 225.06，这是指：如果建立 e6 与 e7 的关联，将使 Chi-square 减少 225.06（使 Chi-square 减少，P 值增加，是我们修正模型的主要目标）。

Modification Indices：Covariances：（Group number 1-Default model）

			M. I.	Par Change
品牌资产	←→	服务质量	24.20	.01
e12	←→	e10	5.00	.02

续表

			M. I.	Par Change
e8	←→	服务质量	18.05	.04
e7	←→	服务质量	170.35	.17
e7	←→	e8	5.93	.03
e6	←→	e7	225.06	.21
e5	←→	e8	5.84	.03
e4	←→	品牌资产	27.78	.02
e4	←→	e9	7.90	.03
e4	←→	e12	10.88	.04
e4	←→	e11	15.95	−.05
e3	←→	品牌资产	5.69	.01
e3	←→	e8	4.58	.02
e3	←→	e5	4.65	.03
e2	←→	e7	7.03	.03
e2	←→	e6	5.89	.02
e1	←→	e12	7.69	−.03
e1	←→	e11	8.32	.03
e1	←→	e5	8.81	.04
e1	←→	e4	8.94	−.05

我们在 e6 与 e7 之间建立关系之后,所得到的输出如下。RMSEA = 0.11,显然有进步,但是仍然 >0.05。

Model	RMSEA	LO 90	HI 90	PCLOSE
Default model	.11	.10	.12	.00
Independence model	.28	.27	.29	.00

在输出的 Modification Indices 报表中,M. I. 值最大的是 e8 与"服务质量"的关系 29.52。但是要注意:我们不能在误差与潜在变量之间建立关系,因为如果在其间建立关系就会违反 SEM 假设:残差与潜在变量无关。

所以要选第二大的数据,也就是 e4 ←→ e11 之间的关系。我们如果建立 e4 与 e11 的关联,将使 Chi-square 减少 15.95。

Covariances：（Group number 1-Default model）

			M. I.	Par Change
品牌资产	←→	服务质量	12.05	.00
e12	←→	e9	5.27	-.02
e8	←→	服务质量	29.52	.08
e8	←→	顾客关系	4.71	.01
e7	←→	服务质量	4.78	.01
e5	←→	顾客关系	7.25	.02
e5	←→	e11	5.64	.03
e5	←→	e8	8.37	.04
e4	←→	品牌资产	7.41	.00
e4	←→	e12	7.96	.03
e4	←→	e11	14.99	-.04
e4	←→	e8	8.25	.04
e3	←→	品牌资产	5.78	.00
e3	←→	e8	4.97	.03
e1	←→	e12	8.08	-.03
e1	←→	e11	7.45	.03
e1	←→	e5	7.16	.04
e1	←→	e4	10.03	-.05

在 e4 与 e11 建立关系之后，所输出的报表如下。RMSEA 仍然维持在 0.11。表示无进步空间。而 RMSEA =0.11 >0.05，显然模型与数据不配合。此时，此模型要重新修订。比较严谨的做法是从问卷设计开始重新检查讨论。

Model	RMSEA	LO 90	HI 90	PCLOSE
Default model	.11	.09	.12	.00
Independence model	.28	.27	.29	.00

Covariances：(Group number 1-Default model)

			M. I.	Par Change
品牌资产	←→	服务质量	10.36	.00
e12	←→	e10	7.23	.02
e12	←→	e9	4.53	-.02
e8	←→	服务质量	27.46	.07
e8	←→	顾客关系	4.29	.01
e7	←→	服务质量	4.74	.01
e5	←→	顾客关系	4.94	.02
e5	←→	e8	7.35	.04
e4	←→	品牌资产	5.25	.00
e4	←→	e8	8.80	.04
e3	←→	品牌资产	5.71	.00
e3	←→	e14	4.07	-.02
e3	←→	e8	4.89	.03
e1	←→	e12	5.21	-.02
e1	←→	e11	4.47	.02
e1	←→	e5	6.74	.04
e1	←→	e4	7.22	-.04

　　事实上，读者不妨做个练习。以 Amos 开启"忠诚度研究_原始模型. SMW"，数据文件为"忠诚度研究_观察变量. SPSS Data Document"。剔除异常值之后，检查此模型与数据的拟合度。或者，在剔除异常值之后，如何修正此模型（例如简化此模型）以使得模型与数据的拟合更为适当。

8 模型探索

模型探索,又称模型设定探索(model specification search),简称设定探索(specification search),其目的在于从各种可能的模型中找出最佳的那个模型。值得注意的是,模型探索只适合单一群体的分析。

模型探索可分为两种:① 验证性模型探索(confirmatory specification search),只验证模型中预设的若干个变量之间的关系,目的在于验证;② 探索性模型探索(exploratory specification search),探索模型中许多变量之间的关系,目的在于探索。

8.1 验证性模型探索

首先,我们先说明验证性模型探索。从本例中,读者可了解如何选择适当的模型。

8.1.1 观念架构

研究者所建立的观念架构,以 Amos 作图之后,如图 8.1 所示。图中,并没有"选择性"(以虚线表示)的箭头出现。

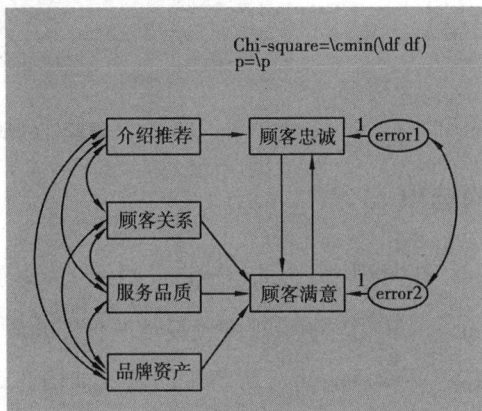

图 8.1 验证性模型探索

8.1.2 研究问题

研究者感到有兴趣发掘的是顾客忠诚影响顾客满意、顾客满意影响顾客忠诚这两个变量之间的关系。他们想要进一步了解:到底是顾客忠诚影响顾客满意呢？还是顾客满意影响顾客忠诚呢？还是两者之间都没有关系。

8.1.3 设定

打开文件(Amos 文件名称:……\Chap08\Modi_SS_a. AMW)。首先设定要检验的变量之间的箭头(以虚线表示)。点[View/Set]、[Interface Properties],在"Interface Properties"窗口中,点选"Accessibility ",勾选"Alternative to Color",如图 8.2 所示。"Alternative to Color"是产生不同颜色(Amos 6.0 为黄色,Amos 5.0 预设为蓝色),也就是我们要将以后所点选的双箭头、单箭头变色以便于识别。

点[Analyze] (Amos 5.0 版为 Model Fit)、[Specification Search],在出现的"Specification Search"工具列中,点最左边虚线"Make arrows optional"的图示(▬▬),然后在路径图中 error1 与 error2 的双箭头上、academic 到 attract 的单箭头上、attract 到 academic 的单箭头上这些要验证的地方分别加以点选,使它们呈现出虚线,如图 8.3 所示。

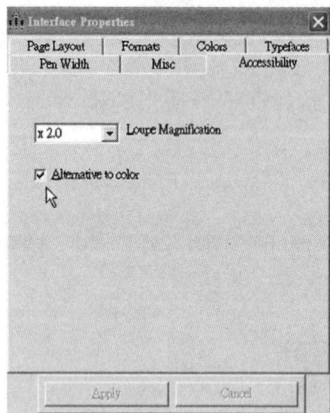

图 8.2 Alternative to color

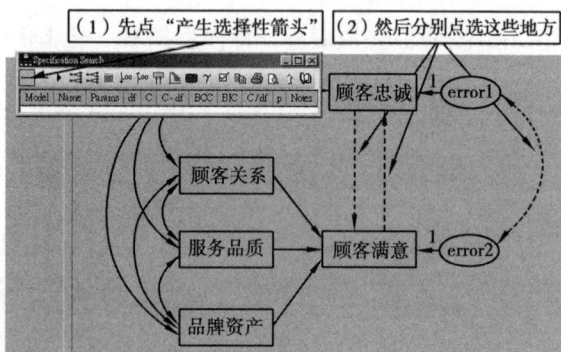

图 8.3 要验证的地方分别加以点选

8.1.4 选择"探索"的选项

在"Specification Search"工具列中,点选"Option"图示 (☑),或按 Alt + O,在出现的"Options"窗口的 Current results 中,所呈现的预设情况如图 8.4 所示。

在"Options"窗口中,点[Next search],所产生的情况如图 8.5 所示。在窗口中可看到"8 models will be fitted",因为在我们的模型中有三个参数,而每个参数都有两种状况(有影响、无影响),所以 $2^3 = 8$。

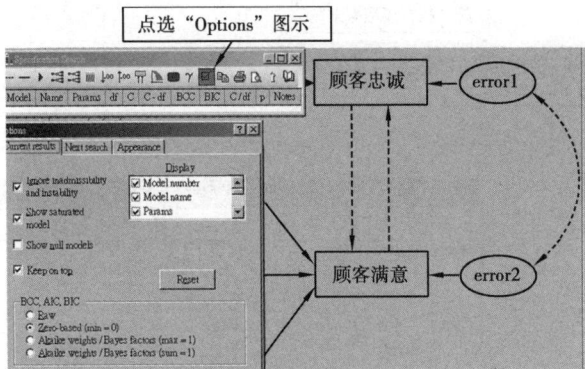

图 8.4 Current results

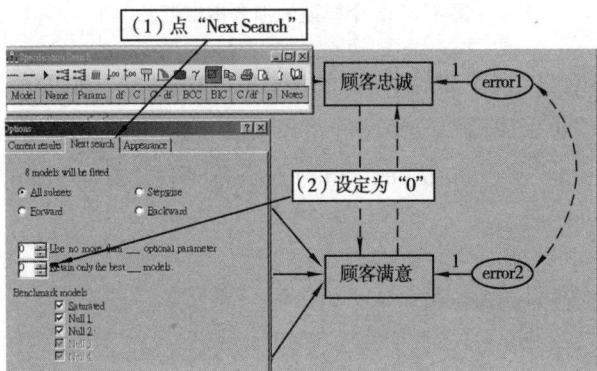

图 8.5 Next Search

在"Retain only the best-model"左边的方格中,将数值设为"0"。如果保持原来的默认值(10)的话,就表示所设定的探索要产生至多 10 个具有 1 个参数的模型、至多 10 个具有 2 个参数的模型等。如果设为"0",则表示所产生的模型数没有受限制,也就是产生 8 个模型。

然后,关掉"Options"窗口。

8.1.5 执行"模型探索"

在"Specification Search"工具列中,按"Perform specification search"(执行模型探索)图标(▶),就会产生"8 个模型的拟合指标汇总表",如图 8.6 所示。

"Model"栏显示模型名称,从 1 到 8,再加上饱和模型(Sat)。在第一列中,模型 1 具有 19 个参数,其自由度为 2。C 在这里是指 Chi-square 值,也就是差异函数(discrepancy function)(也就是第 4 章所说的 CMIN)。

在图中,最佳模型的数值会以底线表示。第 6 章所讨论的 CFI、RMSEA 等在这个表中并不呈现。

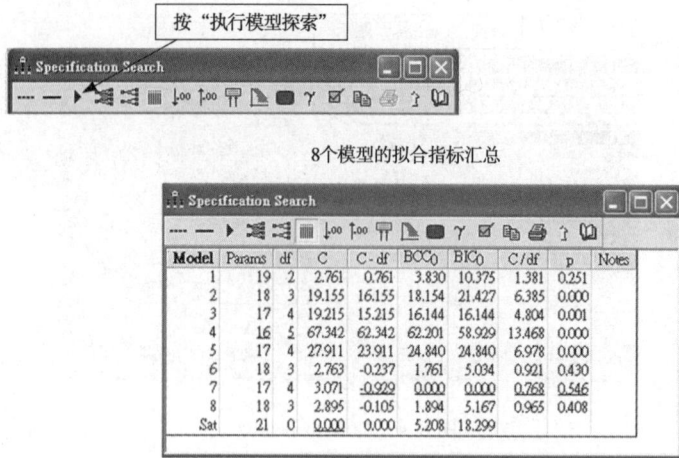

图 8.6　8 个模型的拟合指标汇总

我们可以点击模型所代表的数字,来看该模型的路径图。例如双击"7",就可看到模型 7 的路径图。我们也可以看每个模型的路径系数。在"Specification Search"窗口中,先点 γ 图示(Show parameters estimates on path diagram),再在"7"上点两下,就会出现模型 7 的路径图系数,如图 8.7 所示。

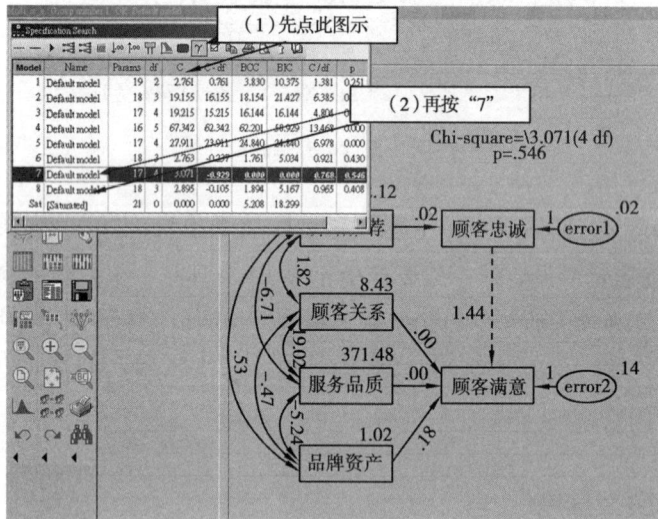

图 8.7　显示模型 7 的参数估计值

8.1.6　Zero-based (BCC$_0$)

如第 6 章所述,BCC(Brwone-Cudeck Criterion)是指 Brwone-Cudeck 标准。BCC 与 AIC 一样,适用于比较多个模型。相较于 AIC,BCC 对于模型的复杂性(参数过多)有较重的处罚(也就是估计值会变高)。BCC 越小表示该模型较优。

在"Specification Search"窗口中,点击"BCC$_0$",数字就会由小到大排序,如图 8.8 所示。

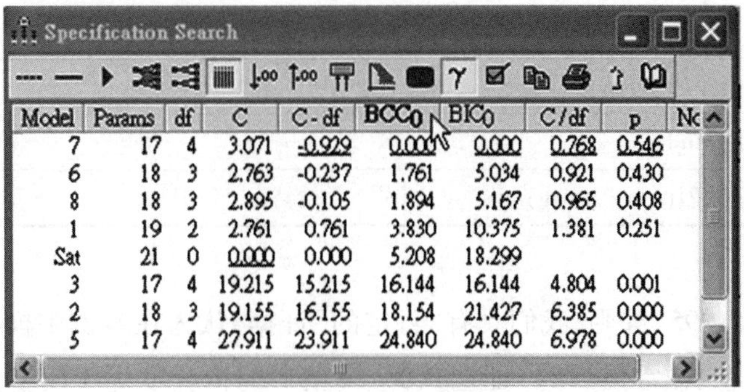

Model	Params	df	C	C-df	BCC0	BIC0	C/df	p	Nc
7	17	4	3.071	-0.929	0.000	0.000	0.768	0.546	
6	18	3	2.763	-0.237	1.761	5.034	0.921	0.430	
8	18	3	2.895	-0.105	1.894	5.167	0.965	0.408	
1	19	2	2.761	0.761	3.830	10.375	1.381	0.251	
Sat	21	0	0.000	0.000	5.208	18.299			
3	17	4	19.215	15.215	16.144	16.144	4.804	0.001	
2	18	3	19.155	16.155	18.154	21.427	6.385	0.000	
5	17	4	27.911	23.911	24.840	24.840	6.978	0.000	

图 8.8 BCC_0

根据 Burnham and Anderson(1998)的建议,将一个常数加到所有的 BCC,以使得最小的 BCC 成为 0。BCC_0 这个 0 的下标就表示这个意义。BIC 也是经过同样的处理。Burnham and Anderson(1998)认为[1]:

BCC_0	拟合度(此模型不是 K-L 最佳模型)
0 ~ 2	没有充分的证据显示此模型不能被视为是此样本所代表的总体的"实际上 K-L 最佳模型"(K-L Best)[2]。简单地说,就是模型与数据拟合度好
2 ~ 4	微弱的证据显示此模型不是 K-L 最佳模型
4 ~ 7	肯定的证据显示此模型不是 K-L 最佳模型
7 ~ 10	强烈的证据显示此模型不是 K-L 最佳模型
> 10	非常强烈的证据显示此模型不是 K-L 最佳模型

根据 Burnham and Anderson(1998)的看法,模型 7(BCC_0 = 0.000)是最佳模型,但是模型 6(BCC_0 = 1.761)、模型 8(BCC_0 = 1.894)也不能剔除。

8.1.7 Zero-based (BIC_0)

在图 8.8 中的 BIC_0,根据 Raftery(1995)的解读是这样的[3]:

BIC_0	Raftery(1995)解读
0 ~ 2	微弱 (Weak)
2 ~ 6	肯定(Positive)

1 Burnham, K. P., and D. R. Anderson. *Model selection and inference: A practical information-theoretic approach* (New York: Springer-Verlag, 1998).

2 K-L 是统计学家 Kullbakc and Leibler 名字的首字母缩写。可参考:Kullback, S., and R. A. Leibler, On information and sufficiency. *Annals of Mathematical Statistics*,1951., Vol. 22. pp. 79-86.

3 Raftery, A. E. Bayesian model selection in structural equation models. In: *Testing structural equation models*, K. A. Bollen and J. S Long, eds. Newbury Park, CA: Sage Publications, 1993, pp. 163-180.

续表

BIC$_0$	Raftery(1995)解读
6 ~ 10	强烈(Strong)
>10	非常强烈(Very strong)

依据 Raftery(1995)准则,我们具有"肯定的"证据,认为在本例中模型 7 的拟合度优于模型 6、8,我们有"非常强烈的"证据认为,模型 7 的拟合度优于模型 6、8 之外的其他模型。

8.1.8　Alkaike weights/Bayes factor（sum = 1）—BCC$_p$

如第 4 章所述,CAIC(Consistent Akaike's Information Criterion)是指一致赤池信息标准。相较于 AIC、BCC,CAIC 对于模型的复杂性(参数过多)有较重的处罚(也就是估计值会变高),但是处罚的程度不如 BIC。CAIC 越小表示该模型较优。

点 [Analyze]、[Specification Search],在出现的"Specification Search"工具列中,点选"Option"图示（ ），或按 Alt + O,在出现的"Options"窗口内,点选 Current results,在其中的"BCC,AIC,BIC"方框内,点选"Akaike weights/Bayes factors（sum = 1）",如图 8.9 所示。

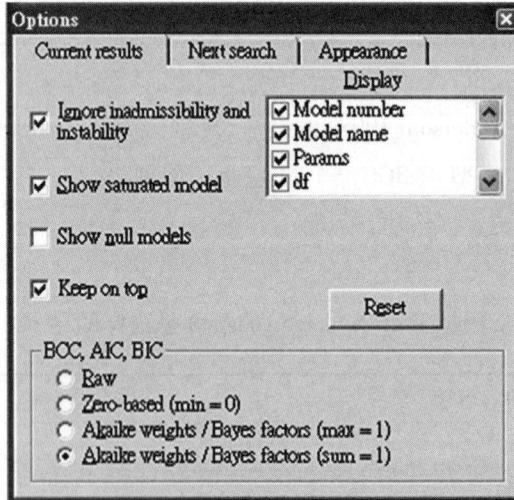

图 8.9　Akaike weights Bayes factors（sum = 1）

在"Specification Search"工具列中,点"Perform specification search"(执行模型探索)图标（ ）。在拟合度输出表（图 8.10）中,原来是 BCC$_0$ 的那一栏现在成了 BCC$_p$,BCC$_p$ 包括了赤池系数(Akaike weights)。BCC$_p$ 的下标 p 表示某种状况的概率。以 BCC$_p$ 来看,"K-L 最佳"的模型 7 只是模型 6 的 2.41 倍(0.494/0.205)。根据 Bozdogan(1987)

的看法,BCC_p 可以这样解读:模型 7 成为"K-L 最佳"模型的概率是 0.494,而模型 6 成为 "K-L 最佳"模型的概率是 0.205。最可能成为最佳模型的是:模型 7、6、8、1。模型 7、6、8、1 的概率总和是 0.96(0.494 + 0.205 + 0.192 + 0.073)。我们可以这样认为,在模型 7、6、8、1 之中,必有一个成为最佳模型的概率是 96%。

Model	Params	df	C	C - df	BCCp	BICp	C/df	p	Notes
7	17	4	3.071	-0.929	0.494	0.860	0.768	0.546	
6	18	3	2.763	-0.237	0.205	0.069	0.921	0.430	
8	18	3	2.895	-0.105	0.192	0.065	0.965	0.408	
1	19	2	2.761	0.761	0.073	0.005	1.381	0.251	
Sat	21	0	0.000	0.000	0.037	0.000			
3	17	4	19.215	15.215	0.000	0.000	4.804	0.001	
2	18	3	19.155	16.155	0.000	0.000	6.385	0.000	
5	17	4	27.911	23.911	0.000	0.000	6.978	0.000	
4	16	5	67.342	62.342	0.000	0.000	13.468	0.000	

图 8.10　BCC_p

8.1.9　Alkaike weights/ Bayes factor(sum = 1)—BIC_p

从图 8.10 的 BIC_p 来看,模型 7 是正确的模型的概率是 0.860。我们具有充足的理由认为,模型 7、6、8 的概率总和是 0.99(0.860 + 0.069 + 0.065)。我们可以这样认为,在模型 7、6、8 之中,必有一个成为最佳模型的概率是 99%。

8.1.10　Alkaike weights/ Bayes factor(max = 1)—BCC_L

点[Analyze]、[Specification Search],在出现的"Specification Search"工具列中,点选 "Option"图示(☑),或按 Alt + O,在出现的"Options"窗口内,点选 Current results,在其

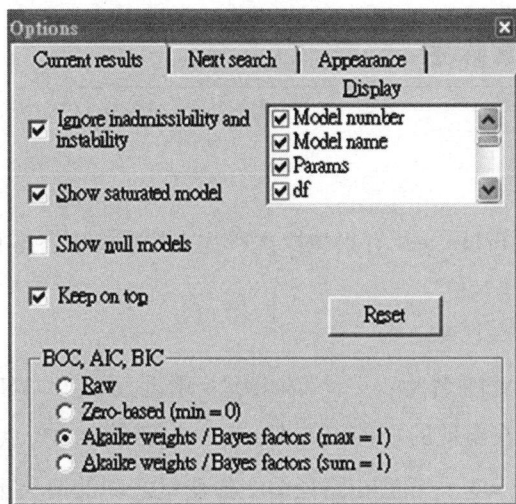

图 8.11　Akaike weights Bayes factors(max = 1)

中的"BCC, AIC, BIC"方框内, 点选"Akaike weights/Bayes factors（max = 1）", 如图 8.11 所示。

在"Specification Search"工具列中, 点"Perform specification search"（执行模型探索）图标（ ▶ ）。在拟合度输出表中, 点击"Show short list"图示（ 🚩 ）, 或按 Ctrl + S, 以显示简要输出, 如图 8.12 所示。

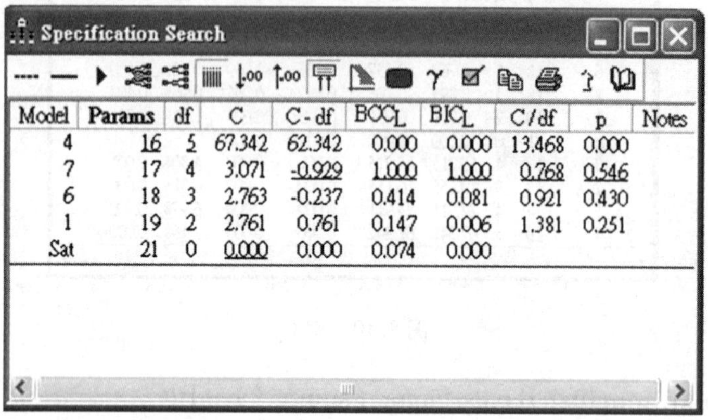

图 8.12　BCC_L

输出报表中的 BCC_L 显示, 具有"17 个参数"的模型 7 远优于具有"16 个参数"的模型 4。参数数目如果超过 17, 所提高的拟合度相当有限。参数数目从 16 到 17, 会获得相对高的"报酬"。

8.1.11　Alkaike weights/ Bayes factor（max = 1）—BIC_L

从图 8.12 的 BIC_L 来看, 也可以获得上述的结论。

8.2　探索性模型探索

8.2.1　研究问题

研究者 Felson and Bohrnstedt 有兴趣探索所建立的模型中各变量的影响情形。

8.2.2　设定

打开文件（Amos 文件名称: …… \ Chap08 \ Modi _ SS _ b. AMW）。点［Analyze］、［Specification Search］, 在出现的"Specification Search"工具列中, 点击最左边虚线"Make arrows optional"的图示（ ---- ）, 然后在路径图中各变量之间的箭头上分别加以点选, 使它们呈现出虚线, 如图 8.13 所示。

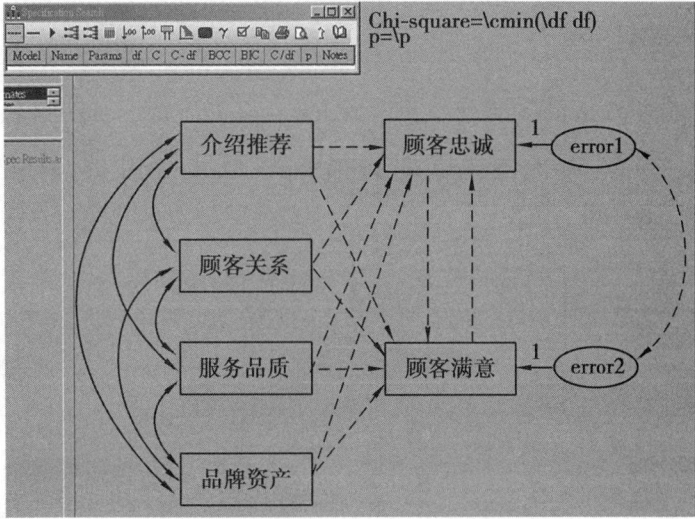

图 8.13　分别加以点选各变量之间的箭头

8.2.3　选择"探索"的选项

在"Specification Search"工具列中，点选"Option"图示（ ☑ ），或按 Alt + O，在出现的"Options"窗口中，其 Current results 选"Zero-based（min =0）"。

点［Next search］，在"Retain only the best ___model"左边的方格中，将数值设为"10"。这表示所设定的探索要产生至多 10 个具有 1 个参数的模型、至多 10 个具有 2 个参数的模型等。所产生的情况如图 8.14 所示。然后，关掉"Options"窗口。

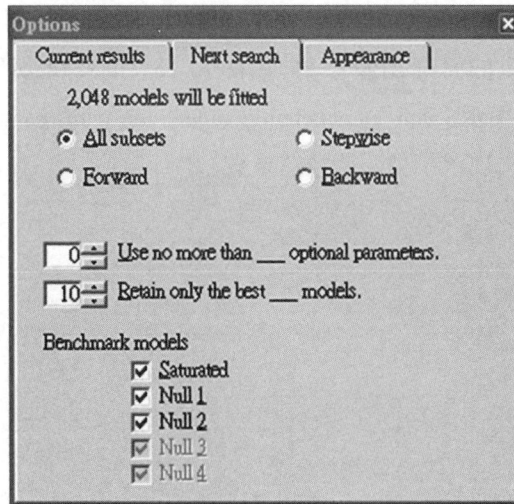

图 8.14　Next Search

8.2.4 执行"模型探索"

在"Specification Search"工具列中，点"Perform specification search"（执行模型探索）图标（ ▶ ），就会产生"拟合指标汇总表"，如图 8.15 所示。图中的(a)所呈现的是 BCC 排序，(b)所呈现的是 BIC 排序。

（a）以 BCC 排序

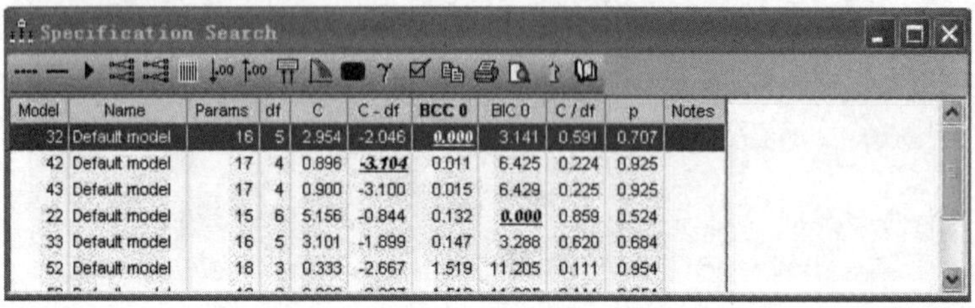
Specification Search

Model	Name	Params	df	C	C - df	BCC 0	BIC 0	C / df	p	Notes
32	Default model	16	5	2.954	-2.046	0.000	3.141	0.591	0.707	
42	Default model	17	4	0.896	-3.104	0.011	6.425	0.224	0.925	
43	Default model	17	4	0.900	-3.100	0.015	6.429	0.225	0.925	
22	Default model	15	6	5.156	-0.844	0.132	0.000	0.859	0.524	
33	Default model	16	5	3.101	-1.899	0.147	3.288	0.620	0.684	
52	Default model	18	3	0.333	-2.667	1.519	11.205	0.111	0.954	

（b）以 BIC 排序

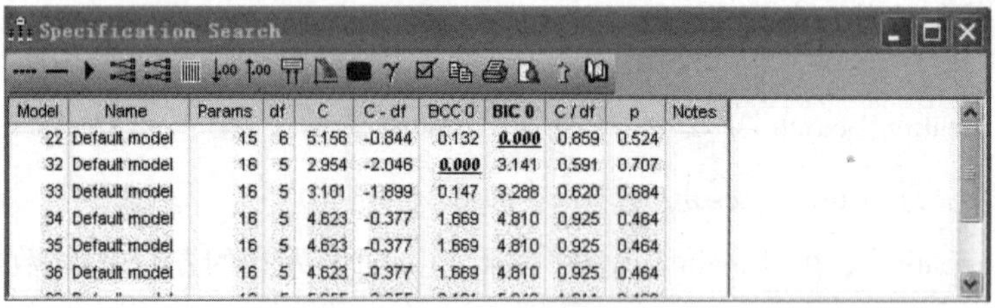
Specification Search

Model	Name	Params	df	C	C - df	BCC 0	BIC 0	C / df	p	Notes
22	Default model	15	6	5.156	-0.844	0.132	0.000	0.859	0.524	
32	Default model	16	5	2.954	-2.046	0.000	3.141	0.591	0.707	
33	Default model	16	5	3.101	-1.899	0.147	3.288	0.620	0.684	
34	Default model	16	5	4.623	-0.377	1.669	4.810	0.925	0.464	
35	Default model	16	5	4.623	-0.377	1.669	4.810	0.925	0.464	
36	Default model	16	5	4.623	-0.377	1.669	4.810	0.925	0.464	

图 8.15 BCC 与 BIC 排序

以 BCC 来看，模型 32 是最佳模型，以 BIC 来看，模型 22 是最佳模型，我们现在可以来看看模型 32、模型 22 的路径图及系数，如图 8.16、图 8.17 所示。（在"Specification Search"窗口中，先按 γ 图示（Show parameters estimates on path diagram），再在模型所代表的数字上点两下，就会出现该模型的路径图系数）。

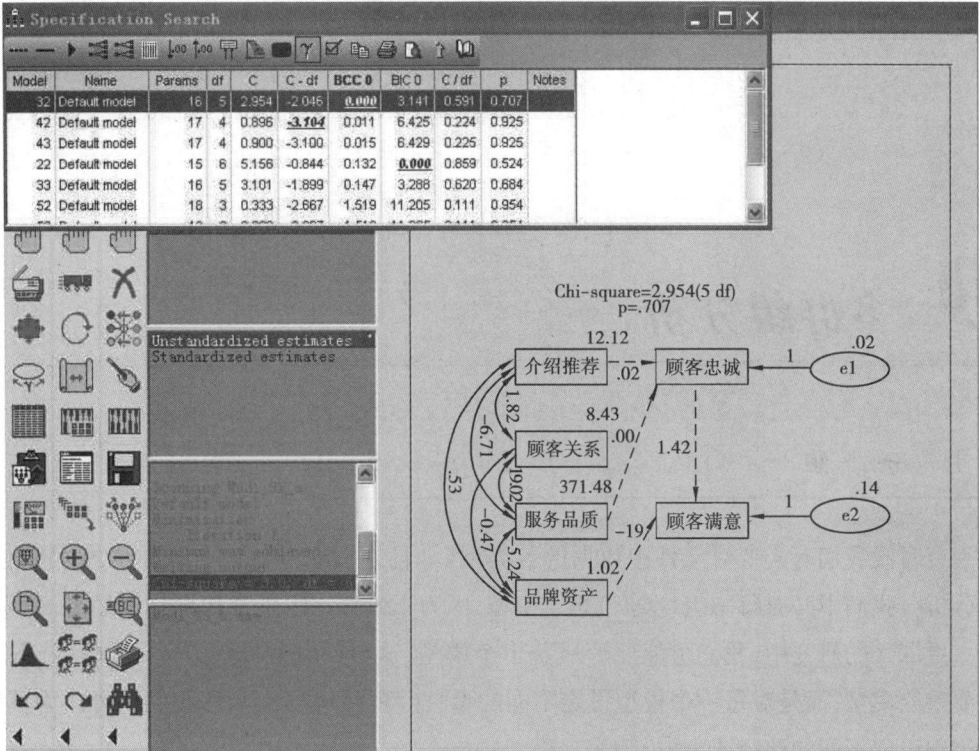

图 8.16　模型 32 的路径图及系数

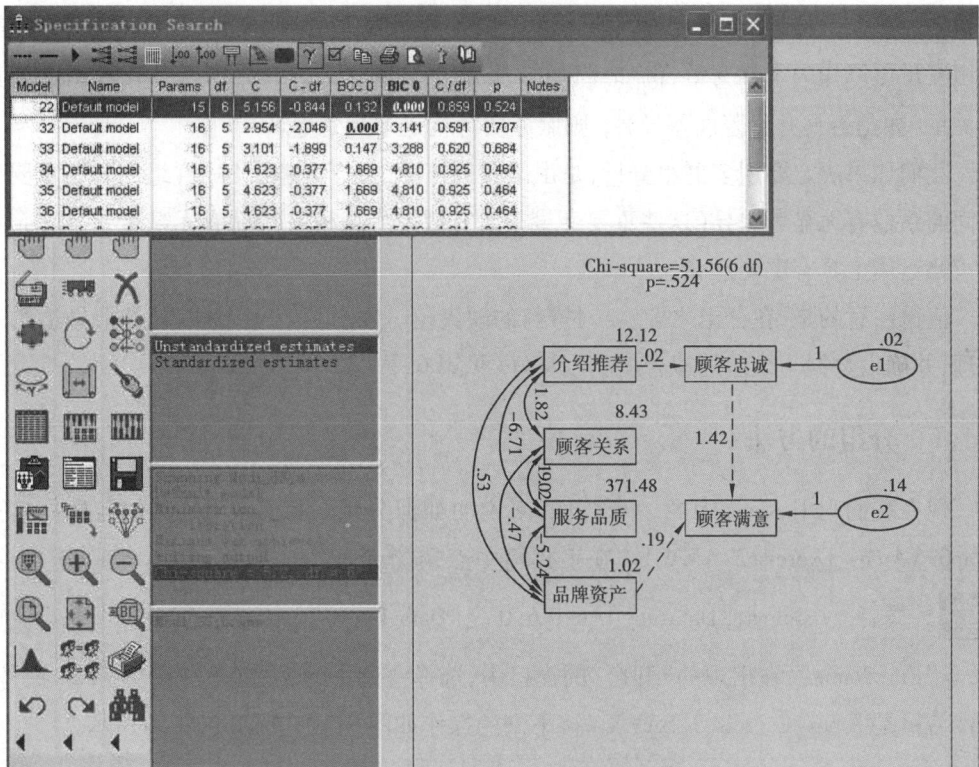

图 8.17　模型 22 的路径图及系数

9 多群组分析

9.1 分　组

有时候我们有必要对文件中数据的各类型(如性别、领导风格、广告类型等)分别加以分析。我们不必对每一组(类型)重绘模型,因为不论哪一组别都用同样的模型进行分析。更深入的研究中,我们可能要形成若干个模型,这里所说的"形成若干个模型"并不是要重绘模型,而是对每一个模型设定不同的参数(路径系数)。当然我们也可以为不同的组别设定不同的路径图(或模型)。

SPSS 中所分的群组,有的是明显容易分辨的(如性别、广告类型),有的是经过聚类分析之后产生的群组类别(可参考荣泰生《SPSS 与研究方法》第 9 章)。值得一提的是,分组变量可以作为干扰变量,例如,将服务质量分为高、低二类,分别考察在模型中变量的关系(如是否具有显著性差异)[1],则服务质量就是干扰变量。

我们如果决定要用多群组分析,是由于我们怀疑(或有兴趣了解)群组之间在重要变量间的系数有无显著差异(这些重要变量与研究假说息息相关),而有无显著差异在企业的策略运用上具有重要意涵。

值得注意的是,在分组之前,要对资料的缺失值、违犯估计、正态性、异常值做适当的处理,并确信数据与模型的拟合度相当良好(见第 6 章)。

9.1.1　分组的方法

现在我们利用 Amos 中的一个范例,来说明如何分组。打开文件(文件名称:……\Chap09\Amos_Exercise2. AMW)。在工具箱中点选"Select data file(s)(Ctrl + D)"图示(▦),或者点 [File]、[Dataset](Amos 6.0 为[Data Files]),在出现的"Data Files"窗口中,点"File Name",在出现的"开启"的窗口中,选择要读入的文件(本例中为 SPSS 文件,文件名称是 Amos_Exercise2. SAV)。接下来的操作如图 9.1 中的(2)到(5)所示。

---

1 可用 critical ratio for differences 来检验,容后说明。

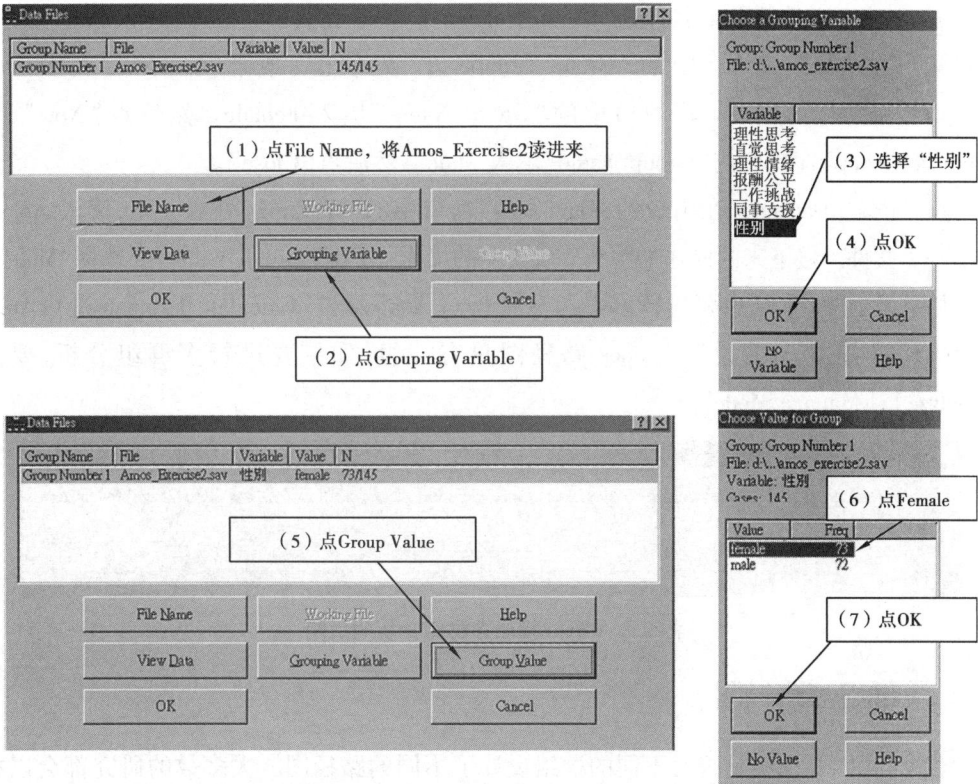

图9.1 分组（女性）

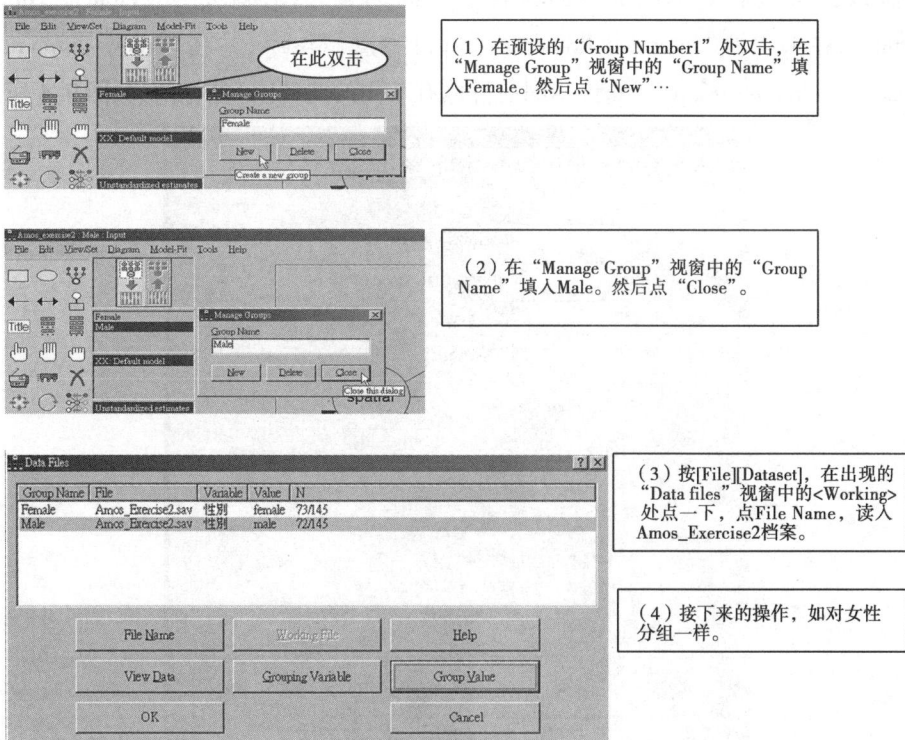

图9.2 分组（男性）

Amos 对于文件的预定名称是"Group Number 1"。现在我们将它改成"Female",以便于辨识。在"群组清单"中的"Group Number 1"处双击(或点[Analyze]、[Manage Group]),在"Manage Group"窗口中的"Group Name"填入 Female。然后点"New",在"Manage Group"窗口中的"Group Name"填入 Male。然后点"Close"。

点[File][Dataset],在出现的"Data files"窗口中的"Working"处点一下,读入 Amos_Exercise2 文件。接下来的操作如图 9.2 所说明的操作。只是"Group Value"要选择"Male"。

如果没有分组,却想要进行多群组分析(点[Analyze]、[Calculate Estimates]),Amos 就会提出如图 9.3 的说明(Amos 路径图只有一组,如果要进行多群组分析,要点[Analyze]、[Manage Model])。

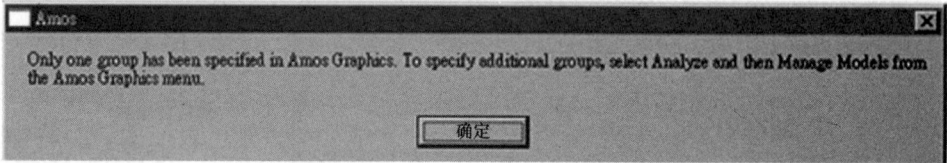

图 9.3 Amos 提出多群组分析的说明

9.1.2 群组与路径图

首先,我们要说明是否对不同的群组设计了不同的路径图。大多数的研究都会以相同的路径图来检验两组在各回归系数(或路径系数)上的差异,但不同的研究者有不同的目的,所以如果我们对不同的群组设计了不同的路径图,就要点[View]、[Interface Properties],在出现的"Interface Properties"窗口中点[Misc],并在"Allow different path diagrams for different groups"(允许不同的群体有不同的路径图)处打勾,如图 9.4 所示。

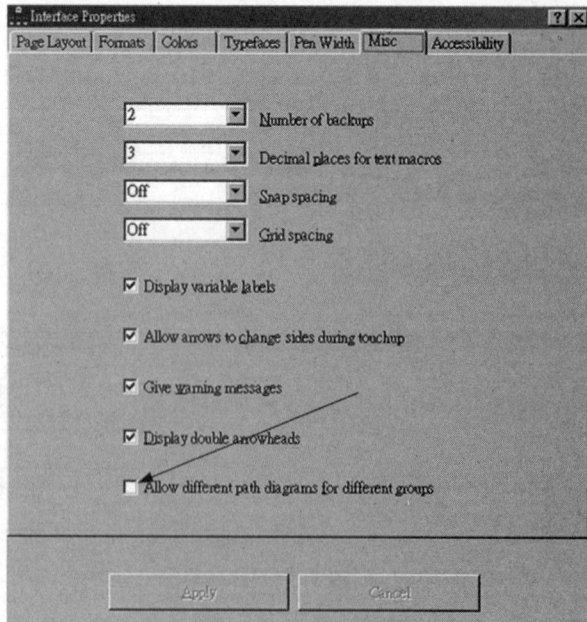

图 9.4 界面属性

9.1.3　分析组性:交代要分析什么

分组妥善之后,我们就要交代要分析什么。点［View］、［Analyze Properties］,在"Analyze Properties"窗口的 Output 勾选"Critical ratios for differences"(参数差异临界比例值),如图 9.5 所示。这个值可比较两组在回归系数上的差异是否显著。

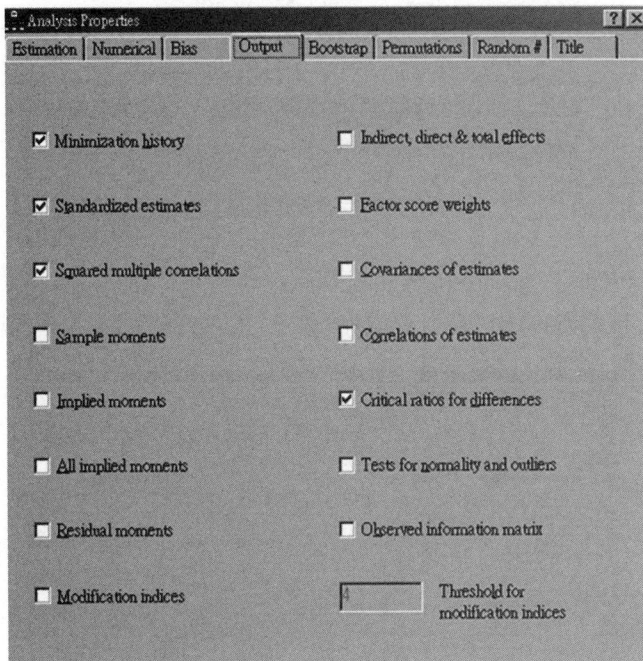

图 9.5　分析属性窗口

9.1.4　参数名称设定与模型

接着,我们要设定参数名称,以及要分析的模型。点［Analyze］、［Multiple-Group Analysis］(或者点工具箱中的 图示),此时 Amos 会提出以下的说明(图 9.6),意思是说:此程序将会清除你在路径图左边所建立的模型(如果先前你已经建立过模型),它也会修正你的参数限制。点"确定"即可。

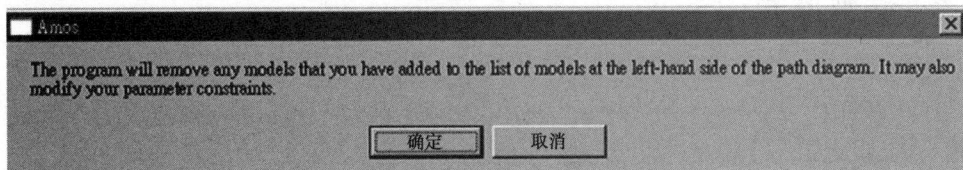

图 9.6　多群组分析前 Amos 的说明(警告)

在"Multiple-Group Analysis"窗口中,呈现了 5 个模型,分别是 Measurement weights(测量模型的系数)、Structural weights(结构模型的系数)、Structural covariances(结构模型

的协方差)、Structural residuals(结构模型的残差)、Measurement residuals(测量模型的残差),如图9.7所示。

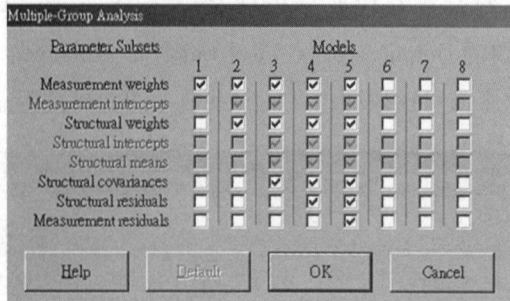

图9.7　多群组分析窗口

在"Multiple-Group Analysis"窗口中,我们所勾选的模型(当然你也可以只建立三个模型或两个模型,这要看你的研究目的而定),会产生相关的系数名称,如图9.8所示。

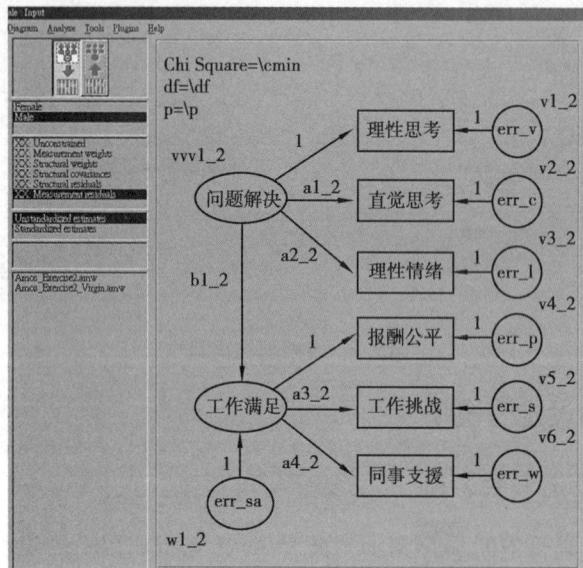

图9.8　在路径图上产生相关的系数

9.2　模型管理

点[Analyze]、[Manage Models],我们要进行模型管理。由于我们在先前的多群组分析窗口中,设定了5个模型,所以加上 Unconstrained(未设限)模型总共有6个模型。

Unconstrained

在"显示区"点 Unconstrained,在"Manage Models"窗口中,不做任何限制,如图9.9所示。

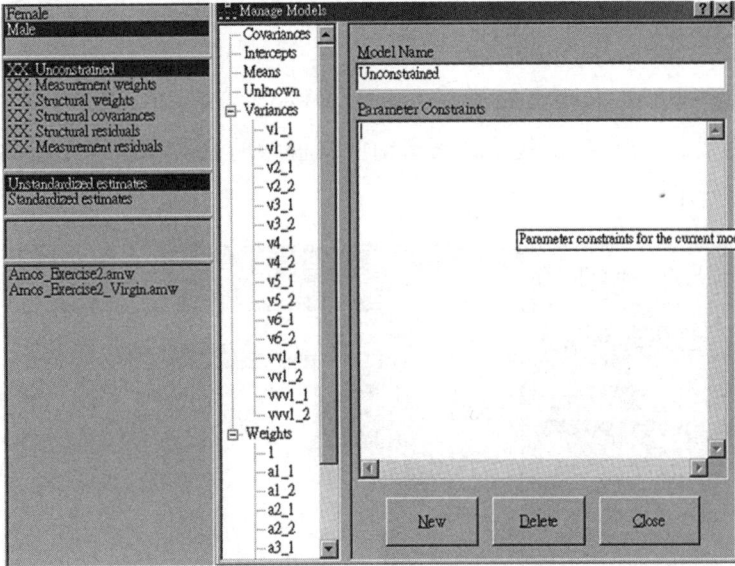

图 9.9 Unconstrained Model 的设定(不做任何设定)

Measurement weights

在"显示区"点 Measurement weights,在"Manage Models"窗口中,就会呈现在多群组分析窗口中对于模型 1 的设定,也就是在两组中对测量模型的系数设为相等,如图 9.10所示。

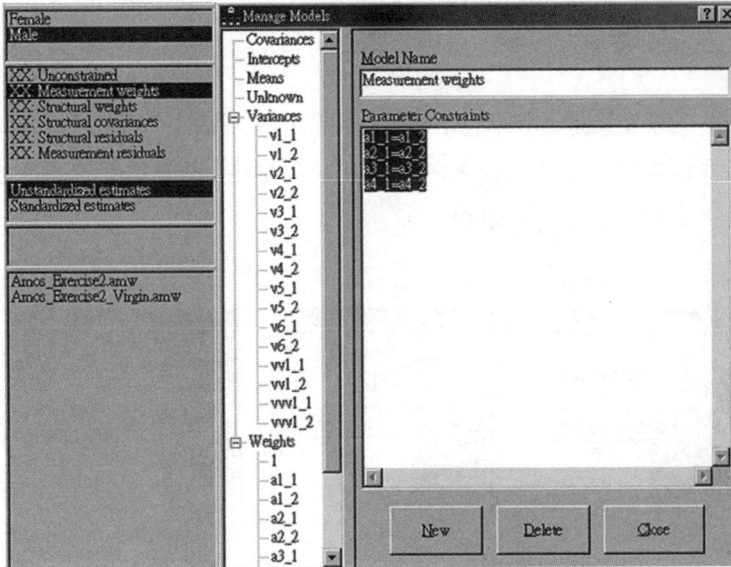

图 9.10 Measurement weights 的设定

Structural weights

在"显示区"点 Structural weights,在"Manage Models"窗口中,就会呈现在多群组分析窗口中对于模型 2 的设定,也就是把两组中测量模型的系数和结构模型的系数设为相等,如图 9.11 所示。

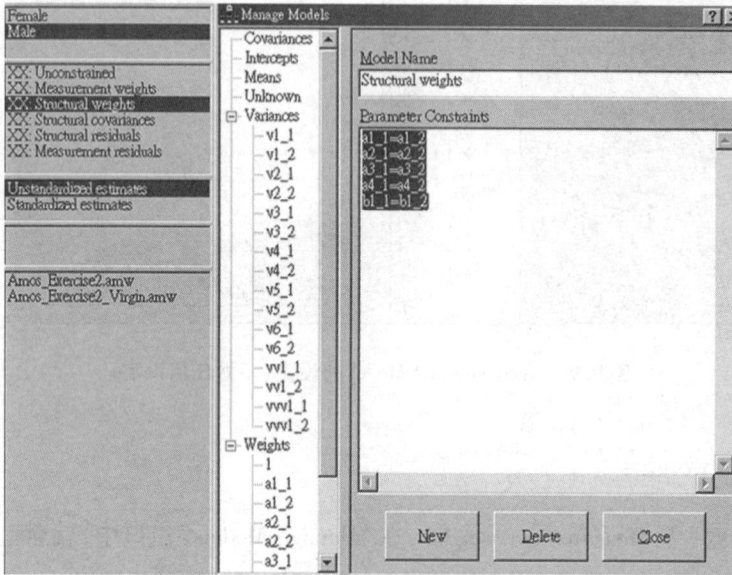

图 9.11　Structural weights 的设定

模型 3、4、5 的设定情形

模型 3、4、5 的设定情形如图 9.12 所示。我们这里所说的"设定"是 Amos 依照我们在多群组分析窗口中的勾选情形所做的设定。简单地说,设限的情况愈来愈严格,而且总是依据前一个模型再加上一些限制。

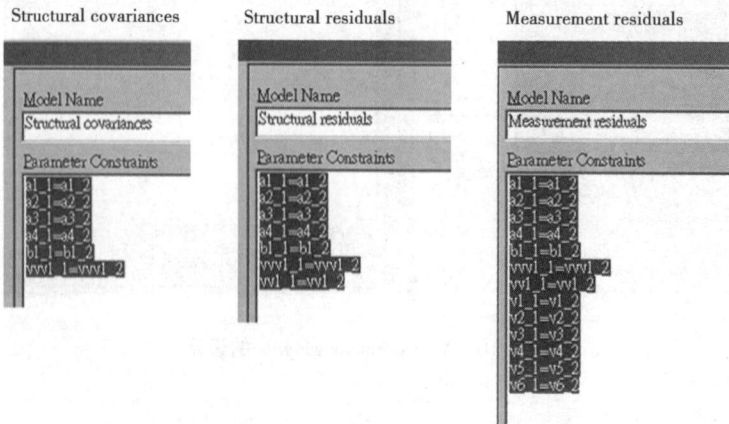

图 9.12　模型 3、4、5 的设定情形

9.3　执　行

模型设计妥善之后,我们就要执行,点[Analyze]、[Calculate Estimates]或Ctrl + F9,就会在"显示区"看到OK的字样,如图9.13所示。原来是XX,如果看不到OK字样,表示执行有问题。此时要再检查参数、模型的设定是否有问题。

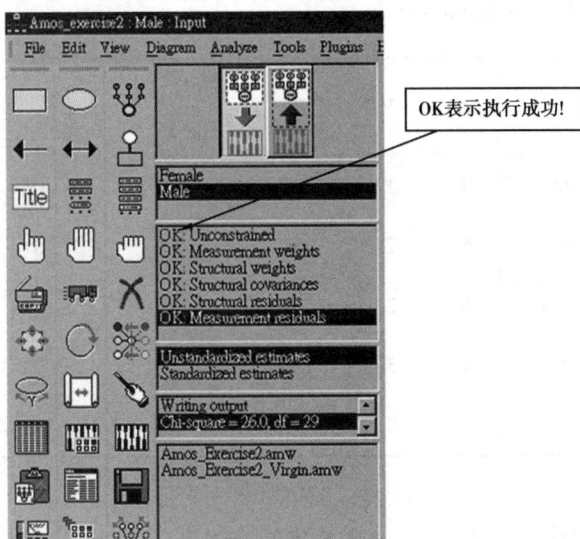

图9.13　执行OK

9.4　报表解读

点[View]、[Text Output]或F10,就可以看到输出报表。

9.4.1　RMSEA

从RMSEA的数据中,我们发现这模型的"模型与数据拟合"情形相当良好(RMSEA均<0.05)。

Model	RMSEA	LO 90	HI 90	PCLOSE
Unconstrained	.01	.00	.08	.74
Measurement weights	.00	.00	.07	.87
Structural weights	.00	.00	.06	.88
Structural covariances	.00	.00	.06	.91
Structural residuals	.00	.00	.07	.85
Measurement residuals	.00	.00	.06	.92
Independence model	.27	.24	.29	.00

9.4.2 Nested Model Comparison:**测量模型**

在 Nested Model Comparison(嵌套模型比较)项下,在 Assuming model Unconstrained to be correct(假设未设限模型为真的情况下),Measurement weights 模型(测量系数模型)的 P=0.77>0.05,表示男女两组在测量模型系数(因素负荷量)上无显著差异或具有组间不变性(invariance between groups)。

Assuming model Unconstrained to be correct:

Model	DF	CMIN	P	NFI Delta-1	IFI Delta-2	RFI rho-1	TLI rho-2
Measurement weights	4	1.81	.77	.01	.01	−.01	−.01
Structural weights	5	2.33	.80	.01	.01	−.01	−.01
Structural covariances	6	2.68	.85	.01	.01	−.01	−.02
Structural residuals	7	5.56	.59	.02	.02	−.01	−.01
Measurement residuals	13	9.54	.73	.03	.03	−.01	−.01

但是上述说明的只是整体现象,也就是整体性的无差异 χ^2 检定,可能会蒙蔽特定因素负荷量的组间效果,所以我们要利用"参数配对"来考察个别变量。在报表中点 [Pairwise Parameter Comparisons]、[Unconstrained],在 Critical Ratios for Differences between Parameters (Unconstrained)表中(图9.14),我们要检查两组在测量模型系数上的情形。

下表是简化的表,只呈现我们要察看的测量模型的系数。临界比率值(就是交叉格所显示的统计量)的绝对值均小于1.96。当显著水平设为0.05时,如果统计量的绝对值大于1.96,则可解释为"在0.05的显著水平下,两组的系数值具有显著性差异"。当显著水平设为0.01时,如果统计量的绝对值大于2.58,则可解释为"在0.01的显著水平下,两组的系数值具有显著性差异"。当显著水平设为0.001时,如果统计量的绝对值大于3.29,则可解释为"在0.001的显著水平下,有显著性差异"。

此例的统计量的绝对值为:a1_1 与 a1_2 为 −0.70、a2_1 与 a2_2 为 0.58、a3_1 与 a3_2 为 −0.25、a4_1 与 a4_2 为 0.15,故我们可得出结论:"在0.05的显著水平下,均没有显著性差异"。换句话说,在两组之间,"直觉思考"对"问题解决"的影响、"理性情绪"对"问题解决"的影响、"工作挑战"对"工作满足"的影响、"同事支持"对"工作满足"的影响均无显著性的差异。

Amos Output

Amos_Exercise2.amw
⊞ Analysis Summary
— Notes for Group
⊞ Variable Summary
— Parameter summary
⊞ Notes for Model
⊞ Estimates
— Minimization History
■ Pairwise Parameter Comparisons
⊞ Model Fit
⊞ Model Comparison
— Execution Time

Female
Male

Unconstrained
Measurement weights
Structural weights
Structural covariances
Structural residuals
Measurement residuals

Pairwise Parameter Comparisons (Unconstrained)

Critical Ratios for Differences between Parameters (Unconstrained)

	a1_1	a2_1	a3_1	a4_1	b1_1	vvv1_1	v1_1	v2_1	v3_1	v4_1	v5_1	v6_1	vv1_1	a1_2	a2_2	a3_2	a4_2	b1_2	vvv1_2	v1_2	v2
a1_1	.00																				
a2_1	2.48	.00																			
a3_1	3.37	.43	.00																		
a4_1	5.42	2.74	3.78	.00																	
b1_1	-2.06	-3.50	-5.07	-6.49	.00																
vvv1_1	2.76	2.66	2.70	2.59	2.81	.00															
v1_1	3.92	3.86	3.76	3.61	3.95	.05	.00														
v2_1	4.17	4.02	3.97	3.61	4.36	-1.40	-1.82	.00													
v3_1	3.50	3.37	3.41	3.30	3.54	.48	.40	1.92	.00												
v4_1	2.53	1.80	1.82	.75	2.86	-2.51	-3.48	-3.22	-3.20	.00											
v5_1	3.92	3.58	3.45	3.02	4.10	-1.84	-2.54	-1.14	-2.50	2.30	.00										
v6_1	3.90	3.78	3.74	3.50	3.96	-.35	-.51	1.49	-.90	3.25	2.20	.00									
vv1_1	3.73	3.38	3.22	2.66	3.89	-1.92	-2.62	-1.33	-2.56	2.06	-.23	-2.45	.00								
a1_2	-.70	-2.31	-3.71	-5.63	.67	-2.81	-3.91	-4.31	-3.52	-2.69	-4.00	-3.93	-3.81	.00							
a2_2	1.86	.58	.36	-1.36	2.53	-2.68	-3.72	-3.84	-3.39	-1.35	-3.35	-3.70	-3.15	2.54	.00						
a3_2	2.98	.24	-.25	-3.05	4.86	-2.71	-3.77	-3.99	-3.42	-1.76	-3.57	-3.76	-3.36	-.48	-.48	.00					
a4_2	4.96	2.67	2.77	.15	6.12	-2.58	-3.60	-3.58	-3.29	-.59	-2.99	-3.55	-2.77	5.20	1.41	3.68	.00				
b1_2	-.94	-2.55	-4.35	-6.12	.67	-2.82	-3.92	-4.32	-3.53	-2.74	-4.02	-3.94	-3.84	-.14	-2.64	-3.62	-5.24	.00			
vvv1_2	2.05	1.98	1.96	1.84	2.09	-.65	-.81	.56	-1.12	1.75	1.04	-.43	1.12	2.05	1.85	1.97	1.83	2.05	.00		
v1_2	4.43	4.35	4.33	4.20	4.48	.77	.84	2.68	.31	4.08	3.27	1.36	3.35	4.48	4.42	4.34	4.19	4.49	1.28	.00	
v2_2	5.19	4.97	4.94	4.62	5.29	-.88	-1.21	1.05	-1.50	4.24	2.43	5.17	4.84	4.96	4.59	5.25	-.05	-2.09			
v3_2	3.11	3.06	3.05	2.97	3.14	.94	.97	2.11	.59	2.91	2.44	1.32	2.50	3.13	2.97	3.06	2.97	3.13	1.63	.34	1.
v4_2	2.37	1.50	1.39	.17	2.80	-2.57	-3.57	-3.44	-3.27	-.41	-2.79	-3.51	-2.58	2.56	.99	1.60	.10	2.58	-1.81	-4.16	-4.
v5_2	3.77	3.32	3.26	2.61	3.98	-2.09	-2.90	-1.88	-2.77	1.91	-.82	-2.69	-.59	3.87	3.01	3.18	2.52	3.91	-1.31	-3.58	-2.
v6_2	4.10	3.96	3.94	3.74	4.16	-.38	-.55	1.52	-.94	3.56	2.34	-.03	2.46	4.13	3.89	3.94	3.65	4.14	.41	-1.41	
vv1_2	2.59	2.11	2.03	1.33	2.83	-2.35	-3.25	-2.63	-3.04	.74	-1.75	-3.11	-1.53	2.70	1.85	1.99	1.18	2.67	-1.59	-3.86	-3.

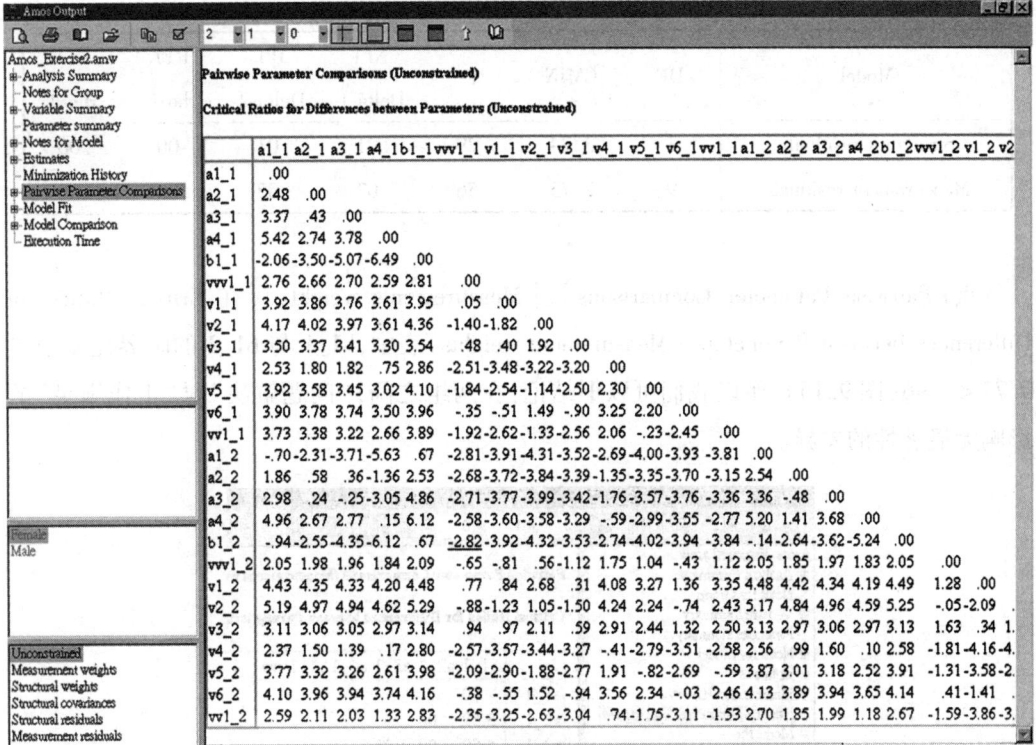

图9.14 Pairwise Parameter Comparison

Critical Ratios for Differences between Parameters (Unconstrained)

	a1_1	a2_1	a3_1	a4_1
a1_2	-.70	-2.31	-3.71	-5.63
a2_2	1.86	.58	.36	-1.36
a3_2	2.98	.24	-.25	-3.05
a4_2	4.96	2.67	2.77	.15

9.4.3 Nested Model Comparison：结构模型

接着我们要在 Assuming model Measurement weights to be correct（假设测量模型为真的情况下），来检查结构模型。Structural weights 模型（结构系数模型）的 P = 0.47 > 0.05，表示男女两组在结构模型系数上无显著差异。

Assuming model Measurement weights to be correct：

Model	DF	CMIN	P	NFI Delta-1	IFI Delta-2	RFI rho-1	TLI rho-2
Structural weights	1	.52	.47	.00	.00	.00	.00
Structural covariances	2	.87	.65	.00	.00	.00	.00

续表

Model	DF	CMIN	P	NFI Delta-1	IFI Delta-2	RFI rho-1	TLI rho-2
Structural residuals	3	3.74	.29	.01	.01	.00	.00
Measurement residuals	9	7.73	.56	.02	.02	.00	.00

点[Pairwise Parameter Comparisons]、[Measurements weights],在 Critical Ratios for Differences between Parameters(Measurement weights)表中,b1_1 与 b1_2 的临界比率值是 0.72 < 1.96(图 9.15),所以我们可以下结论:在两组之间,"问题解决"对"工作满足"的影响无显著性的差异。

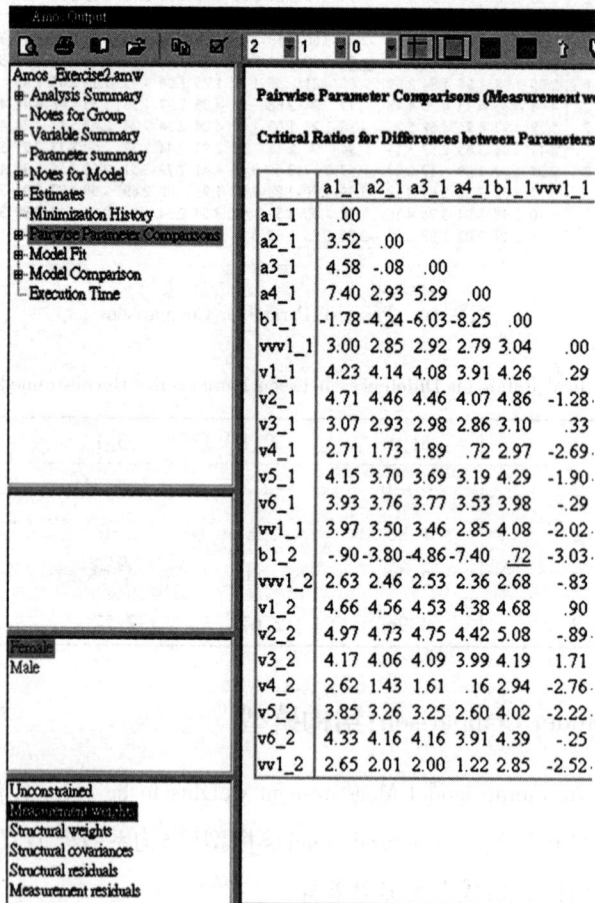

图 9.15 Critical Ratios for Differences between Parameters(Measurement weights)

9.4.4 Nested Model Comparison:协方差分析

接着我们可在 Assuming model Structural weights to be correct(假设结构模型为真的情况下),来检查结构模型。Structural covariances 模型(结构协方差模型)的 P = 0.55 >

0.05,表示男女两组在协方差系数上无显著差异。

Assuming model Structural weights to be correct:

Model	DF	CMIN	P	NFI Delta-1	IFI Delta-2	RFI rho-1	TLI rho-2
Structural covariances	1	.35	.55	.00	.00	.00	.00
Structural residuals	2	3.23	.20	.01	.01	.01	.01
Measurement residuals	8	7.21	.51	.02	.02	.00	.00

点[Pairwise Parameter Comparisons]、[Structural weights],在 Critical Ratios for Differences between Parameters (Structural weights)表中,vvv1_1 与 vvv1_2 的临界比率值是 -0.59 <1.96(图 9.16),所以我们可以下结论:在两组之间,"问题解决"之间"工作满足"的协方差无显著性的差异。

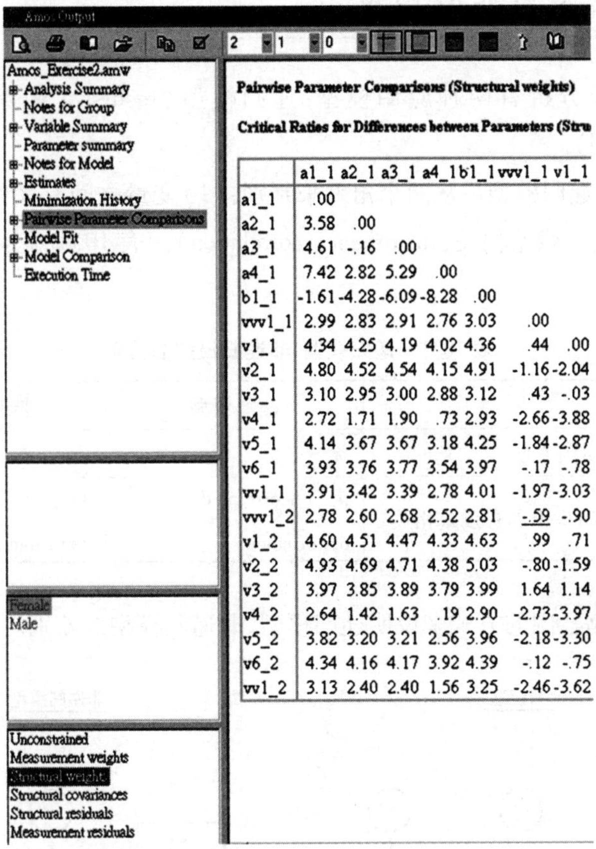

	a1_1	a2_1	a3_1	a4_1	b1_1	vvv1_1	v1_1
a1_1	.00						
a2_1	3.58	.00					
a3_1	4.61	-.16	.00				
a4_1	7.42	2.82	5.29	.00			
b1_1	-1.61	-4.28	-6.09	-8.28	.00		
vvv1_1	2.99	2.83	2.91	2.76	3.03	.00	
v1_1	4.34	4.25	4.19	4.02	4.36	.44	.00
v2_1	4.80	4.52	4.54	4.15	4.91	-1.16	-2.04
v3_1	3.10	2.95	3.00	2.88	3.12	.43	-.03
v4_1	2.72	1.71	1.90	.73	2.93	-2.66	-3.88
v5_1	4.14	3.67	3.67	3.18	4.25	-1.84	-2.87
v6_1	3.93	3.76	3.77	3.54	3.97	-.17	-.78
vv1_1	3.91	3.42	3.39	2.78	4.01	-1.97	-3.03
vvv1_2	2.78	2.60	2.68	2.52	2.81	-.59	-.90
v1_2	4.60	4.51	4.47	4.33	4.63	.99	.71
v2_2	4.93	4.69	4.71	4.38	5.03	-.80	-1.59
v3_2	3.97	3.85	3.89	3.79	3.99	1.64	1.14
v4_2	2.64	1.42	1.63	.19	2.90	-2.73	-3.97
v5_2	3.82	3.20	3.21	2.56	3.96	-2.18	-3.30
v6_2	4.34	4.16	4.17	3.92	4.39	-.12	-.75
vv1_2	3.13	2.40	2.40	1.56	3.25	-2.46	-3.62

图 9.16 Critical Ratios for Differences between Parameters (Structural weights)

如果研究者有兴趣可以继续对残差进行分析。由于逻辑方法相同,所以本章将不再说明。

$\boldsymbol{10}$ Amos 重要课题

10.1 递归模型与非递归模型

PA-OV 的路径分析有两种应用模型：递归模型（recursive model）与非递归模型（nonrecursive model）。

递归模型与非递归模型可从两个角度来判别：（1）变量之间有无回溯关系；（2）残差（误差）之间是否具有残差相关（disturbance correlation）。表 10.1 显示了递归模型、非递归模型的差别。

表 10.1　递归模型、非递归模型的差别

	递归模型	非递归模型
变量之间有无回溯关系	无	有
残差（误差）之间是否具有残差相关	无（uncorrelated disturbance）	有（correlated disturbance）

图 10.1 是以路径图的方式来说明递归模型、非递归模型的差别。

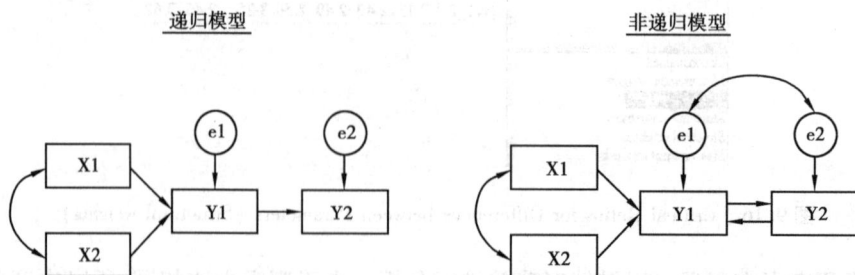

图 10.1　以路径图的方式来说明递归模型、非递归模型的差别

10.1.1　理论背景

图 10.1 中可看到,非递归模型是 2 个变量(潜在变量)互相影响:Y1 影响 Y2、Y2 影响 Y1。在有关管理的理论中,不乏这种现象。例如,快乐的员工会带来高的生产力,而生产力高的员工会快乐。根据 Bandura(1982)的自我功效理论(Self-Efficacy Theory),个人对于自己是否能胜任地从事某一行为的信念(称为自我功效),会决定他是否执行该项行为[1]。但也有学者主张行为影响信念(做久了、做多了,自然会认同)。同时,根据 Fishbein and Ajzen(1975),人们行为的倾向态度是依据他们对行为所产生结果(outcome)的喜好而定的[2]。

在非递归模型中,两个变量互为因果。所以我们有必要对因果关系加以了解。

10.1.2　因果式研究

对因果关系所建立的假说需要比描述式研究更为复杂的方法。在因果式研究中,必须假设某一变量 X(例如广告)是造成另一变量 Y(例如对于水族馆的态度)的原因,因此研究者必须搜集数据以推翻或不推翻(证实)这个假说。同时,研究者也必须控制 X 及 Y 以外的变量。

因果的观念

二个(或以上)的变量之间具有关系并不能保证这个关系是因果关系(causal)。种瓜得瓜、种豆得豆就是典型的因果关系。胡适说过:"要怎么收获(果),先怎么栽(因)"也是典型的因果关系叙述。因果关系至少表示了二个实体的或验证的事件的关系(实证是指可以被我们的感官,例如视觉、触觉或嗅觉等,直接加以测量的现象),但是何者为因,何者为果,有时并不容易判断及证明。例如,在撞球的游戏中,我们看到 B 球撞到 C 球,而 C 球应声落袋,我们不能"证明"B 球"造成"C 球入袋,因为我们观察到的只是一连串的事件的一部分,B 球可能是 A 球所造成的结果。

因果关系

要证实 X 与 Y 有因果关系(X 是造成 Y 的因),必须满足下列三个条件:

(1)X 与 Y 有关系存在。

(2)此种关系是非对称性的,也就是说,X 的改变会造成 Y 的改变,但是 Y 的改变不会造成 X 的改变。

(3)不论其他的因素产生何种变动,X 的改变会造成 Y 的改变。

1 Bandura, A. "Self-efficacy: Toward a Unifying Theory of Behavioral Change," *Psychological Review*, 84, 1(February 1977), 191-215.

2 Fishbein, M. and Ajzen, I., *Beliefs, Attitude, Intentions and Behavior: An Introduction to Theory and Research*, Addition-Wesley, Boston, MA, 1975.

一般而言,X(因)发生在 Y(果)之前,但是有些定义允许因果同时发生。值得注意的是,没有任何定义允许"果"发生在"因"之前。因果可具有对称性的关系,也就是说,二个变量互为因果(X 是 Y 的因,Y 是 X 的果;Y 是 X 的因,X 是 Y 的果)。但是在绝大多数的情况下,因果关系是非对称性的,在时间上 X 发生在 Y 之前。

我们可以用必要条件(necessary condition)与充分条件(sufficient condition)来看因果关系。如果除非 X 的改变,否则不会造成 Y 的改变,那么 X 是 Y 的充分条件。如果每次 X 的改变都会造成 Y 的改变,那么 X 是 Y 的充分条件。

把上述的观念加以延伸的话,会产生三种组合:

(1)X 是 Y 的必要条件,但不是充分条件;

(2)X 是 Y 的充分条件,但不是必要条件;

(3)X 是 Y 的必要条件及充分条件。

X 是 Y 的必要条件,但不是充分条件。 在这种情况之下,X 必须发生在 Y 之前,但是只有 X 并不足以造成 Y 的改变。造成 Y 改变的,除了 X 之外还有其他因素。例如,假如研究发现吸烟者罹患肺癌,不吸烟者没有罹患肺癌,我们可以说吸烟(X)是导致肺癌(Y)的必要条件。如果又有研究发现:并非所有的吸烟者都会罹患肺癌,而居住在空气污染地区的吸烟者才会罹患肺癌。综合上述的研究发现,吸烟(X)是罹患肺癌(Y)的部分原因,在与另外一个原因空气污染(Z)共同发生时,才会产生 Y 的结果(肺癌)。个别原因(X 或 Z)均不能构成充分条件(虽然个别原因都是必要条件)。

X 是 Y 的充分条件,但不是必要条件。 我们现在把上述的例子改变一下,认为吸烟(X)本身就会导致肺癌(Y),不需要其他条件,例如空气污染(Z)的存在。我们再假设,空气污染(Z)本身也会导致肺癌。然而,这二个因素 X 或 Z 中的任何一个均不是 Y 的必要条件。吸烟并非必要条件,因为肺癌的罹患并不是因为吸烟所造成的(而是因为空气污染所造成的);也不是因为空气污染所造成的(而是因为吸烟所造成的)。这二个因素 X 与 Z 中必须有一个成立。所以我们可以说,X 或 Z 是造成 Y 的择一原因(alternative cause),而不是部分原因,因为 X 或 Z 本身就能充分地造成 Y 的结果。

X 是 Y 的必要条件及充分条件。 这是因果关系中最为密切、最为理想的状况。在这种情况下,除非 X 成立,否则 Y 从来不会成立,而且只要 X 成立,Y 永远会成立。X 是造成 Y 的完全的、唯一的原因。引用先前所举的例子,如果吸烟是造成罹患肺癌的充分条件、必要条件(可简称充要条件),那么所有的吸烟者都会罹患肺癌,而非吸烟者都不会。由于 X 是必要条件,因此就没有其他的原因造成 Y;而且由于 X 是充分条件,因此它就是完全的(而不是部分的)原因。

在企业研究中,我们在建立因果关系时,常常会造成很大的困难。我们常将不是原因的变量视为原因,因此造成结果解释上的偏差。再说,在企业研究中,我们所用的搜集资料方法大都是调查法,而用调查法很难判断哪一个因素为因,哪一个因素为果,因此我们不得不将之单纯化(将两个变量视为对称性,而非因果性)。要确认因果关系最好的方法是实验法。

10.1.3 研究问题与架构

如前所述,Nonrecursive Model(非递归模型)或可逆模型的变量之间有回溯关系,残差(误差)之间具有残差相关(disturbance correlation)。我们现在举个例子说明 Nonrecursive Model。资料文件是 Nonrecursive. sav。Amos 文件的位置:…… \ Chap10 \ Nonrecursive. AMW。

研究者企图发现:(1)推荐介绍对顾客忠诚是否具有显著影响;(2)顾客关系、服务质量、品牌资产是否对顾客满意具有显著影响;(3)顾客忠诚对顾客满意是否具有显著影响;(4)顾客满意对顾客忠诚是否具有显著影响。

Nonrecursive Model 如图 10.2 所示,可看到顾客忠诚与顾客满意具有非递归现象。

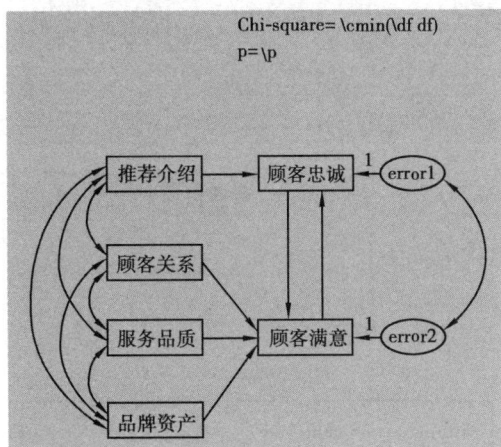

图 10.2　非递归模型观念架构(路径图)

数据文件是以相关系数矩阵来建立,换言之,Amos 读取的是相关系数矩阵的数据值,如图 10.3 所示。

	rowtype_	varname_	顾客忠诚	顾客满意	推荐介绍	顾客关系	服务品质	品牌资产
1	n		209.00	209.00	209.00	209.00	209.00	209.00
2	corr	顾客忠诚	1.00	.	.	.	.	.
3	corr	顾客满意	.50	1.00	.	.	.	.
4	corr	推荐介绍	.49	.32	1.00	.	.	.
5	corr	顾客关系	.10	-.03	.18	1.00	.	.
6	corr	服务品质	.04	-.16	-.10	.34	1.00	.
7	corr	品牌资产	.09	.43	.15	-.16	-.27	1.00
8	stddev		.16	.49	3.49	2.91	19.32	1.01
9	mean		.12	.42	10.34	.00	94.13	2.65

图 10.3　非递归模型数据文件

10.1.4 执行结果与报表解读

经执行后,所产生的路径系数,如图 10.4 所示。

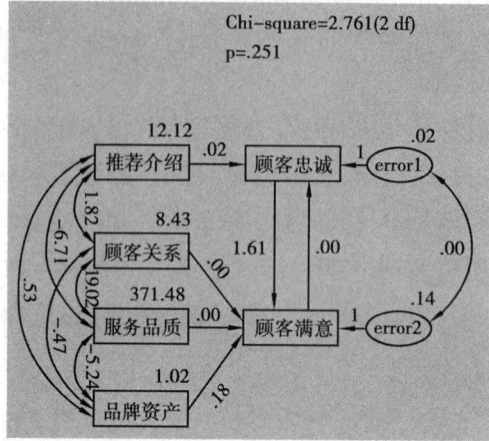

图 10.4 路径系数

执行分析之后,输出报表如下:

Result(Default model)

```
Minimum was achieved

Chi-square = 2. 761
Degrees of freedom = 2
Probability level = . 251
```

Chi-square = 2. 761、Probability level = 0. 251 值大于 0. 05,可知不应拒绝此模型。

CMIN

Model	NPAR	CMIN	DF	P	CMIN/DF
Default model	19	2.761	2	.251	1.381
Saturated model	21	.000	0		
Independence model	6	228.800	15	.000	15.253

CMIN = 2. 761,模型与数据拟合较好。

RMR、GFI

Model	RMR	GFI	AGFI	PGFI
Default model	.102	.996	.954	.095
Saturated model	.000	1.000		
Independence model	4.582	.731	.624	.522

由以上预设模型的 RMR、GFI、AGFI、PGFI 值可知,模型与数据拟合较好。

Regression Weights：（Group number 1-Default model）

Regression Weights：（Group number 1-Default model）

			Estimate	S. E.	C. R.	P	Label
顾客忠诚	←	推荐介绍	.02	.00	6.24	***	
顾客满意	←	顾客关系	.00	.01	.05	.96	
顾客满意	←	服务质量	.00	.00	−1.32	.19	
顾客满意	←	品牌资产	.18	.03	6.44	***	
顾客满意	←	顾客忠诚	1.61	.35	4.60	***	
顾客忠诚	←	顾客满意	.00	.05	−.04	.97	

从 Regression weights 表中,达到显著的分别为:

顾客忠诚←推荐介绍

顾客满意←品牌资产

顾客满意←顾客忠诚

因此我们可以得出结论:再度购买对顾客忠诚具有显著影响;品牌资产对顾客满意具有显著影响;顾客忠诚对顾客满意具有显著影响。顾客忠诚对顾客满意有显著影响,但顾客满意对顾客忠诚的影响并不显著,所以这个模型的"非递归现象"是不存在的。从这里我们也可以这样推论:满意的顾客未必忠诚,而忠诚的顾客必定满意。

10.2 直接效果与间接效果

路径图:……\Chap10\直接效果与间接效果. AMW,数据文件:……\Chap10\直接效果与间接效果. SPSS Data Document。

直接效果(direct effect)是某一变量对另一变量的直接影响,如图 10.5 的"客观环境"对"内部服务质量"的影响。间接效果(indirect effect)是某一变量通过某一中介变量对另一变量的直接影响,如图 10.5 的"客观环境"通过"工作满意度"对"内部服务质量"

的影响。总效果(total effect)等于直接效果加上间接效果。

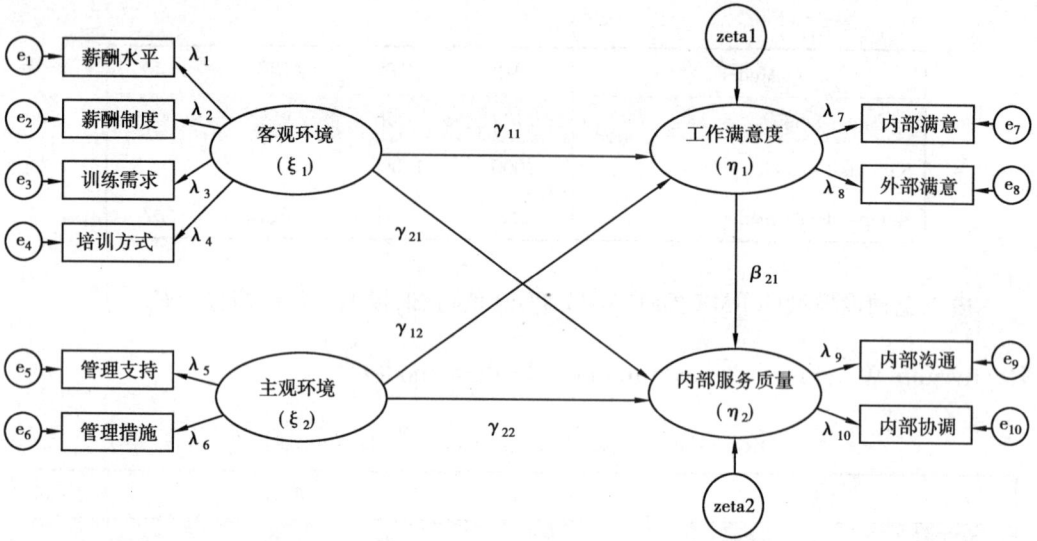

图 10.5 "直接效果与间接效果"研究的路径图

其计算的方式是:

直接效果:γ_{21}

间接效果:$\gamma_{11} * \beta_{21}$

总效果:$\gamma_{21} + (\gamma_{11} * \beta_{21})$

通常的原则是这样的:如果直接效果 > 间接效果,表示中介变量不发挥作用,研究者可忽略此中介变量;如果直接效果 < 间接效果,表示中介变量具有影响力,研究者要重视此中介变量。研究者有兴趣了解客观环境对内部服务质量的直接效果与间接效果(透过工作满意度),以决定工作满意度是否为获得内部服务质量的关键因素(重要的中介变量)。中介变量(intervening variable)与干扰变量(distorter)常混淆了许多研究者,详细的说明可参考附录 10.1。

在 Amos 中,点[View]、[Analysis Properties],在"Analysis Properties"窗口中,点[Output],勾选"Indirect, Direct and Total Effects",如图 10.6 所示。接着执行(Ctrl + F9),看输出结果(F10)。

以下是简化的输出结果:

Standardized Direct Effects(Group number 1-Default model)

	主观环境	客观环境	工作满意度	内部服务质量
工作满意度	.289	1.628	.000	.000
内部服务质量	−1.070	.327	.105	.000

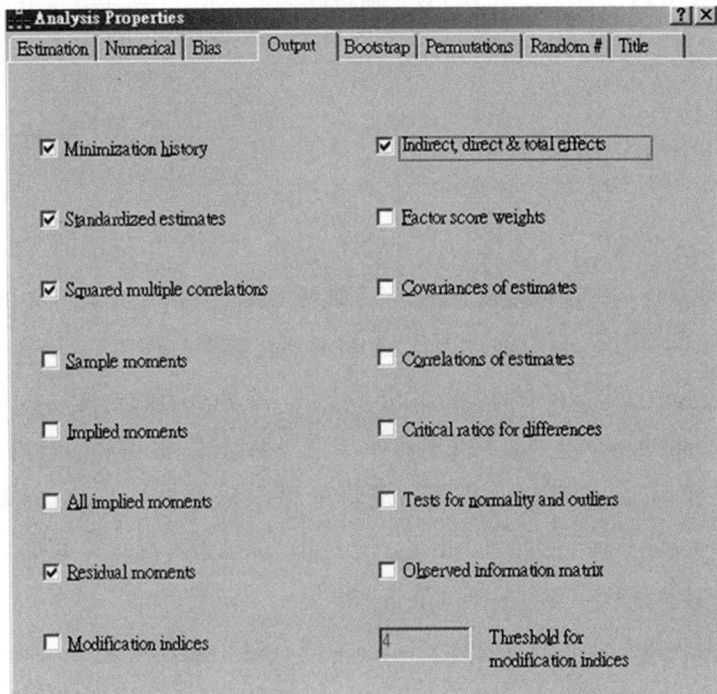

图 10.6 **勾选**"Indirect，Direct and Total Effects"

Standardized Indirect Effects(Group number 1-Default model)

	主观环境	客观环境	工作满意度	内部服务质量
工作满意度	.000	.000	.000	.000
内部服务质量	.030	.171	.000	.000

Standardized Total Effects(Group number 1-Default model)

	主观环境	客观环境	工作满意度	内部服务质量
工作满意度	.289	1.628	.000	.000
内部服务质量	− 1.040	.498	.105	.000

兹将上表整理如下：

直接效果：$\gamma_{21} =$ 客观环境对内部服务质量的影响为 0.327

直接效果：$\gamma_{11} =$ 客观环境对工作满意度的影响为 1.628

直接效果：$\beta_{21} =$ 工作满意度对内部服务品质的影响为 0.105

间接效果：$\gamma_{11} * \beta_{21} =$ 客观环境透过工作满意度对内部服务质量的影响为 0.171

$(1.628 * 0.105)$

总效果：$\gamma_{21} + (\gamma_{11} * \beta_{21}) =$ 客观环境对内部服务质量的影响总效果为 0.498

$(0.327 + 0.171)$

直接效果(0.327) > 间接效果(0.171),所以我们可以说,工作满意度并不是客观环境影响内部服务质量的关键因素。换句话说,工作满意度这个中介变量并不能发挥影响作用。

10.3 Bootstrap

如前述,Amos 会做以下的假设:(1)观察值独立,也就是甲样本的选取独立于乙样本,换句话说,就是样本的选取是随机的;(2)观察变量必须满足正态分布的要求。如果无法满足这二个前提假设,研究者就要使用 Bootstrap(数据自抽样)。Bootstrap 由 Enfron (1982)所发展,在估计参数的样本统计量分布上是一个强有力的工具[3]。

所谓 Bootstrap sample 是指以原来的样本为抽样的总体,采用放回随机抽样法,抽取同一大小的子样本,如此重复此步骤所获得的样本称为 Bootstrap sample 或 multiple subsamples of the same size(同样大小的多个子样本)。接着进行每一 Bootstrap sample 的参数估计,最后计算出每一参数的平均值与标准误[4]。

点[New]、[Analyze Properties],在"Analyze Properties"窗口中,点[Bootstrap],然后勾选 "Perform bootstrap",进行 200 个 Bootstrap sample 的参数估计。估计的方法是 Bootstrap ML (Maximum Likelihood,极大似然法),如图 10.7 所示。如果我们点选所有的估计方法,就可以比较不同估计方法所产生的系数值。

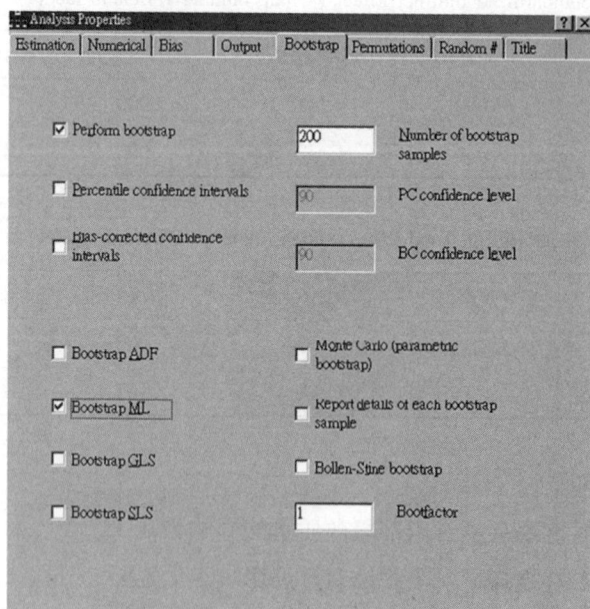

图 10.7 Bootstrap 的设定

---

3 B. Efron, Bootstrap Methods: Another Look at the Jackknife, (*Annals of Statistics*, 1979), Vol. 7, pp. 1-26. Bootstrapping 原意为(长统靴带的)拔靴带,但英文中 live(raise) oneself by one's own bootstraps 有"自力更生"的意思,所以我们可以引伸为"突破限制,以求解答"。

4 李茂能《结构方程模式软件 Amos》(台北:心理出版社,2006),pp. 344。

读者可在 Amos 打开 Amos_Exercise1. AMW,数据文件为 Amos_Exercise1. SPSS Data Document。利用 Bootstrap 的方法看出结果,并与第 6 章的结果做比较。

值得注意的是,如果以协方差矩阵的形式读入数据,必须要在"Analyze Properties"窗口中,点[Monte Carlo(parametric bootstrap)],否则 Amos 会提出下列的警告(图 10.8)。如果用 Bootstrap 而不用 Monte Carlo 法,就必须以原始数据作为数据输入文件。

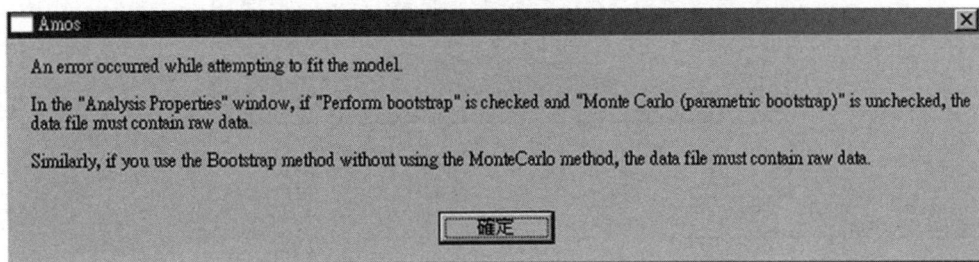

图 10.8　Amos 提出的警告

读者可在 Amos 打开 bootstrap. AMW,数据文件为 nonrecursive. SPSS Data Document。利用 Bootstrap 的方法做出结果,并与本章 10.1 节的结果做比较。

10.4　自动产生程式

Amos 17.0 的新功能之一就是自动产生程式码。开启...\Chap10\Amos_Exercise1. AMW,在工具列 Tools 项下按[Write a Program],在[Write a Program]视窗内选择[Sem. path "v1","F1"],如图 10.9 所示。

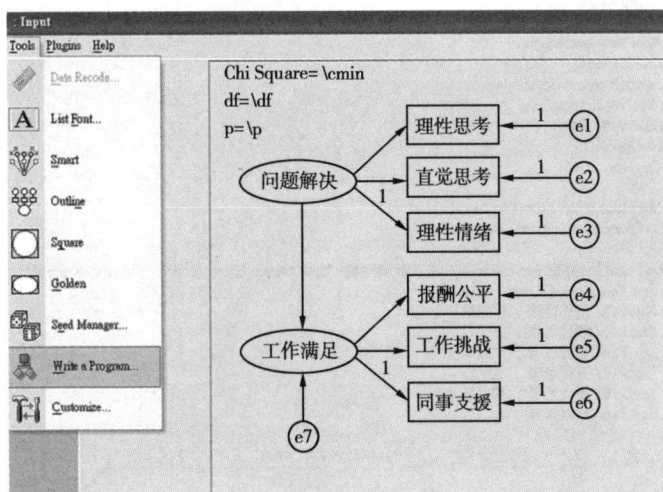

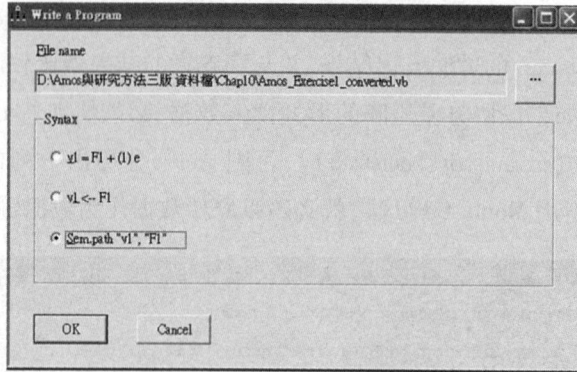

图 10.9 ［Write a Program］视窗

路径图及 Amos Basic 程式

路径图文件：...\Chap10\Amos_Exercise1. AMW

数据文件：...\Chap10\Amos_Exercise1. sav

VB 程式文件：...\Chap10\Amos_Exercise1_converted. vb

输出报表：...\Chap10\Amos_Exercise1. AMOSOUTPUT

在［Write a Program］视窗按「OK」之后，就会产生完整的程式码，如图 10.10 所示。Amos 提供了三种语法：(1) v1 = F1 + 1(e)；(2) v1 <-- F1；(3) Sem. path "v1"，"F1"。读者可分别点选，在输出报表中比较其语法的不同，并检视结果(路径值、配适度指标)有无不同或哪一种较好。

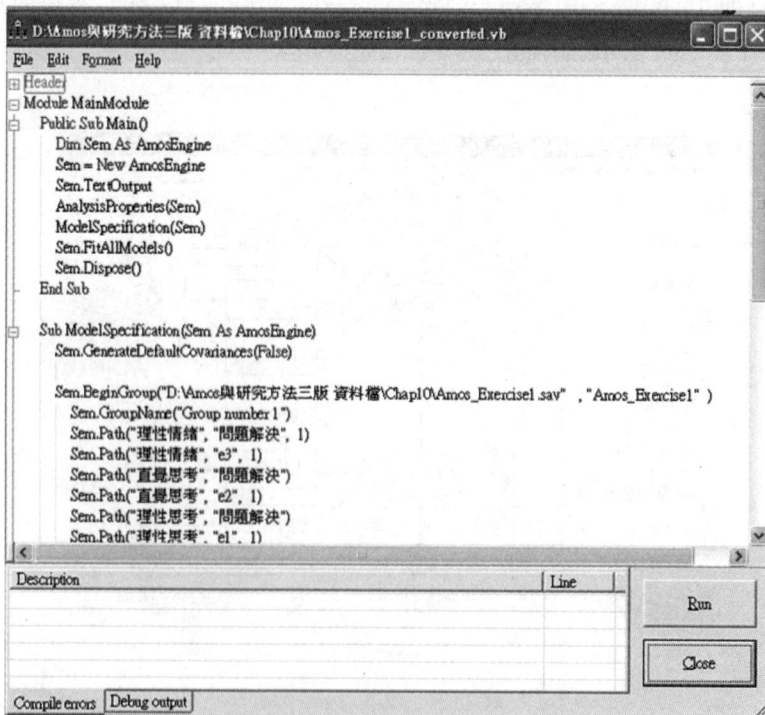

图 10.10 完整的程式码

在图 10.10 的视窗内按［Run］，Amos 就开始执行（图 10.11 左），然后产生输出报表（图 10.11 右）。

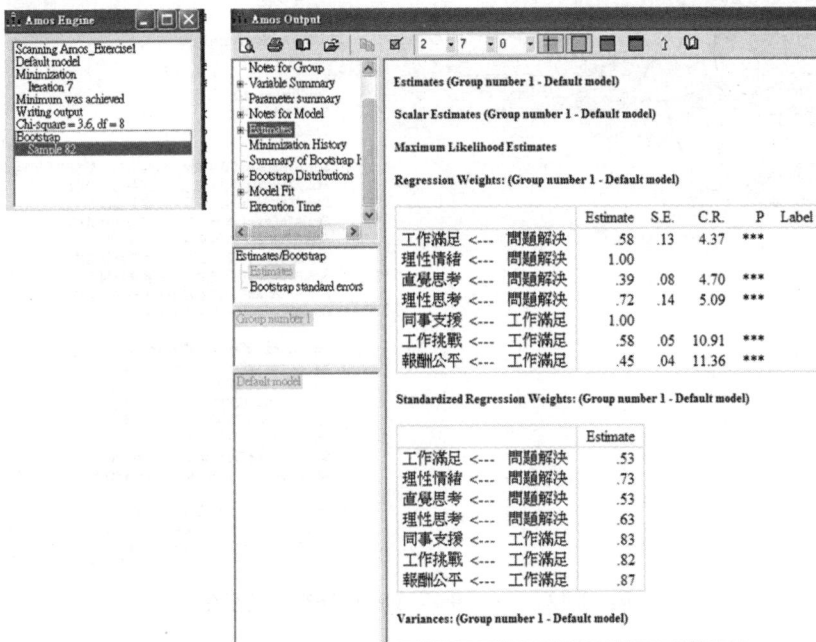

图 10.11 Amos 执行与产生报表

10.5 Amos Basic 程式说明

现在我们举两个例子说明 Amos Basic 程式的构成；我们可从这两个例子中了解 Amos Basic 程式的语法。Amos Basic 并不难学习及了解。

例一

研究者固然可以用绘图的方式，经执行后产生路径系数，同时也可用撰写 Amos Basic 的方式来产生输出结果。我们现在举例说明。

路径图及 Amos Basic 程序

　　VB 程序文件：……\Chap10\Basic_1. vb。
　　数据文件：……\Chap10\Basic_1. csv
　　路径图文件：……\Chap10\Basic_1. AMW。
　　输出报表：……\Chap10\Basic_1. AMOSOUTPUT。

图 10.12 同时显示了路径图及 Amos Basic 程序（请注意，在实际执行时路径图与程序不会同时显示，为了便于参照阅读，所以在这里同时显示）。

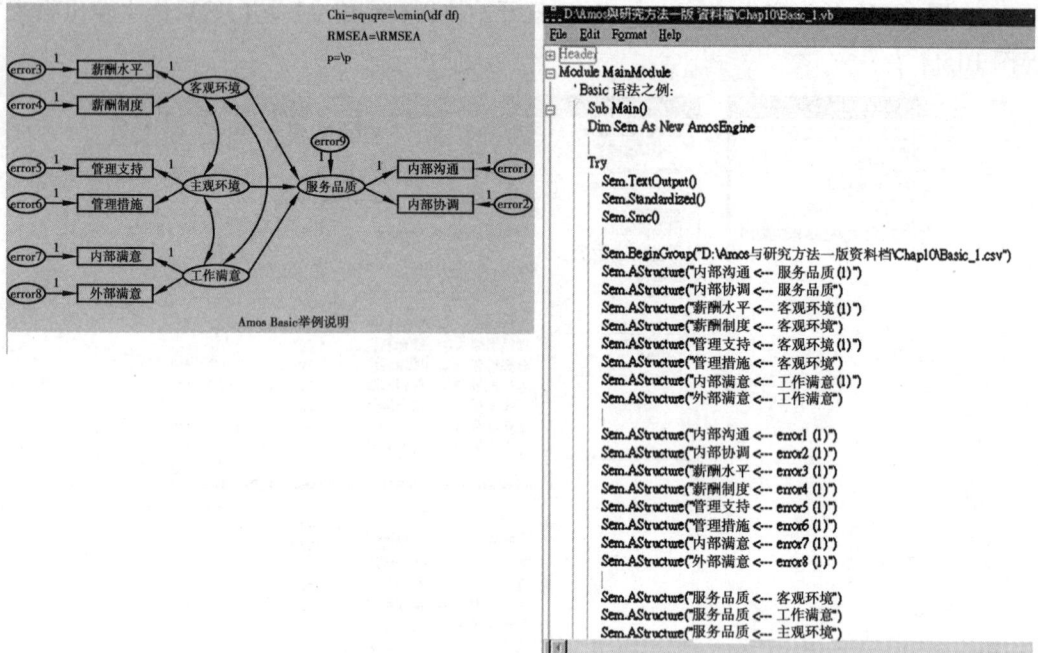

Chi-squqre=\cmin(\df df)
RMSEA=\RMSEA
p=\p

Amos Basic 举例说明

```
D:\Amos與研究方法一版 資料檔\Chap10\Basic_1.vb
File  Edit  Format  Help
Header
Module MainModule
    'Basic 语法之例:
    Sub Main()
    Dim Sem As New AmosEngine

    Try
        Sem.TextOutput()
        Sem.Standardized()
        Sem.Smc()

        Sem.BeginGroup("D:\Amos与研究方法一版资料档\Chap10\Basic_1.csv")
        Sem.AStructure("内部沟通 <--- 服务品质 (1)")
        Sem.AStructure("内部协调 <--- 服务品质")
        Sem.AStructure("薪酬水平 <--- 客观环境 (1)")
        Sem.AStructure("薪酬制度 <--- 客观环境")
        Sem.AStructure("管理支持 <--- 客观环境 (1)")
        Sem.AStructure("管理措施 <--- 客观环境")
        Sem.AStructure("内部满意 <--- 工作满意 (1)")
        Sem.AStructure("外部满意 <--- 工作满意")

        Sem.AStructure("内部沟通 <--- error1 (1)")
        Sem.AStructure("内部协调 <--- error2 (1)")
        Sem.AStructure("薪酬水平 <--- error3 (1)")
        Sem.AStructure("薪酬制度 <--- error4 (1)")
        Sem.AStructure("管理支持 <--- error5 (1)")
        Sem.AStructure("管理措施 <--- error6 (1)")
        Sem.AStructure("内部满意 <--- error7 (1)")
        Sem.AStructure("外部满意 <--- error8 (1)")

        Sem.AStructure("服务品质 <--- 客观环境")
        Sem.AStructure("服务品质 <--- 工作满意")
        Sem.AStructure("服务品质 <--- 主观环境")
```

图 10.12　Amos Basic 例一的路径图及程序

在 Windows 内,点［开始］、［所有程序］、［Amos 17.0］、［Program Editor］,在出现的 "Unnamed. vb" 窗口,从 "Public Sub Main" 的下面开始撰写程序。或者点［File］、［Open］,读取旧程序。

兹将程序说明如下:

原程序	说　明
#Region"Header"	
Imports System	导入有关程序
Imports System. Diagnostics	
Imports Microsoft. VisualBasic	
Imports AmosEngineLib	
Imports AmosGraphics	
Imports AmosEngineLib. AmosEngine. TMatrixID	
Imports PBayes	
#End Region	
Module MainModule	
'Basic 语法之例:	加 "'" 号表示批注说明,程序不会执行
Sub Main( )	程序开始
Dim Sem As New AmosEngine	定义 "Sem" 为 "新 AmosEngine"

原程序	说　明
Try	
Sem. TextOutput( )	产生文字输出
Sem. Standardized( )	产生所有参数的标准差
Sem. Smc( )	产生所有参数的"Smc"（squared multiple correlations），即复相关平方（或判定系数）
Sem. BeginGroup("D:\Amos 与研究方法一版 数据文件\Chap10\Basic_1. csv")	读入"Basic_1. csv"数据文件（注：要注意文件 的文件夹位置，如果读者存放文件夹的位置不 同，要做适当的修改）
Sem. AStructure("内部沟通←服务质量(1)")	建立潜在变量"服务质量"与预测变量"内部沟 通"的关系，并加以等化（可参考第 6 章 6.3 节 对等化的说明）
Sem. AStructure("内部协调←服务质量")	建立潜在变量"服务质量"与预测变量"内部协 调"的关系
Sem. AStructure("薪酬水平←客观环境(1)")	建立潜在变量"客观环境"与预测变量"薪酬水 平"的关系，并加以等化
Sem. AStructure("薪酬制度←客观环境")	建立潜在变量"客观环境"与预测变量"薪酬制 度"的关系
Sem. AStructure("管理支持←主观环境(1)")	建立潜在变量"主观环境"与预测变量"管理支 持"的关系，并加以等化
Sem. AStructure("管理措施←主观环境")	建立潜在变量"主观环境"与预测变量"管理措 施"的关系
Sem. AStructure("内部满意←工作满意(1)")	建立潜在变量"工作满意"与预测变量"内部满 意"的关系，并加以等化
Sem. AStructure("外部满意←工作满意")	建立潜在变量"工作满意"与预测变量"外部满 意"的关系
Sem. AStructure("内部沟通←error1(1)")	建立预测变量"内部沟通"的误差变量 error1
Sem. AStructure("内部协调←error2(1)")	建立预测变量"内部协调"的误差变量 error2
Sem. AStructure("薪酬水平←error3(1)")	建立预测变量"薪酬水平"的误差变量 error3
Sem. AStructure("薪酬制度←error4(1)")	建立预测变量"薪酬制度"的误差变量 error4
Sem. AStructure("管理支持←error5(1)")	建立预测变量"管理支持"的误差变量 error5
Sem. AStructure("管理措施←error6(1)")	建立预测变量"管理措施"的误差变量 error6
Sem. AStructure("内部满意←error7(1)")	建立预测变量"内部满意"的误差变量 error7
Sem. AStructure("外部满意←error8(1)")	建立预测变量"外部满意"的误差变量 error8

续表

原程序	说　明
Sem. AStructure("服务质量←客观环境")	建立潜在变量"服务质量"与潜在变量"客观环境"的关系
Sem. AStructure("服务质量←工作满意")	建立潜在变量"服务质量"与潜在变量"工作满意"的关系
Sem. AStructure("服务质量←主观环境")	建立潜在变量"服务质量"与潜在变量"主观环境"的关系
Sem. AStructure("服务质量←error9(1)")	建立潜在变量"服务质量"的误差变量 error9
Sem. FitModel( )	执行函数 FitModel
Finally	
Sem. Dispose( )	
End Try	
End Sub	
End Module	程序结束

执行

程序撰写完成,语法检查无误之后,便可点［File］、［Run］,以执行此程序,或者点图 10.13 右下角的"Run"执行。

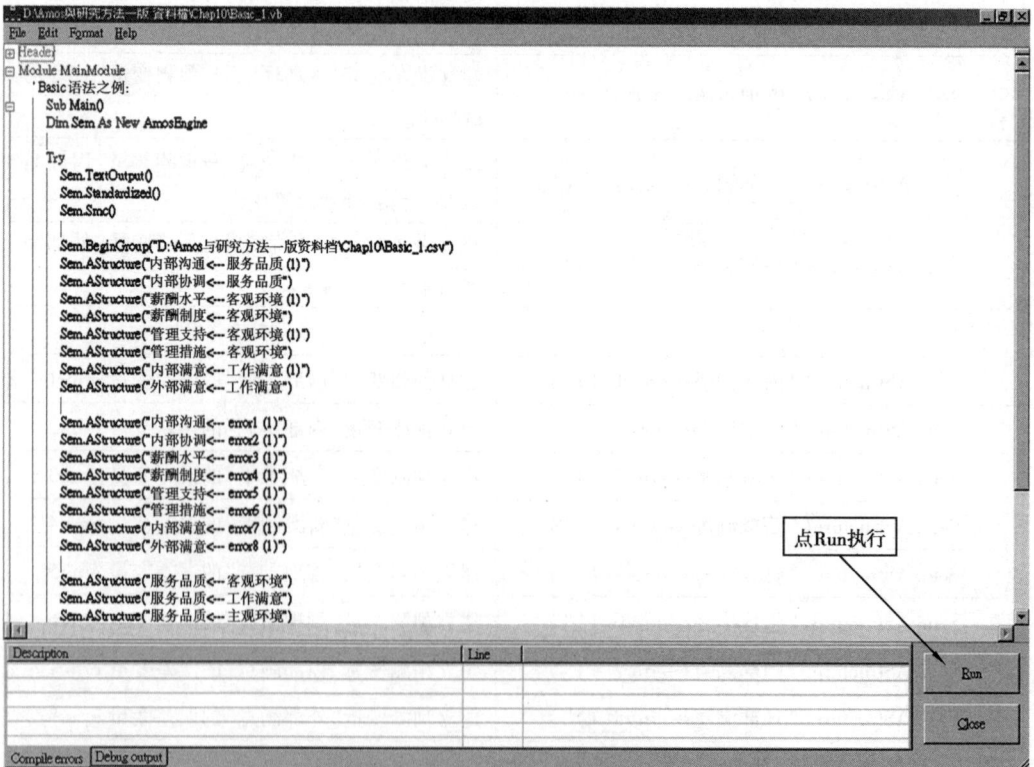

图 10.13　Amos Basic 例一执行

输出报表

执行之后所产生的输出报表如图 10.14 所示。限于篇幅，此报表只显示参数估计的部分。从这里我们可以了解，如果多加练习，便能得心应手，而且如果熟悉了 Amos Basic 语言，产生输出结果反而更有效率。

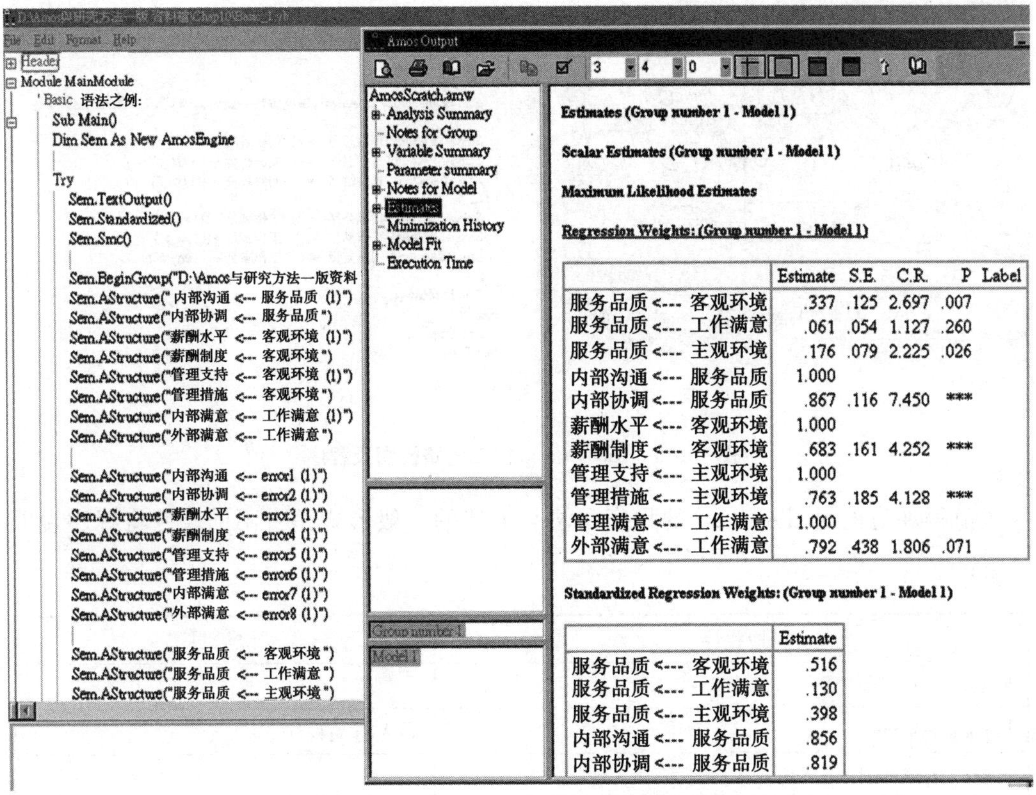

图 10.14 Amos Basic 例一的输出结果

例二——Bootstrap

路径图及 Amos Basic 程序

VB 程序文件：……\Chap10\Basic_2. vb。

数据文件：……\Chap10\Basic_2. sav。

路径图文件：……\Chap10\Basic_2. AMW。

输出报表：……\Chap10\Basic_2. AMOSOUTPUT。

图 10.15 同时显示了路径图及 Amos Basic 程序。

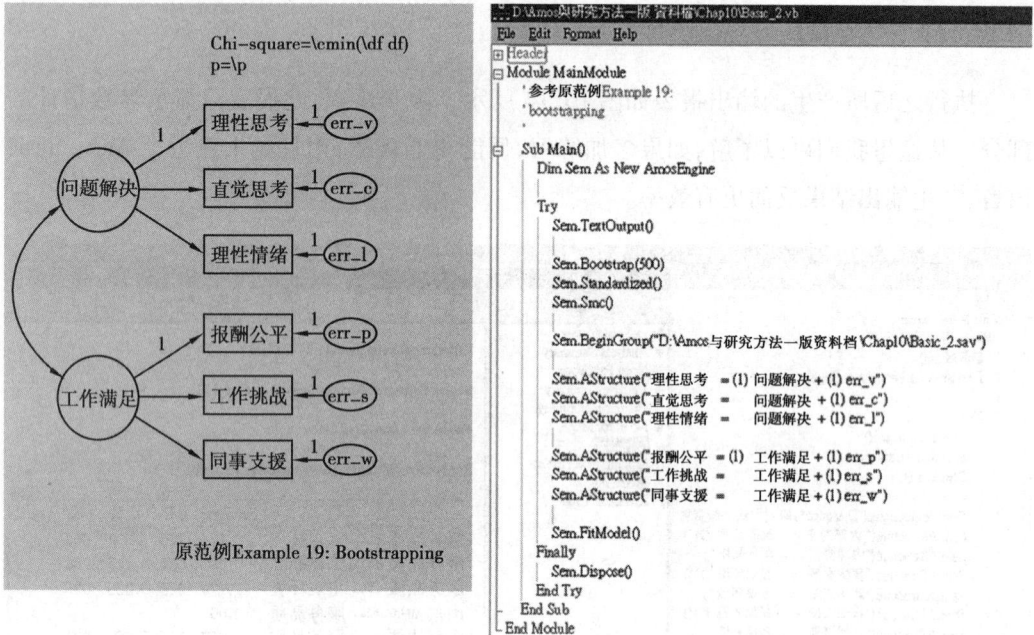

图 10.15　Amos Basic 例二的路径图及程序

值得注意的是，Bootstrap 的程序写法与上述的一般形式稍有不同。兹将程序说明如下：

原程序	说　明
#Region "Header"	
Imports System	导入有关程序
Imports System. Diagnostics	
Imports Microsoft. VisualBasic	
Imports AmosEngineLib	
Imports AmosGraphics	
Imports AmosEngineLib. AmosEngine. TMatrixID	
Imports PBayes	
#End Region	
Module MainModule	
′参考原范例 Example 19：	加 "′" 号表示批注说明，程序不会执行
′bootstrapping	
′	
Sub Main( )	程序开始
Dim Sem As New AmosEngine	定义 "Sem" 为 "新 AmosEngine"

续表

原程序	说　明
Try	
Sem. TextOutput( )	产生文字输出
Sem. Bootstrap(500)	将 Bootstrap 样本数设为 500
Sem. Standardized( )	产生所有参数的标准差
Sem. Smc( )	产生所有参数的"Smc"(squared multiple correlations),即复相关平方(或判定系数)
Sem. BeginGroup("D:\Amos 与研究方法一版 数据文件\Chap10\Basic_2. sav")	读入"Basic_2. sav"SPSS 数据文件
Sem. AStructure("理性思考 = (1)问题解决 + (1)err_v")	建立潜在变量"问题解决"与观察变量"理性思考"、误差变量 err_v 的关系
Sem. AStructure("直觉思考 = 问题解决 + (1)err_c")	建立潜在变量"问题解决"与观察变量"直觉思考"、误差变量 err_c 的关系
Sem. AStructure("理性情绪 = 问题解决 + (1)err_l")	建立潜在变量"问题解决"与观察变量"理性情绪"、误差变量 err_l 的关系
Sem. AStructure("报酬公平 = (1)工作满足 + (1)err_p")	建立潜在变量"工作满足"与观察变量"报酬公平"、误差变量 err_p 的关系
Sem. AStructure("工作挑战 = 工作满足 + (1)err_s")	建立潜在变量"工作满足"与观察变量"工作挑战"、误差变量 err_s 的关系
Sem. AStructure("同事支持 = 工作满足 + (1)err_w")	建立潜在变量"工作满足"与观察变量"同事支持"、误差变量 err_w 的关系
	执行 FitModel 函数
Sem. FitModel( )	
Finally	
Sem. Dispose( )	
End Try	
End Sub	
End Module	程序结束

输出报表

执行之后所产生的输出报表如图 10.16 所示。限于篇幅,此报表只显示参数估计的部分。

图 10.16　Amos Basic 例二的输出结果

附录 10.1　变量之间的关系

伪关系(或是有无中介变量存在)

　　我们有时候会先入为主地认为二个变量之间存在明显的关系,但在仔细推敲之后,发现这二个变量并不会互相影响。如果我们发现城市的动物园大小与犯罪率有正相关,我们可以认为狮子老虎是造成犯罪率的主因吗? 我们会做出这么奇怪的结论,是因为我们没有考虑到第三个变量(城市大小)。由于城市大小与动物园大小、城市大小与犯罪率高低之间均有正相关存在,因此使我们误认为动物园大小与犯罪率高低之间有关系存在。二个变量看起来似乎有关联性,但是这个关联性是因为第三个变量所造成的,那么这二个变量的关系被称为伪关系(spurious relationship),如图 10.17 所示。

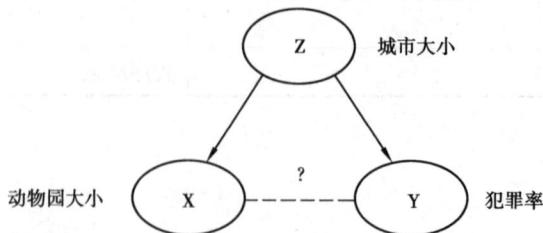

图 10.17　伪关系

很多时候两个变量之间有明显的相关关系是因为中介变量(intervening variable)的存在。中介变量可以定义为"在理论上会影响所观察的现象因素,但是这些因素不容易被察觉、测量或操弄。它的存在及效应可从自变量对所观察的现象影响推导出来"[5]。因此,变量 X 和变量 Y 也许有高度相关性,但是这种关系是因为 X 影响到第三个变量 Z,而且 Z 影响到 Y 所造成的。在这个例子中,Z 为中介变量,如图 10.18 所示。

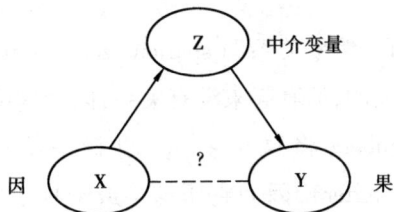

图 10.18　存在中介变量的关系

例如,电视看久了会造成腰酸背痛吗? 如果我们发现其间有正相关,就可以马上下结论吗? 不然,可能是因为电视看愈久,坐姿就愈来愈不正,因而造成了腰酸背痛,在这个例子中,坐姿就是中介变量。

早期的研究发现行为和态度是相关的,也就是人们的态度决定了行为,但是,如果说人们看电视(行为)是因为喜欢电视节目(态度),或部属逃避工作(行为)是因为讨厌工作(态度),这很可能会犯了"立即下结论"的错误。并且,在 1960 年代,态度和行为的假说受到了质疑,许多探讨态度和行为间关系的研究发现,态度和行为间并无关联,最多也只具有极低的相关[6]。最近有研究指出,如果把中介变量(intervening variable)考虑进去,态度和行为间的关系就比较明显了。

用特定的行为和态度可以帮助我们发现行为和态度间的关系[7],但是一个人的态度倾向于"环保"是一回事,他的态度是趋向于"购买无铅汽油"又是另外一回事。越是特定的态度,我们就越能确认特定的行为,而把态度和行为之间的相关性显示出来的概率就越大。例如 1970 年代,法律并没有明文规定车子必须使用无铅汽油,无铅汽油虽然比较贵,但却对环境污染的程度较小。有一些研究人员针对这个问题对驾驶人做了各种问卷调查(问卷中的问题从一般性的问题,例如对环境保护的关心,到特定的问题,例如个人对购买无铅汽油的义务),结果发现,越是特定的问题,越能测量出驾驶人的态度和使用汽油的关系(相关系数从 +0.12 提高到 +0.59)。影响行为的另外一个中介变量是社会压力或限制(social constraint)。社会压力对个体的影响会造成行为和态度间的差异,并

5 Bruce Tuckman, *Conducting Educational Research*(New York: Thomas Y. Crowell, 1968), p. 5.

6 A. W. Wicker, "Attitude Versus Action: The Relationship of Verbal and Overt Behavioral Responses to Attitude Objects," *Journal of Social Issues*, Autumn 1969, pp. 41-78.

7 T. A. Heberlein and J. S. Black, "Attitudinal Specificity and the Prediction of Behavior in a Field Setting," *Journal of Personality and Social Psychology*, April 1976, pp. 474-479.

使其行为遵循某一规范。例如群体的压力可以解释为什么一个反工会的劳工却参加工会集会的原因。影响行为的第三个中介变量是经验,如果个体具有经验,则态度和行为间的关联就更强,例如你只询问没有工作经验的大学生什么因素会使他们辞职,可能就不能找出大多数人离职的真正原因,并正确预测人们的离职行为。

抑制变量(或干扰变量)

Rosenberg(1968)提出了"伪零关系"(spurious zero relationship)的看法[8]。伪零关系是指:两个变量其实是有关系的,但看起来没有关系,因为这两个变量中的每一个变量均与第三个变量有关。Rosenberg 将这个变量(也就是第三个变量)称为抑制变量(suppressor)或干扰变量(distorter),因为它压抑了或干扰了原先两个变量之间的关系。抑制变量与两个变量中的其中一个有正向关系,但与另外一个有负向关系,因此压抑了这两个变量之间的关系。如果把抑制变量控制住(或剔除),则原先的两个变量之间的关系就会显露出来。

让我们来举例说明。教育程度与收入水平呈正相关是个相当合理的假说。但是我们的研究结果发现,教育程度与收入水平呈负相关。同时,在研究中我们也发现了:

(1)年龄与教育程度呈负相关;

(2)年龄与收入水平呈正相关。

图 10.19 描绘了这些关系。为什么教育程度愈高,收入水平反而愈低?这是因为"年龄"这个抑制变量干扰了它们之间的关系。低的年龄拉高了教育程度,压低了收入水平;高的年龄拉高了收入水平,压低了教育程度。如果我们针对某一个年龄层的样本,来研究其教育程度与收入水平的关系,则会发现其间的正向关系。

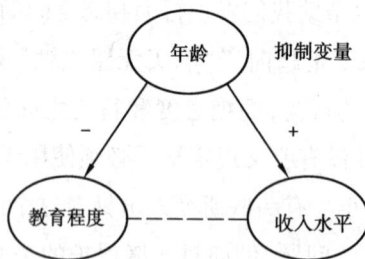

图 10.19　抑制变量的关系

8 M. J. Rosenberg, *The Logic of Survey Analysis* (New York: Basic Book, 1968).

附录 A 实际演练题

数据文件：……\附录 A\环境、满意度与服务质量. SPSS Data Document。

图 A.1 为研究的路径图，研究题目为：环境、满意度与服务质量之研究。

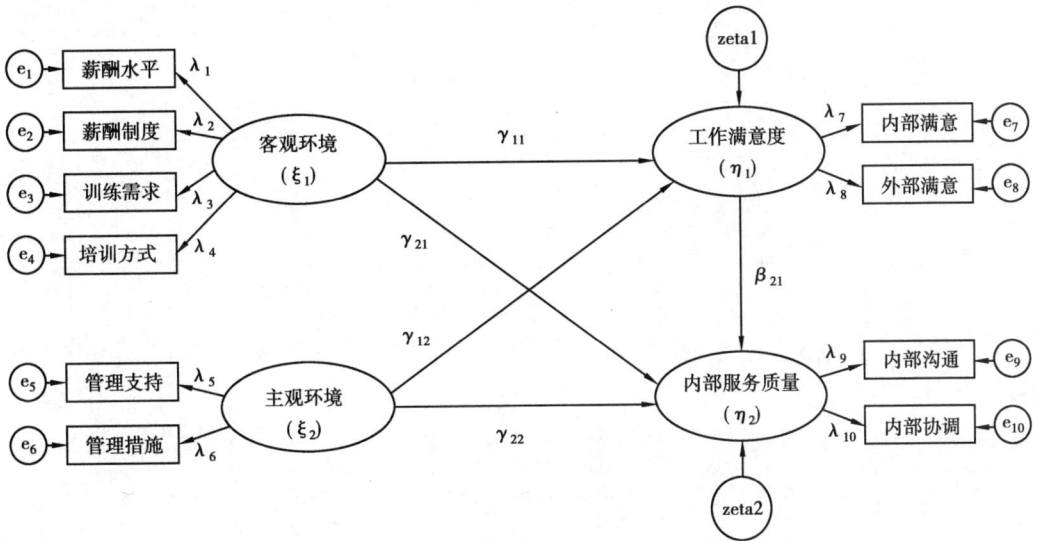

图 A.1 环境、满意度与服务质量路径图

练习题：

(1) 利用 Amos 建立"环境、满意度与服务质量. AMW"（路径图），并在路径图上方加上重要参数，如 χ^2、p、GFI、RMR、RMSEA（虽然随书数据包中附有此路径图，但笔者强烈建议读者自行绘制，从实作中学习）。

(2) 说明此研究的目的并建立适当的假说（hypotheses）。

(3) 读入文件，并进行违犯估计的检验、正态性检验，并对异常值作适当的处理。

(4) 分别计算出客观环境、主观环境、工作满意度与内部服务质量的建构信度。

（5）说明假说检验的结果。

（6）说明直接效果（direct effect）、间接效果（indirect effect）与总效果（total effect）。

（7）说明（6）的结果在管理上的涵义。

（8）读取数据文件，并将数据分成"女生组"（以 0 代表）与"男生组"（以 1 代表）。

（9）分别检验（a）测量模型与（b）结构模型在此二组之间有无显著的差异。

（10）说明（9）的结果在管理上的涵义。

附录 B 利用 Amos 制作 SEM 的有效步骤

读完本书并实际演练各练习之后,读者应对于如何利用 Amos 来建立 SEM,进行分析与解读报表有了完整的认识。现在我们将各步骤加以整理,以便于快速复习与查阅。

在使用 Amos 之前……

在使用 Amos 之前,对于研究要做到以下各项:

1. 具有完整而清晰的观念性架构。

2. 设计与执行有效的初级数据搜集方法(例如利用网络问卷)。

3. 有效率地建立原始数据文件,并赋予适当的变量名称。

使用 Amos……

步骤	目 的	说 明
1	建立模型	
	(1)制作潜在变量	点[Diagram]、[Draw Unobserved]),然后在绘图区中从左上到右下拉出一个椭圆形
	(2)制作指示变量(观察变量与误差变量)	指示变量包括预测变量及误差变量。点[Diagram]、[Draw Indicator Variable),然后在绘图区中的椭圆形(潜在变量)上点一下,就会出现指标变量(指示变量),每多点一下,就会多出一个指示变量
	(3)复制 *	点[Edit]、[Select All],将所有的对象(图标)加以全选,或者点[Edit]、[Select All],对对象做选择性的点选。然后点[Edit]、[Duplicate]),将所有的对象(图标)拖动到想要复制的地方,然后松手
	(4)建立潜在变量之间的关系	点[Diagram]、[Draw Path]),并在这两个潜在变量之间点一下及拖动
	(5)读取数据文件	点[File]、[Data Files],在出现的"Data Files"窗口中,点"File Name",在出现的"开启"的窗口中,选择要读入的文件

续表

步骤	目 的	说 明
	(6)交代变量的名称	交代观察变量、潜在变量、误差变量名称 观察变量名称 观察变量名称可用读取的方式，点〔View〕、〔Variables in Dataset〕，就会出现"Variables in Dataset"窗口，此时先点住变量名称，然后拖到适当的观察变量上后松手 潜在变量名称 在潜在变量、误差变量的名称设定方面，在该变量上双击鼠标左键，此时这个变量的周围会有虚线的长方形出现，在所产生的"Object Properties"窗口中的"Variable Name"(变量名称)，键入文字即可 误差变量名称 然后要对每个误差变量加以命名。可以点〔Plugins〕、〔Name Unobserved Variables〕(Amos 5.0 为〔Tools〕、〔Macro〕、〔Name Unobserved Variables〕)，让 Amos 自动产生误差变量名称。也可以用手动的方式来自行设定或修改
2	分组 *	如果数据文件有必要分组，在读取数据文件之后，要分别交代 Group Variable、Group Value
3	进行分析	
	(1)分析属性窗口设定	点〔View〕、〔Analysis Properties〕，在"Analysis Properties"窗口的 Output 中点选要分析的系数
	(2)参数名称设定	点〔Tools〕、〔Macro〕、〔Name Parameters〕，在出现的"Amos Graphics"窗口中，点选要命名的参数
	(3)计算估计值	交代要分析的统计量。点〔Analyze〕、〔Calculate Estimates〕(或 Ctrl + F9)，以计算估计值
4	输出	
	(1)浏览输出估计值	点"输出路径图"的图标，我们可浏览其估计值(路径系数)。如果数据有分组，可分别点选分组名称，以分别浏览其估计值(路径系数) 按 F10 看文字输出
	* 表示具有选择性，也就是可做、可不做	

报表解读

违犯估计

违犯估计是指模型内统计所输出的估计系数,超出了可接受的范围,也就是模型获得不适当的解(improper solution)的情况。违犯估计的项目有:

1. 负的误差方差存在。

2. 标准化系数超过或太接近1(通常以 0.95 为门坎)。

正态性检验与异常值处理

Assessment of normality 表中的 c. r. 代表偏度系数或峰度系数除以标准误的临界值。最后一行为 Mardis 多变量峰度系数、c. r.。当 c. r. 值 >2 时,即暗示有些单变量可能具有异常值;当 c. r. 值 >1.96 时,即表示有些单变量违反正态分布的假设,我们必须再去探究哪一个(或哪些)变量发生问题。违反多变量正态分布的条件会导致高估 χ^2 值及低估参数估计值的标准误。因此,多变量正态性检验是 SEM 最重要的基本操作。

例如,如果多变量 c. r 值是 2.28,可以发现有些单变量可能具有异常值,所以我们必须对这些可能的异常值加以处理。

Observations farthest from the centroid(Mahalanobis distance)表中,通常 p2 值比 p1 值更能反映出非正态分布的个案。因此,当 p2 值很小时(例如小于 0.05)即表示该观察值可能为异常值(outlier)。

在 SPSS 每删除一笔数据,就要在 Amos 内读入删除后的新文件,并在计算估计值、产生输出报表后,检视其 CMIN(卡方值)、显著性值(P 值)。

Critical Ratios for Differences between Parameters (Default model)

Critical Ratios for Differences between Parameters 是参数差异决断值的简要报表。以 W1(直觉思考对问题解决的回归系数)、W2(理性思考对问题解决的回归系数)为例,在交叉格所显示的统计量是 2.60。当显著水平设为 0.05 时,如果统计量的绝对值大于 1.96,则可解释为“在 0.05 的显著水平下,有显著性差异”。当显著水平设为 0.01 时,如果统计量的绝对值大于 2.58,则可解释为“在 0.01 的显著水平下,有显著性差异”。当显著水平设为 0.001 时,如果统计量的绝对值大于 3.29,则可解释为“在 0.001 的显著水平下,有显著性差异”。如果研究的显著水平设定在 0.05,则此例的统计量的绝对值为 2.60 >1.96,故我们可结论:在 0.05 的显著水平下,W1、W2 具有显著性差异。

建构效度

潜在变量的建构效度为模型内在品质的判断标准之一。若潜在变量的建构效度 > 0.60,则表示模型的内在品质良好。计算建构效度会利用到报表中的因素负荷量(也就是标准化回归系数表中的 Estimate 值)与误差变异量来估算。

另一个与建构效度类似的指标是"平均方差提取"(average variance extracted, AVE),以 ρ 表示。"平均方差提取"可解释:潜在变量所解释的变异量中有多少变异量来自于指标变量。"平均方差提取"愈大,表示指标变量可解释潜在变量的程度愈高。"平均方差提取"亦是模型内在品质的判断标准之一。一般而言,若潜在变量的"平均方差提取">0.50,则表示模型的内部品质很佳。

本书已经为读者以 Excel 建立好计算建构效度与平均方差提取的公式。读者可稍加修改自行沿用。(文件名:...\chap06\建构效度与平均方差提取的计算.xls)。

拟合度(或适合度、配合度)

输出报表的拟合度(或称适合度、配合度)方面,各种指标均呈现出三种模型:Default model(预设模型)、Saturated model(饱和模型)、Independence model(独立模型)。

Default model(预设模型):我们所建立的模型。

Saturated model(饱和模型):对观测变量的方差及变量之间的所有相关进行估计的模型(对数据适合最佳的模型)。

Independence model(独立模型):只估计观测变量的方差的模型(对数据适合最不佳的模型)。

拟合度综合说明

在模型拟合度(goodness-of-fit)评估方面,若模型拟合度越高,则代表模型可用性越高,参数的估计越具有实际意义。Amos 是以卡方统计量(χ^2)来进行检验的,一般以卡方值 P > 0.05 判断,模型是否具良好的拟合度。但是卡方统计量容易受到样本大小的影响,因此除了卡方统计量外,还需同时参考其他拟合度指标。下表列举了学者较常使用的其他测量指标。

拟合指标	判断准则
绝对拟合度指标	
χ^2	一般以卡方值 P > 0.05 作为标准,意即模型具良好的拟合度
GFI(goodness of fit index)	越接近 1 表示模型拟合度越好,通常采 GFI > 0.9
RMR(root mean square residual)	越接近于 0 表示模型拟合度越好,通常采 RMR < 0.05
RMSEA(root mean square error of approximation)	越接近于 0 表示模型拟合度越好,通常采 RMSEA < 0.1
增值拟合度指标	
AGFI (adjust goodness of fit index)	越接近 1 表示模型拟合度越好,通常采 AGFI > 0.9

续表

拟合指标	判断准则
NFI(normed fit index)	越接近 1 表示模型拟合度越好
CFI(comparative fit index)	越接近 1 表示模型拟合度越好
IFI(incremental fit index)	越接近 1 表示模型拟合度越好
精简拟合度指标	
AIC （Akaike's Information Criterion）指赤池信息标准	可利用 AIC 来比较多个模型,AIC 越小表示该模型较优
CAIC （Consistent Akaike's Information Criterion）一致赤池信息标准	可利用 CAIC 来比较多个模型,CAIC 越小表示该模型较优

模型修正

在 Regression Weights 表中,可看到 Modification Indices（M. I.）值,找出误差变量之间最大的项目。如果我们建立这两个指标变量的关联,将使 Chi-square 减少最大。使 Chi-square 减少,P 值增加,是我们修正模型的主要目标。

探索最佳模型

点［Analyze］（Amos 5. 0 版为 Model Fit）、［Specification Search］,在出现的 "Specification Search"工具列中,点最左边虚线"Make arrows optional"的图标,然后在路径图中各变量之间的箭头上分别加以点选,使它们呈现出虚线。

在"Specification Search"工具列中,点选"Option"图示,或按 Alt + O,在出现的 "Options"窗口中,其 Current results 选"Zero-based(min = 0)"。点［Next search］,在 "Retain only the best model"左边的方格中,将数值设为"10"。这表示所设定的探索要产生至多 10 个具有 1 个参数的模型、至多 10 个具有 2 个参数的模型,等等。

在"Specification Search"工具列中,点"Perform specification search"（执行模型探索）图标,就会产生"拟合指标汇总表",根据 BCC 与 BIC 来决定最佳的模型。在 "Specification Search"窗口中,先点 γ 图示(Show parameters estimates on path diagram),再在模型所代表的数字上点两下,就会出现该模型的路径图系数。

（研究者可在上述的模型修正步骤之前先进行模型探索,然后选择适当的模型。）

多群组分析

分组数据的读取与单一(不分组)数据基本上是相同的。读入数据文件,在" Data Files"窗口中,交代 Grouping Variable(分组变量)与 Group Value(分组值)。

首先,我们要说明是否对不同的群组设计了不同的路径图。大多数的研究都会以相同的路径图来检验两组在各回归系数(或路径系数)上的差异,但不同的研究者有不同的目的,所以如果我们对不同的群组设计了不同的路径图,就要点[View]、[Interface Properties],在出现的"Interface Properties"窗口中点[Misc],并在"Allow different path diagrams for different groups"(允许不同的群体有不同的路径图)处打勾。

分组妥善之后,我们就要交代要分析什么。点[View]、[Analyze Properties],在"Analyze Properties"窗口的 Output 勾选"Critical ratios for differences"(参数差异临界比率值)。这个值可比较不同组在回归系数上的差异是否显著。

接着,我们要设定参数名称,以及要分析的模型。点[Analyze]、[Multiple-Group Analysis]。

在"Multiple-Group Analysis"窗口中,呈现了 5 个模型,分别是 Measurement weights(测量模型的系数)、Structural weights(结构模型的系数)、Structural covariances(结构模型的协方差)、Structural residuals(结构模型的残差)、Measurement residuals(测量模型的残差)。

点[Analyze]、[Manage Models],我们要进行模型管理。

模型设计妥善之后,我们就要执行,点[Analyze]、[Calculate Estimates]或 Ctrl + F9,就会在"显示区"看到 OK 的字样。

递归模型与非递归模型

PA- OV 的路径分析有两种应用模型:递归模型(recursive model)与非递归模型(nonrecursive model)。递归模型与非递归模型可从两个角度来判别:(1)变量之间有无回溯关系;(2)残差(误差)之间是否具有残差相关(disturbance correlation)。

直接效果与间接效果

直接效果(direct effect)是某一变量对另一变量的直接影响。间接效果(indirect effect)是某一变量透过某一中介变量对另一变量的直接影响。总效果等于直接效果加上间接效果。

通常的意义是这样的:如果直接效果 > 间接效果,表示中介变量不发挥作用,管理者可忽略此中介变量;如果直接效果 < 间接效果,表示中介变量具有影响力,管理者要重视此中介变量。研究者有兴趣了解客观环境对内部服务质量的直接效果与间接效果(透过工作满意度),以决定工作满意度是否为获得内部服务质量的关键因素(重要的中介变量)。

Bootstrap

Amos 会做以下的假设:(1)观察值独立,也就是甲样本的选取独立于乙样本,换句话说,就是样本的选取是随机的;(2)观察变量必须满足正态分布的要求。如果无法满足这二个前提假设,研究者就要使用 Bootstrap(数据自抽样,也译靴值)。Bootstrap 由 Enfron

（1982）所发展，在估计参数的样本统计量分布上是一个强有力的工具。

　　所谓 Bootstrap sample 是指以原来的样本为抽样的总体，采用放回随机抽样法，抽取同一大小的样本，如此重复此步骤所获得的样本称为 Bootstrap sample 或 multiple subsamples of the same size（同样大小的多个次样本）。接着进行每一 Bootstrap sample 的参数估计，最后计算出每一参数的平均值与标准误。

　　点［New］、［Analyze Properties］，在"Analyze Properties"窗口中，点［Bootstrap］，然后勾选"Perform bootstrap"，进行 200 个 Bootstrap sample 的参数估计。估计的方法是 Bootstrap ML（Maximum Likelihood，极大似然法）。如果我们点选所有的估计方法，就可以比较不同估计方法所产生的系数值。